职业院校**旅游大类专业**
系列教材

微课版

研学旅行
运营实务

胡光明 徐志伟 / 主编

乔红岩 鲁瑾 陆春英 / 副主编

辛望旦 / 主审

人 民 邮 电 出 版 社

北 京

图书在版编目（CIP）数据

研学旅行运营实务：微课版 / 胡光明，徐志伟主编
. -- 北京：人民邮电出版社，2022.9
职业院校旅游大类专业系列教材
ISBN 978-7-115-59256-9

Ⅰ．①研… Ⅱ．①胡… ②徐… Ⅲ．①教育旅游－高
等职业教育－教材 Ⅳ．①F590.75

中国版本图书馆CIP数据核字（2022）第076366号

内 容 提 要

本书从研学旅行领域的管理、教学、师资、项目、营销等方面按照模块化的方式进行编排。全书共八个模块，分别为"研学旅行的基础理论""参与研学旅行的各运营方""研学旅行课程设计""研学旅行的教学实施""研学旅行指导师的培育""研学旅行基地的运营""研学旅行的安全管理""研学旅行的市场营销"。每个模块下设不同项目，各项目再通过具体任务进行讲解。全书共列举了20个教学案例，为研学旅行的项目运营、课程教学、安全管理等各类实务操作提供了对照和借鉴。

本书结合知识点进行导入和讲解，结合实务进行操作和演练，结合真实案例进行分析和对照，总体上涵盖了对研学旅行参与各方的要求和步骤性工作实务指导。

本书适合职业院校研学旅行管理与服务、导游、旅游管理、会展策划与管理、旅行社经营管理、休闲服务与管理等专业的学生学习，同时也适合中小学校、旅行社、研学开发和培训机构及对研学旅行领域感兴趣的读者学习。

◆ 主　　编　胡光明　徐志伟
　　副主编　乔红岩　鲁　瑾　陆春英
　　主　　审　辛望旦
　　责任编辑　刘向荣
　　责任印制　李　东　胡　南
◆ 人民邮电出版社出版发行　北京市丰台区成寿寺路 11 号
　　邮编　100164　电子邮件　315@ptpress.com.cn
　　网址　https://www.ptpress.com.cn
　　北京隆昌伟业印刷有限公司印刷
◆ 开本：787×1092　1/16
　　印张：14.25　　　　　　　　2022 年 9 月第 1 版
　　字数：376 千字　　　　　　2022 年 9 月北京第 1 次印刷

定价：52.00 元

读者服务热线：(010)81055256　印装质量热线：(010)81055316
反盗版热线：(010)81055315
广告经营许可证：京东市监广登字 20170147 号

序

要么读书，要么旅行；在学习中旅行，在旅行中学习。

研学旅行是以中小学生为主要对象，以集体旅行生活为载体，以提高青少年素质为目的，依托旅游吸引物、体验空间和生活空间等社会资源，进行体验式教育和研究性学习的一种教育旅游活动。

研学旅行始于中国古代游学。早在 2000 多年前，孔子带领弟子周游列国，一路读书问道，开坛授课，广收门徒，堪称中国游学鼻祖。汉魏时期，游学之风尤胜。司马迁游学的足迹遍及大半个中国，他考察各地风土人情，并创作了《史记》。唐代杜甫与文士的郊游，明代徐霞客"达人所之未达，探人所之未知"的精神及其基于壮行中华的实践和游学经历写就的《徐霞客游记》，都印记着中国古代游学的路程和轨迹。尤其是"读万卷书，行万里路"的认知理念、教育理论和旅游精神，为后来研学旅行的兴起赋予了内涵和本义。

20 世纪 30 年代，教育家陶行知提出"修学旅行应特别提倡"，倡导"知行合一"，他提出的"生活即教育""社会即学校""教学做合一"三大主张，开创了中国研学旅行的先河。

研学旅行兴于新中国成立后，社会主义建设阶段，很多学校相继组织带有研学性质的学工、学农、学军，勤工俭学实践，红色旅游活动和生态生物考察等各类研学活动，引导学生走出校门、走向社会、走进实践，"德智体美劳"全面发展。改革开放以后，来华的修学旅行团和夏令营活动等促进了国内研学旅行的发展；教育部门和旅游行业开始组织研学旅行、主题夏令营及各种外出的社会实践学习项目，研学活动逐渐兴起。

2013 年以来，国务院教育管理部门、旅游管理部门等出台一系列政策，倡导开展研学旅行；2013 年 2 月，国务院办公厅印发的《国民旅游休闲纲要（2013—2020 年）》提出，要"逐步推行中小学生研学旅行……鼓励学校组织学生进行寓教于游的课外实践活动……"。2014 年 8 月，国务院印发的《关于促进旅游业改革发展的若干意见》首次从国家层面倡导具有中国特色的研学旅行，明确将研学旅行作为青少年爱国主义和革命传统教育、国情教育的重要载体，纳入中小学生日常德育、美育、体育教育范畴。2016 年，教育部等 11 部门印发《关于推进中小学生研学旅行的意见》，提出"把研学旅行纳入学校教育教学计划，与综合实践活动课程统筹考虑，促进研学旅行和学校课程有机融合"。2020 年 3 月，《中共中央 国务院关于全面加强新时代大中小学劳动教育的意见》的发布，更是为新时代的研学旅行的发展丰富了内涵、赋予了动能。

近年来，教育制度的改革和旅游业的转型升级"双引擎"驱动研学旅行蓬勃发展，具体表现在以下 3 个方面。一是研学旅行的消费需求得到释放且日益增长。中国旅游研究院发布的《中国研学旅行发展报告》指出，随着素质教育理念的深入和旅游产业跨界融合，研学旅行市场需求不断释放，未来 3~5 年中国研学旅行市场总体规模将超千亿元。据调查，80%左右的受访者表示对研学旅行很感兴趣。同时，我们看到教育部门的"双减"正在带来"双增"，即学生对于研学旅行的需求大大增加，学生参加研学旅行的时间大大增加。新常态下，研学旅行将走向新发展阶段。二是研学旅行的消费方式正在迭代升级。"获得"是学生参加研学旅行的基本诉求，即获得文化浸润、获得实践经验、获得劳动技能、获得情感升华等。研学旅行的消费方式在升级，参加研学旅行的学生更加注重教育和旅行的结合，注重在"生态、生产、生活"中的深度体验，注重研学活动的质量和"获得"，注重在研学活动中提高素质，健康成长；与"第二课堂"、定制旅游、休闲度假、生活方式的深度融合，成为研学旅行消费方式的新特征和新趋势。三是研学旅行的消费群体在不断扩大。学生通过学校和旅游行业有组织地参加研学旅行，是主要的消费群体。同时，随着人们旅游生活方式的迭代升级和旅游产业的融合发展，研学旅行正在成为亲子家庭旅游实现"一起学习、一起成长"目标的"新宠"，亦将成为单位"团建"和学习型社会"共享"的新业态、新空间。

新需求、新消费，呼唤新供给，促进新发展。从需求侧的变革"倒逼"供给侧的改革，需要我们以多样化的研学旅行业态（产品）满足多样化的研学旅行需求，以高质量的研学旅行课程（服务）创造高品质的研学旅行生活。而研学旅行，既不等同于学校的教育，又不等同于传统的旅行，它是一种特殊的学习方式和旅游活动。在新时代背景下，实现研学旅行的新发展，需要教育事业和旅游产业紧密融合，提供更多更好的有效供给；更需要创新发展、优质发展，创造更加美好的研学旅行生活。

整合资源，提供研学旅行的优质产品和有效供给。"自然、文化、经济、社会"中蕴藏着丰富的研学旅行资源，"生态、生产、生活、生命"里蕴藏着多彩的研学旅行资源。要善于发现、善于利用、善于转化，创造和提供多样化、高品质的研学旅行产品和有效供给。

丰富业态，创新研学旅行的方式和学习模式。围绕"愉悦身心、增长知识、学习技能、提高素质"的宗旨，根据研学旅行对象的成长需要和学习诉求，创造多样化、个性化的研学旅行模式，如文化浸润、自然教育、生产考察、生活体验等。近年来，随着旅游业的跨界融合和深度开发，非遗文化、乡村游学、农事体验、科普教育、户外拓展等主题性研学旅行新业态深受学生、学校、家长和社会的欢迎。研学旅行的关键是"体验"，要让研学旅行的参与者在体验中学习，在体验中获得快乐和成长。

拓展空间，打造研学旅行的体验场景和生活空间。研学旅行是一种集体性的旅游活动和学习方式，也是一种综合性的沉浸体验和生活方式，所以，要整合资源共同建好一批研学旅行基地（营地），让参加研学旅行的对象在基地（营地）开展集体性活动、集中性学习、沉浸式体验，以提高研学旅行的实效。不少地方使研学旅行基地（营地）和青少年社会综合实践活动基地融合发展，一并规划、一起打造。事实证明，这是一种创新性实践，旨在打造一个"一站式体验"的研学旅行目的地。当然，如果按照"一地一品"的思路，打造主题型、个性化的研学旅行基地（营地），定会让研学旅行的体验丰富多彩，并让参加者学有所专、学有所成。

建好课程，保证研学旅行学习有所得，生活有所获。一场高品质的研学旅行，需要一套优质的"课程"。研学旅行的课程，既有别于学校里的课堂教育，也有别于旅游行业的导游讲解，是具有目的性、计划性、参与性、互动性的"第二课堂"的"课程"。所以，研学旅行的课程要从消费需求出发，由旅游业经营者和教育部门组织者一起设计、一起"编织"、一起实施。精心设计"课程"，精心组织旅行，精心实施"研学"，是提高研学旅行实效和质量的重要前提和基础。

规范管理，实现研学旅行的质量保障和健康发展。研学旅行是一种学习活动、一种旅游活动，也是一种社会活动，对其进行管理十分重要。2016年教育部等11部门印发《关于推进中小学生研学旅行的意见》（以下简称《意见》），对于研学旅行的管理提出了明确要求；2017年，原国家旅游局发布的《研学旅行服务规范》（以下简称《规范》）正式实施。旅游业经营者和教育部门组织者结合新发展背景下研学旅行出现的新需求、新业态、新趋势，落实《意见》，实施《规范》，并创新管理，为研学旅行的健康发展、优质发展提供了有效保障。特别是研学旅行的安全管理、健康管理，主办方、承办方、供应方的行为规范，研学旅行基地（营地）的标准管理，以及研学旅行的课程实施、质量评估和监督，都需要我们共同探索、创新、落实，以促进和实现新时期研学旅行的高质量发展。

提升服务，创造研学旅行的美好体验和品质生活。从各地研学旅行开展的实际来看，组织高质量的研学旅行活动，需要建立健全一个从交通、餐饮、住宿、学习、娱乐到"沉浸式体验"、集体性活动的服务体系，尤其要针对中小学生和家庭研学活动、"团建"拓展活动的特点，提供人性化、个性化服务；同时更迫切需要建立一支研学旅行指导师队伍。研学旅行指导师原本的定义是，策划、制定和实施研学旅行课程方案，在研学旅行过程中组织和指导青少年（参加研学活动的对象）开展各类学习活动和旅游体验的专业人员。他们不仅是研学旅行的指导师，还是研学旅行的服务师、管理师，是研学旅行的美好体验和品质生活的创造者。目前，各地都高度重视研学旅行指导师的培训。一支优秀的研学旅行指导师队伍的建立，正是新时代研学旅行高质量发展的人才保障和智力支撑。

构建机制，协同推进研学旅行的高效运营和持续发展。研学旅行，对于学校来说，是"校门以外的教学"；对于旅游行业来说，是"跨界融合的业态"；对于社会来说，是"共建共享的课堂"。它是一个系统工程，涉及社会、经济的方方面面，需要各方共同建立一个推进研学旅行高质量发展的促进机制、运营机制和协同机制。在宏观上，各级党委和政府要高度重视，制定发展政策和指导意见，并协调相关部门给予支持、合力促进。在中观上，教育部门、旅游行业和社会机构更要紧密合作、协同共管。在微观上，研学旅行活动的主办方、承办方、供应方、保障方等，要建立机制、通力协作，将研学活动的各个要素、各个环节在时间上、空间上有效地衔接起来、组织起来、协调起来，并实现高质量的运营，共同开创新时期研学旅行的新格局。

"不断实现人们对于美好生活的向往"是新时代旅游业的宗旨和追求。研学旅行是一种旅行着的学习方式，一种学习着的旅行方式，也是一种美美与共的成长方式，一种共建共享的生活方式。本书基于研学旅行的基本要求，把握研学旅行的时代特征，以"研学旅行运营实务"为主题，对于如何组织高品质的研学旅行活动，推进研学旅行的高质量发展，做了深入研究和翔实阐述，具有系统性、创新性和实操性。

从新需求到新供给，从"实务"到"务实"，从"创新"到"创造"，相信新时期的研学旅行一定会蓬勃发展，结出丰硕果实，走向"诗和远方"。

王洁平
2022 年 7 月

前　言

自 2016 年教育部等 11 部门《关于推进中小学生研学旅行的意见》的文件发布至今，国内已有不少与研学旅行相关的教材和专著面世。但是经过综合分析后我们发现，这些书籍大多聚焦于研学旅行的某一领域或环节，如研学旅行课程设计与开发、研学旅行安全管理、研学旅行概论等。在 2019 年教育部批准设立"研学旅行管理与服务"专业后，高等职业院校相关专业亟需一本能够集合对研学旅行的基础理论、运营方角色、教学设计与实施、教师能力要求、基地（营地）管理、市场营销推广等研学旅行项目运行和课程教学的各方面知识及技能的实务型教材。

鉴于上述需求，我们编写了《研学旅行运营实务（微课版）》一书。本书涵盖了上述内容，以理实一体化的教材编纂理念进行编写，并配有多媒体课件、互动学习网站等立体化资源，让教材的使用者既能系统地学到研学旅行工作中的主要运营知识和技能，又能知微见著、举一反三，通过生动的案例和课件，更加有效地掌握教材的核心内容，达成课程培养目标。

本书以"模块—项目—任务"的总分式结构进行编排，全书共八个模块，从研学旅行的基础理论入手，在介绍了研学旅行的历史、定义、范畴、研学旅行指导师和管理人员的工作要求、研学旅行运营的协同机制之后，就参与研学旅行项目的各运营方的资质、人员、责任进行逐一介绍分析，然后讲解研学旅行课程的教学设计、教学实施，以及研学旅行指导师的培育，随后对研学旅行基地运营中的设施管理和服务进行详细分析，对研学旅行的安全管理知识、技能、规定进行系统归纳，最后讲解了研学旅行的市场营销知识。模块二到模块八均配有与主题密切相关的案例，便于对照理论参考理解。

本书由无锡韵茵科技集团有限公司策划组稿，编写团队成员来自无锡市旅游业协会、无锡市职业技术教育学会、无锡市部分大中专院校、无锡市部分景点景区研学旅行团队等。由无锡科技职业学院文化旅游学院院长胡光明和全国"金牌导游"徐志伟主编，参编人员分别为无锡韵茵科技集团有限公司的乔红岩总经理、无锡科技职业学院的李贞琤老师、陈曦老师和郦宏晖老师，无锡立信高等职业技术学校的邓斐乐老师和陈枫叶老师，无锡商业职业技术学院的鲁瑾老师，以及行创研学旅行（江苏）有限公司的陆春英经理和张涛经理。具体分工为，胡光明负责全书理论部分的修订及统稿，乔红岩负责整编研学旅行基地运营案例，徐志伟、陆春英负责各模块案例部分的统稿及编排；各模块编写人员分别为模块一邓斐乐，模块二张涛，模块三鲁瑾，模块四徐志伟，模块五陈曦，模块六陈枫叶，模块七李贞琤，模块八郦宏晖。

此外，本书的编写得到了无锡市旅游业协会旅游职业教育分会、行创研学旅行（江苏）有限公司、宜兴市阳羡风景区旅游发展有限公司、无锡荡口古镇旅游发展有限公司、无锡市太湖鼋头渚风景区管理处、云驴通等单位的大力支持，他们为本书提供了详细、生动的研学旅行案例，在此表示感谢！

编　者

2022 年 7 月

目　　录

模块一
研学旅行的基础理论

项目一 研学旅行的历史

研学旅行是社会经济发展到一定阶段的产物，是由从古至今人们在求学过程中的游学、修学等活动逐步演变发展而来的。中国古代有"读万卷书，行万里路"的充满哲理的认知理念、教育理念和人文精神。在国外，古希腊、古罗马是欧洲文明的发祥地，古代西方哲人、科学家、社会学家的游学最早在此兴起。下面以不同时代具有代表性的研学旅行模式和典型人物为例，追溯国内外研学旅行的发展历史。

▶▶▶ 任务一 我国研学旅行的历史溯源

被尊为"至圣先师"的儒家学派创始人孔子，被视作中国历史上践行"研学旅行"教育方式的创始人。孔子是春秋末期的教育家、思想家，他的学说对中国的文化思想产生了深刻的影响。他中年时带领部分弟子周游列国 14 年，拜访名师、游说诸侯、研学求道。孔子去世后，他的弟子及再传弟子把孔子及其弟子的言行语录和思想记录下来，整理编辑成《论语》一书。该书被奉为儒家经典。孔子与弟子的游学过程十分艰难困苦，不仅交通不便，途中还要躲避战乱，这使他们有了别样的感悟。同时，孔子与弟子的研学求道不局限于与名师或诸侯的交流，也不只是师生和生生之间的交流，还包括与研学途经地点的人民大众的沟通和互相启发。

一分钟了解研学旅行

战国时期，诸侯并起，文士们通过游学增进学识，进而充当纵横家游说诸侯国，以言策建立功业，实现自己的理想抱负。

两汉承继战国游学之风，学子们为学经而远行并访师问道，既求闻达也求仕途。游学丰富了学子、士人的知识与阅历，也成就了许多名人。如司马迁"二十而南游江、淮，上会稽，探禹穴，窥九疑，浮于沅、湘，北涉汶、泗，讲业齐、鲁之都，观孔子之遗风，乡射邹峄，厄困鄱、薛、彭城，过梁、楚以归"（《史记·太史公序》）。游历和文化访古，对其终成《史记》有很大的助益。

唐代兴"壮游"和旅行学习之风，众多士子走出书斋，多做郊游、边塞之旅。他们访古问俗、优游林下、寻幽探胜、结交豪杰、相互学习，在旅行中学习知识、体悟人生、修为人格、传承文化，写就很多传世的名篇，而开放、包容的文化，更成就了当时文化的空前繁荣。

宋代和明清时期，游学、书院文化盛行，士人旅行制度化，社会上逐步形成了"读万卷书，行万里路"的主流意识。宋代理学家、思想家朱熹主张学子不应拘于一隅，而应"出四方游学一遭"。如宋代的沈括少随父宦游州县，出仕后重游历研究，他"博学善文，于天文、方志、律历、音乐、医药、卜算无所不通，皆有所论著"（《宋史·沈括传》），后写就集科技之大成的《梦溪笔谈》。董其昌在《画禅室随笔》中谈画诀："读万卷书，行万里路，胸中脱去尘浊，自然丘壑内营，立成鄄鄂。""读万卷书，行万里路"，强调在行中悟，在实践中学，学以致用，这一人文精神贯穿古今，影响了后世许许多多的人。

我国现在倡导的中小学生的研学旅行继承了我国传统的知行合一的教育理念，基于对自然教育、环境教育和社会实践活动在育人过程中不可替代的价值的高度重视，旨在引导学生关爱自然、尊重生命、关注环境、关爱和善待他人，做有责任感的公民。

》》》任务二　国外研学旅行的历史溯源

古希腊著名的哲学家毕达哥拉斯、阿基米德、亚里士多德等人都是研学旅行的力行者，他们的学术思想、著名论述和经典著作，几乎都是在游历各地的交流、考察和讲学中形成的。

世界著名旅行家和商人马可·波罗（Marco Polo）在 1271 年跟随父亲和叔叔前往中国，历时约四年到达元朝的首都，与元世祖忽必烈建立了友谊。他在中国游历了 17 年，曾访问当时中国的许多古城，到过西南部的云南和东南地区。回到威尼斯之后，马可·波罗在一次威尼斯和热那亚之间的海战中被俘，在监狱里口述旅行经历，由鲁斯蒂谦写出《马可·波罗游记》。马可·波罗的中国之行及其游记，在中世纪时期的欧洲被认为是神话，被当作"天方夜谭"。《马可·波罗游记》却大大丰富了欧洲人的地理知识，打破了"天圆地方"说。同时，《马可·波罗游记》对 15 世纪欧洲的航海事业起到了巨大的推动作用。意大利的哥伦布，葡萄牙的达·伽马、鄂本笃，英国的卡勃特、安东尼·詹金森和马丁·罗比歇等众多的航海家、旅行家、探险家读了《马可·波罗游记》以后，纷纷东来，寻访中国，大大促进了中西交通和文化交流。

18 世纪的英国有一种专以游学为目的的旅行模式，史称"大游学"（Grand Tour）。它兴起于 17 世纪王政复辟时期。家境富裕的贵族和士绅子弟从牛津大学或剑桥大学毕业之际，通常要赴欧陆周游一番，一来亲身体验西方古典文化和文艺复兴文化发祥地的魅力，学习语言、艺术、建筑、地理等；二来与欧陆的上流社会往来交际。直到 18 世纪晚期，巴黎仍是欧洲品味之都，学习优雅言行、高贵举止，这里是理想之地。青年们的游历短则数月，长则三五年。这一习俗延续了 100 多年。"大游学"一词最早见于理查德·拉塞尔斯所著的《意大利游记》。这部集旅行指南和旅行教育学阐述于一身的著作，是拉塞尔斯凭借自己的教育经验和对欧陆之旅的观察思考写成的。在书中，拉塞尔斯一方面记述他在意大利的旅行经历和见闻；另一方面从政治才学、文化素质、道德修养和社会认知 4 个方面的修习出发，力陈"大游学"的益处。19 世纪，随着蒸汽机车出现、铁路网延伸，旅行因简便易行而平民化、大众化，作为少数人的特权享受的"大游学"逐渐衰微。

现在，研学旅行逐渐形成了以政府为主导的国家教育体系中的一部分，很多国家都将游学研学纳入教育体制。日本在全国范围内给予相应的财政支持，2008 年，日本全国中小学修学旅行比例就在 90%以上；俄罗斯非常重视营地教育，每年拨巨款支持营地运营；美国也出台了一系列校外教育的政策法案，如 2002 年，美国颁布《不让一个孩子落后》法案。由于政策、财政的扶持，美国游学教育的普及率和认可度都很高。美国的课后教育计划（After School Program）、日本等国家的"教育旅游"等，都十分重视学生的体验性、研究性学习，并且把自然教育、环境教育和社会实践活动作为学校课堂教育的有机组成部分。

项目二 研学旅行的定义及范畴

▶▶▶任务一 研学旅行的定义、内涵与特点

2014 年，国务院印发《关于促进旅游业改革发展的若干意见》，文件首次明确将"研学旅行"纳入中小学生日常教育范畴。中小学生研学旅行作为社会实践教育的一种新形式，是推进中小学综合实践活动的重要方式，也是各个学段课程方案中的必修课程，与学科课程并列设置、相互补充，是中小学课程结构中不可或缺的组成部分。研学旅行是学科课程内容的延伸、重组与提升，既是对学科课程基础知识、基本原理的应用，也是对学生各学科核心素养养成的实践检验，有利于推进中小学生研究性学习，培养学生良好的学习习惯。关于研学旅行的定义，业界目前没有确切统一的说法。我国教育部门和文旅部门的两个文件分别给出了定义，可以代表微观（狭义）和宏观（广义）的两种界定方式。

一、教育层面的研学旅行的定义（微观）

"研学旅行"一词最早出现于 2013 年 2 月国务院办公厅印发的《国民旅游休闲纲要（2013—2020 年）》，文件提出"逐步推行中小学生研学旅行"，这是我国首次以政府文件的形式使用"研学旅行"的概念，也宣告了"研学旅行"正式登上社会经济发展的历史舞台。此后，一批与研学旅行相关的重要文件相继出台，我国的研学旅行进入了快速发展时期。2014 年 4 月，在第十二届全国基础教育学校论坛上，中华人民共和国教育部基础教育司首次提出研学旅行的定义并把研学旅行纳入中小学生日常教育范畴。同年 7 月，教育部发布的《中小学学生赴境外研学旅行活动指南（试行）》对举办者安排活动的相关内容提出指导意见，奠定了行业标准。2016 年，教育部等 11 部门印发的《关于推进中小学生研学旅行的意见》将中小学研学旅行定义为"由教育部门和学校有计划地组织安排，通过集体旅行、集中食宿方式开展的研究性学习和旅行体验相结合的校外教育活动"。2017 年，原国家旅游局发布的《研学旅行服务规范》正式实施。在这里，研学旅行是一种校外教育活动，是教育教学的重要内容，研学旅行的对象是具有唯一性的，指的是"中小学生"。

研学旅行的定义

二、文旅层面的研学旅行的定义（宏观）

《研学旅行服务规范》中明确定义，"研学旅行是以中小学生为主体对象，以集体旅行生活为载体，以提升学生素质为教学目的，依托旅游吸引物等社会资源，进行体验式教育和研究性学习的一种教育旅游活动"。在这里，研学旅行是一种教育旅游，中小学生是研学旅行的主体对象，但不是唯一对象。

研学旅行是以探究性学习为主要形式，以旅行作为载体的活动。国内有不少学者提出了许多相应的观点，白长虹等学者将研学旅行定义为，任何旅游者出于文化求知需要，在人生任何阶段暂时离开常住地，独立出游或结伴到异地开展的文化考察活动；杨艳丽则认为广义的研学旅行是指以研究性学习和探究性学习为目的的特殊旅行活动。区别于前者以求知需求作为活动根本动机结合短暂离开常住地出游的旅游概念，后者更注重研学旅行的学习性。相较于广义的研学旅行，狭义的研学旅行明确活动对象为中小学生和学校在活动中的主导地位，强调研学旅行的重点是"在学而不在游"的基本特性。

研学旅行经历了"区域试点""逐步推行""支持开展""全面推行"的过程。研学旅行在落实立德树人的根本任务，帮助中小学生在了解国情的基础上培养爱国情操、增强社会责任

感、培育创新精神、唤起文化自信等方面具有重大意义。

三、研学旅行的内涵

（一）"研学"与"旅行"的相互交融

一方面，研学旅行的两大要素——"研学"和"旅行"缺一不可，研学旅行既不可成为缺失"研学"的观光游，也不可成为缺失"旅行"的校外常规课堂；另一方面，研学旅行中的"游"与"学"的设计、安排并不是时间上的简单分开与平等分配，而是确保"游"与"学"的一体化，做到游中有学，边学边游。

举例来说，如果进行自然教育系列活动的研学旅行，应既安排有自然景观的观察路线，又以研究性问题为导向，鼓励学生在自然旅行中展开细致观察、图画或影像记录、多向交流和问题思考；应使学生在丰富多样的实践活动中获得旅行体验，并且在与学科相关的活动中运用课堂上获得的理论知识，使旅行实践成为学科知识之间互通整合的桥梁。同样，如果进行文化考察类的研学旅行，其构成要素就需要包括外显的文化（即物质文化的观赏行为）及内隐的文化（即精神文化的发掘、研究性学习行为）。在研学旅行中，这两种行为息息相关、相互交融，彼此不可分离。研学旅行综合了大量的学习实践内容，包括自然、历史、地理、文化、语言和职业、学术培训等，一部分依托于旅行而实现，另一部分依托于学习交流而达成。综合来看，研学旅行的特点之一就是注重"研学"与"旅行"的相互交融。

（二）游学活动的弹性设置和经验知识的动态获取

研学旅行课程既有别于综合实践活动课程，也有别于常规的学校理论课程。研学旅行含有丰富的研究性学习方法和过程性内容，一板一眼的程序化安排极有可能打击学生探索的积极性。因此，参与研学旅行教育的各方应关注研学旅行的多样性，帮助学生在动手实践中动态地自我获取经验知识。无论是自然教育模式、生活体验模式、文化考察模式还是交换学习模式的研学旅行，都要保证学生学习的自主、开放和动态，所以游学活动的设置不应过于严苛，而要具有一定的弹性。

考虑到研学旅行的重要内容包含亲近自然、参与体验、了解社会和拓宽视野等内容，在研学旅行项目实施时要考虑以下几个方面：第一，学生在考察自然时是没有严格的工作计划的，其所获取的多是自然中变幻的影像和宁静的心灵体验；第二，在参与体验生活事物时，由于受限于研学旅行基地的物质资源，一些实践活动在时间和人员分配上并没有确切安排，学生在一些实践活动的参与上享有一定的个人自由，可以弹性地、动态地获取经验性知识；第三，在考察文化、深入社会时，由于学生的知识基础不同，其所注重的文化略有不同，所以学生是依照个性化考察方案进行文化旅行考察学习、获取当地文化的；第四，研学旅行涉及知识、文化和实践等的多样化体验，这样的多样化体验由学生自主安排，游学经验也由学生自主获得。

（三）注重创造研学体验的情景记忆

在教室空间中，教育者往往会通过创设适宜的、具有一定情绪色彩的、以形象为主体的教学场景，来引发学生拥有一定的态度体验，从而帮助学生理解教材和结构性知识，但是教室中的教学对学生感官感知通道的开放和感觉的积极迸发等方面的作用是有限的，而研学旅行中的实地考察对于创造能够体验的沉浸式情景化的学习至关重要。

自然景观观赏、历史文化古迹考察、语言文化和地方文化品鉴、职业体验和生活体验等各种各样的研学旅行，都是在真实、复杂、多元的景点或内部环境中开展的。例如，森林保护式的研学旅行是在森林环境的资源基础上创设保护森林的情景，学生在这样的旅行情景中及时体验，产生森林保护主题的情景记忆，达到深化保护意识、学习保护方法的目的。同样地，在历史古迹情景中缅怀古人、在语言情景中熏陶自身、在生活情景中学习技能等符合教育主题的情景才能促进主题内容的教育深入人心。由此可见，重视创造研学体验的情景记忆是研学旅行不可或缺的。

四、研学旅行的重要性

（一）培育学生的核心素养

《中国学生发展核心素养报告》指出：文化基础重在强调学生能习得人文、科学等领域的知识和技能，掌握和运用人类优秀智慧成果，涵养内在精神，追求真善美，发展成为有宽厚文化基础、有更高精神追求的人。文化基础夯实的着力点体现在人文底蕴和科学精神两大核心素养上。研学旅行通过组织学生集体旅行的方式引导学生走出相对封闭的校园，走进丰富多彩的自然世界和社会生活，去了解乡情市情、省情国情、革命光荣历史，去感受中华传统美德、祖国大好河山、改革开放伟大成就。研学旅行通过活动让学生在旅行的过程中陶冶情操，增长见识，体验不同的自然和人文环境，提升学习兴趣和人文底蕴。此外，研学旅行中的"研学"，是学生基于自身兴趣，在教师指导下，从自然、社会和学生自身生活中选择和确定研究专题，主动地获取知识、应用知识、解决问题的学习领域。研究性学习强调学生通过实践增强探究和创新意识，学习科学方法，发展综合运用知识的能力。在通过旅行的方式开展研究性学习的过程中，学生的理性思维、批判质疑和勇于探究的精神品质得以彰显和提升。

（二）促进学生的自主发展

学生自主发展目标的实现，需要依托学会学习和学会健康生活两大核心素养的培育来完成。自主发展重在强调学生能有效管理自己的学习和生活，认识和发现自我价值，发掘自身潜力，有效应对复杂多变的环境，发展成为有明确的人生方向、有生活品质的人，从而成就精彩人生。研学旅行直面学生的现实生活，倡导学生通过生活来获得教育。教育是基于生活并为人的健康生活和意义生存护航的。研学旅行让学生走出校园，走进鲜活的生活，通过自我管理、自我规划、自我约束等自主方式开展学习。研学旅行对学生自我管理能力的培养及健全人格的修习具有重要的价值。在研学旅行的过程中，学生摆脱了纯粹书本学习的束缚，使学习伴随着活动自然进行。自然世界的丰富多彩、社会生活的五彩缤纷内在地驱动着学生去探究、追问，使学生对学习的兴趣油然而生，使自主学习占据主导。此时，学生的学习超越了学会的层次，走向会学、乐学的更高层次，进而促进学生自主发展。

（三）推动学生的社会参与

在基础教育中鼓励学生的社会参与，重在强调使学生能处理好自我与社会的关系，养成公民道德操守，增强社会责任感，提升创新精神和实践能力，促进个人价值实现，发展成为有理想信念、敢于担当、推动社会发展进步的人。学生的社会参与集中体现在责任担当和实践创新两个方面。正如教育家顾明远先生所言，研学旅行是让学生走出学校、走向大自然、走向社会、走向世界、拓宽视野、增进学识、锤炼意识的好举措，也是让学生了解、认识祖国的魅力山河、中华民族优秀文化传统的好方式。通过参加研学旅行，学生在社会实践过程中应对各种挑战，可以在解决问题的过程中不断提升实践创新能力。

五、研学旅行的特点

研学旅行具有以下特点。

（1）计划性。研学旅行不是游学，而是纳入教育部门和学校教育教学计划的重要教育教学活动，是参与学生一个也不能少的集体教育活动。

（2）实践性。研学旅行是学校理论教育和校外实践教育相结合的教育教学方式，让学生面对自然界与社会的真实情境，在考察、探究、旅行、反思、体验等一系列实践活动中发现和解决现实问题、体验和感受真实生活。

（3）整合性。研学旅行是跨学科的综合教育教学课程，尤其是以跨自然与社会两大学科领域的地理学科为纽带，整合教育教学内容和方式，鼓励学生综合运用各学科的知识和方法来思考、解决问题，并要求学生综合考虑与自然、与他人、与社会、与自我的关系。

（4）开放性。研学旅行打破了学校课堂"一言堂"的教学格局。研学情境是开放的，现实问题没有唯一的答案，有利于学生形成发散思维。研学活动也是开放的，学生能面向真实的世界，与开放的社会互动。

（5）趣味性。参加研学旅行的学生通常会离开常住地。旅行经历、异地景观和研学实践容易引发学生的探究兴趣，提高学生的生活品位、审美情趣，并增强学生的创新意识。

（6）做中学。研学旅行让学生在旅行的过程中进行体验性学习，这种"做中学"的方式能让学生在实践操作中习得知识和技能，产生对事物的好奇心和兴趣，产成想要学习更多知识和技能的欲望。

（7）合作学习。研学旅行是一种学习共同体下的学习，它更为关注和培养学生在集体协作的活动中的沟通交往、协作对话、批判思考等方面的能力。研学旅行还可以提供更好的互动学习机会，使学生学习和运用有效沟通、处理矛盾、分享表达等社交技巧。

（8）综合性学习。研学旅行需要跨越与融合多元学科和领域来达到教育目标。语文、数学、生物、地理、历史等科目都可以整合到预先设计的主题路线当中，在研学旅行的课程实施过程中，将各学科、各领域的知识教育与激发学生发现问题、解决问题的能力培养相结合，跨界培养学生的综合素养。

▶▶▶ 任务二　研学旅行的范畴

一、研学旅行的课程内容

从教育目标来说，研学旅行应使中小学生从个体社会生活及与大自然的接触中获得丰富的实践经验，形成并逐步提升对自然、社会和自我间的内在联系的整体认识。2019 年，中国教育学会地理教学专业委员会专家拟定了《研学旅行课程标准》，建议研学旅行课程在小学四年级到六年级、初中一年级到二年级、高中一年级到二年级 3 个学段 7 个年级实施，逐步建立和完善小学阶段以乡土乡情为主、初中阶段以县情市情为主、高中阶段以省情国情为主的研学旅行活动课程体系。各中小学在完成研学旅行课程后，还应结合本地本校的实际情况，在基本要求的基础上适当拓展，如小学也可开展国内的研学旅行，甚至到境外进行研学。

研学旅行课程可分为地理类、自然类、历史类、科技类、人文类、体验类等类别。每次研学旅行活动可以以某一类别的课程内容为主，但应倡导多种类别课程的融合。

小学阶段的研学旅行课程应以游览、观光、体验为主，重视游戏性、艺术性内容，减少讲授时间，以符合这一年龄段学生好玩、喜动的天性。初中阶段的研学旅行课程应设计更多理解性内容，适当增加竞赛、参与、探索性内容，以满足这一阶段学生强烈的求知欲、好奇心。高中阶段的研学旅行课程内容要以知识的拓展、理论的应用、综合性体验、研究性学习为主，辅以观光、考察、游历等活动。

教育部明确中小学综合实践活动课程是从学生的真实生活和发展需要出发，从生活情境中发现问题，转化为活动主题，通过探究、服务、制作、体验等方式，培养学生综合素质的跨学科实践性课程。中小学综合实践活动课程的总目标是使学生能从个体生活、社会生活及与大自然的接触中获得丰富的实践经验，形成并逐步提升对自然、社会和自我之间的内在联系的整体认识，具有价值体认、责任担当、问题解决、创意物化等方面的意识和能力。教育部建议的4种综合实践活动的主要方式是考察探究、社会服务、设计制作和职业体验，其中直接与研学旅行相关的是考察探究。

考察探究是指在教师的指导下，中小学生从自然、社会和自身生活中选择和确定研究主题，开展研究性学习，在观察、记录和思考中，主动获取知识、分析并解决问题的过程，如野外考察、社会调查、研学旅行等。它注重让学生运用实地观察、访谈、实验等方法获取材料，形成理性思维、批判质疑和勇于探究的精神。考察探究的关键要素包括：发现并提出问题；提出假设，选择方法，研制工具；获取证据、提出解释或观念；交流、评价探究成果；反思和改进。

二、研学旅行的基本分类

目前，研学旅行以自然教育、生活体验、文化考察、交流学习为主要活动模式，鼓励学生在旅行中观察、记录、思考问题，特别是在与学科相关联的活动中引导学生运用课堂理论知识，通过实践使学科知识之间相互融通。研学旅行的基本分类如下。

（一）地理类研学旅行

地理类研学旅行的内容包括地理位置与地名、地理要素与景观、地理环境、地理标志、人地协调观与地理审美等方面，主要体现地理、科学、艺术等学科在研学旅行中的作用。地理类研学旅行借助地图、地理信息技术等工具，依托自然和人文地理环境，通过自然考察、实验、社会调查等形式，探究地质地貌、气象水文、土壤植被等自然要素和人口、聚落、经济、文化、社会等人文地理现象，进而发现该区域存在的人地关系问题，并提出相应的解决方案。地理类研学旅行旨在使学生认识到理论与实践相结合的重要意义，培育学生的人地观念、综合思维、区域认知和地理实践能力等。

（二）自然类研学旅行

自然类研学旅行的内容包括欣赏自然现象与景观、自然资源与灾害、自然生态、自然规律等方面，主要体现地理、生物、科学、艺术等学科在研学旅行中的作用。自然类研学旅行借助生态、林草、地质、水利等学科的科学研究方法，依托地质公园、矿山公园、森林公园、湿地公园等自然保护地，使学生深入了解自然环境与人类发展的关系，进而宣传保护环境的理念，倡导学生参与和体验环境保护志愿者工作，培育学生的科学精神、社会参与能力等。

（三）历史类研学旅行

历史类研学旅行的内容主要包括历史遗迹、文物与非物质文化遗产、历史聚落、纪念场所、历史题材艺术、家国情怀等方面，主要体现历史、思想政治、社会、语文、地理等学科在研学旅行中的作用。历史类研学旅行借助历史考证、社会调研、人文探究、文艺鉴赏等方法，依托历史遗迹、革命遗址、博物馆、纪念馆、文艺展馆等人文遗产，使学生欣赏、体会中华优秀传统文化、哲学智慧、道德伦理、文学艺术特色、传统科技工艺创造、历史名人名事等，引导学生坚定文化自信、传承和弘扬革命传统。

（四）科技类研学旅行

科技类研学旅行的内容主要包括科技发展、科技研发、科技建设、科技伦理等方面，主要体现数学、科学、物理、化学、生物、信息技术等学科在研学旅行中的作用。科技类研学旅行借助现代人工智能、VR、AR、3D 打印等技术，依托科技馆、科研机构、高等院校、现代产业园区等场所，通过参观、培训、实验等形式，培育学生的科技伦理意识、创新意识、实践能力等。

（五）人文类研学旅行

人文类研学旅行的内容主要包括人文特色、社会发展、人居环境、文化建设等方面，主要体现思想政治、历史、社会、地理等学科在研学旅行中的作用。人文类研学旅行借助社会科学调查、研究、评价、决策等方法，依托爱国主义教育基地、社会发展展馆、城乡聚落、社会科学研究机构、高等院校、民族聚居地等社会研学基地，重点感知我国社会发展所取得的成就，探究当前我国转型发展的重大问题与战略，培育学生的家国情怀、社会责任感等。

（六）体验类研学旅行

体验类研学旅行的内容主要包括体育与拓展运动、劳动与创业、集体生活等方面，主要体现劳动技术、信息技术、体育、艺术等学科在研学旅行中的作用。体验类研学旅行借助现代生产方法和技术、身心发展理论和方法，依托综合实践活动基地、劳动教育基地、团队拓展基地、国防教育基地、军营、体育训练基地、现代生产企业等场所，使学生通过生产劳动、军事训练、团队拓展、职业体验、体育培训等形式，达到身心体验、精神提升和团队协同等目的，培育学生的自我发展、健康生活、勇于拼搏、团队合作等。

总之，研学旅行不属于学科课程，它超越知识类别，超越文科、理科的界限，模糊知识的边界，以主题为核心组织课程。研学旅行的跨学科性也增加了学科知识的深度与广度，相关学科的基础知识、基本原理能在研学旅行活动中得到应用、延伸、综合、重组与提升。研学旅行活动离不开相关学科基础知识的支持，也是对学生学科素养形成的实践检验。学生运用掌握的经验和学过的知识来解决研学旅行过程中的现实问题，可以加深对知识的学习、理解和掌握，激发学习新知识的动力。

▶▶▶ 任务三　国外主要研学旅行模式

研学旅行中一种重要的旅行资源就是自然环境。卢梭认为，每个人都是由自然的教育、事物的教育、人为的教育三者培养起来的，其中自然的教育受之于自然，遵循自然，它不断地锻炼孩子，用各种各样的考验来磨砺他们的性情。也可以说，自然本身就是每个人的老师，学生在室外受到自然给予的锻炼，可以训练体格和性情，陶冶情操等。目前，国外主要的中小学研学旅行模式有 4 种，即自然教育模式、生活体验模式、文化考察模式和交换学习模式。

一、自然教育模式

自然教育模式的研学旅行指的是为了培养和发展学生的关键技能、知识和个人素养，由校方或民间机构开展的野外教育探险、自然历史古迹游学、自然中的动植物观察和景观观赏等活动组成的研学旅行。该模式主张开放式教育，看重环境育人的效用。美国、日本、俄罗斯、马来西亚等国将开展自然教育研学旅行作为校外教育的重要部分。为了让学生了解、熟悉和搜集有关森林保护的经验，养成森林保护意识，马来西亚有比较成熟的集教育、旅游和森林保护于一体的基于森林旅行的自然教育模式。

二、生活体验模式

研学旅行是一种促进书本知识和生活经验深度融合的重要方式。美国著名教育家杜威认为，教育就是儿童生活的过程。他倡导从生活中学习、从经验中学习，从做中学，使学校里获得的知识在生活体验中更加生动立体地呈现，并施加给儿童本身更加持久的文化意义的影响。生活体验模式的研学旅行指的是为了满足学生学会动手动脑、学会生存生活的需要，由开发者结合旅游基地的现有材料，使学生能直接接触社会生活环境，从而为学生创造整体的、独特的生活教育体验的研学旅行。该模式区别于校内生活情境学习和校内实践活动，主张在真实情景中学习，在社会生活中实践。日本、罗马尼亚等国的旅游教育者就开发出了农场游学、职业体验、生存挑战等生活体验模式的研学旅行项目，使学生从中接受生活教育和实践教育。

三、文化考察模式

文化是人们在社会发展过程中创造的物质财富和精神财富的总和，物质文化是显性文化，精神文化是隐性文化。旅行使人们离开常住地到不同的地方去接触、了解相对陌生的一种或多种文化，研学旅行是了解不同文化的最佳途径之一。文化考察模式的研学旅行，让学生能够在不同文化环境中短期停留、考察，进行多元文化的交互教育，是培养学生的跨文化意识、跨文化理解力以及跨文化交际能力的很好的教育手段。在日本、美国、韩国等国家，为了着力拓宽学生的文化视野，无论是历史、语言、地理、风土人情、饮食、生活和职业特色，还是传统习俗、文学艺术、价值观念等，都可以成为文化考察研学旅行的课题。

四、交换学习模式

跨国家、跨地域、跨学校实现交换学习，一般是高等教育阶段的一种教育方式。如今，交换学习模式的研学旅行在基础教育阶段也逐步得到重视与发展。交换学习模式的研学旅行使学生实现城市互访和学校交流，利于建立跨地域、跨国籍的文化了解渠道，以增进地区间语言、自然、人文沟通和学术交流，学生可以从其中得到多方面的综合体验。该模式通常通过城市互访或学校交流项目实现，由学生离开现在的教育地，前往另一个教育地进行游学。在日本等国家，交换学习模式具有良好的社会基础，可以通过目的地旅游部门安排与当地学校或社会等进行全面交流、合作与互动，实现综合性的研究性学习，可满足许多中小学生尤其是高年级学生的需求。

项目三　研学旅行指导师的分类及工作要求

原国家旅游局 2016 年制定的《研学旅行服务规范》（以下简称《规范》）对研学旅行指导师的定义是："在研学旅行过程中具体制定或实施研学旅行教育方案，指导学生开展各类体验活动的专业人员。"《规范》要求应至少为每个研学旅行团队设置一名研学旅行指导师，研学旅行指导师负责制定研学旅行教育工作计划，在带队老师、辅导员等工作人员的配合下提供研学旅行教育服务。

▶▶▶ 任务一　研学旅行指导师的分类

研学旅行指导师可以是研学旅行的策划者、设计者、组织者和指导者。目前，我国研学旅行指导师正处于专业岗位形成阶段。国家政策下研学旅行的全面开展急需大量专业的研学旅行指导师人才，同时研学旅行涉及面广、服务范围大、岗位要求高，一般可以按业务范围和按就业形式进行分类。

研学旅行指导师按业务范围可划分为 4 类，即学习研学旅行指导师、旅行社研学旅行指导师、基地（营地）研学旅行指导师和其他类型研学旅行指导师。

研学旅行指导师按就业形式划分可分为 2 类，即专职研学旅行指导师和兼职研学旅行指导师。

▶▶▶ 任务二　研学旅行指导师的工作要求

不同于普通的团队导游，研学旅行指导师既是学校与社会的中介者，也是研学旅行活动的组织者和执行者。研学旅行课程不同于课堂理论课程，需要研学旅行指导师随时参与指导，这样不仅会使学生的学习更加深入，还会使学生一直保持较高的积极性。因此，指导师既要放手让学生独立观察和思考，又要及时且适当地对他们进行引导和启发，并总结归纳知识要点，以培养学生的实践观察能力、动手能力及综合思维能力，最终帮助学生形成个性化的学习心得。

在研学旅行的现场，指导师很难顾及每一位学生，因此他们需要及时收集学生的反馈信息来调控研学旅行课程进度，以确保研学旅行课程取得理想的效果。反馈信息可通过多种形式获得，如现场观察、现场知识回答、讨论分享结果、写研学日记等。

在研学旅行活动中，指导师要进行全过程管理。研学旅行日志不仅是对每日行程的具体记录，更是追根溯源的有力证明，因此，指导师需每日填写研学旅行日志，内容包括当日的课程安排、研学路线、研学人数、课程任务、完成情况和备注等。

户外自由环境下的学习氛围有利于拉近指导师与学生之间的距离，结合研学项目进行的爱国主义教育、环境保护教育、集体主义教育等更容易让学生通过亲身感受来体会领悟，指导师也可以在适合的研学环节里鼓励学生磨炼意志品质、培养艰苦奋斗精神。

综上所述，研学旅行指导师的工作主要包括以下内容。

（1）提供导游讲解服务，传授研学课程知识。

（2）贯彻研学旅行活动课程标准，开发研学旅行活动课程教材。

（3）参与建设研学旅行活动基地（营地），设计研学旅行线路及其实践点的活动任务。

（4）组织带领学生参加研学旅行活动全过程，在野外或社会现场指导研学活动的开展，在室内进行必要的讲课、个别辅导。

（5）评阅学生研学旅行作业，公正、客观、科学地撰写学业评语。

（6）管理学生的集体旅行、集体食宿、集体研学，做好学校、社会、家庭之间的沟通协调。

（7）开展研学旅行教学研究，参与基于研学旅行的学校教育课程和升学考试的改革。

（8）教育、监督学生遵纪守法、注意安全。

▶▶▶ 任务三　研学旅行指导师工作规范

研学旅行指导师兼具导游和教师的职业素养及职业操守，在执业时应特别注重职业基本规范、日常执业规范、安全意识规范等，具体工作要求如下。

一、职业基本规范

（1）不得将企业的商业资料用作其他商业用途，也不得透露给第三方。

（2）不得与客户攀谈与业务无关的事宜，不得与无关人员闲聊。用言行约束自己，保持公司的良好形象。

（3）注意性别差异，与客户、学生保持适度距离，禁止与学生发生不必要的或容易产生误会的肢体接触。

（4）有较强的执行力和团队协作能力，不搞个人主义，有超前服务的意识，不急不躁、心态平和。

（5）不得擅自调整既有行程安排，如遇特殊情况需要调整，由主带指导师负责沟通，须征得学校同意，且必须报备公司操作部知晓方可调整。

（6）在任何活动、会议、集合、集会时，都必须在约定时间前抵达约定地点。

（7）不得与客户发生任何语言及肢体冲突，注重礼貌，懂得尊重。

（8）需妥善保管学生的所有证件，应及时收集、做好登记（种类、份数），准确发放，不得擅自挪作他用。

（9）对所有活动教具妥善保管，及时清点，及时登记。

二、日常执业规范

在工作期间，研学旅行指导师严禁发生以下行为。

（1）言语粗鲁、说脏话、谈论负面的话题，或与客户发生言语冲突。

（2）在学生面前吸烟、饮用含酒精类饮品或咀嚼口香糖。

（3）除工作需要外，在学生面前长时间玩弄手机。

（4）当众发生争吵，如有工作上的分歧，须及时上报总控、主带指导师等相关负责人协商解决。

（5）非特殊情况下与学生单独相处。

三、安全意识规范

（1）视安全为第一要务，防患于未然，有责任和义务就带队安全提出意见和建议。

（2）杜绝所有因个人疏忽造成的安全隐患，随时随地对学生履行安全告知义务及进行安全监控。

（3）在进行某些特殊项目（如户外活动、爬山徒步等活动）时，应始终严密监控现场情况，如遇学生违反安全规定应及时阻止。

（4）合理把控带班流程，确保所有活动顺利进行，并随时做好实施应急预案的准备。

项目四　研学旅行管理人员的分类及工作要求

研学旅行涉及的行业领域众多、产业链环节复杂，研学旅行行业的工作岗位也呈现多样化和专业化的趋势。除研学旅行指导师外，还有其他专业管理人员也在为研学旅行行业的发展提供重要的支撑。

在研学旅行课程开始前，由分管教学的中小学副校长、地理教研组长、研学旅行领队教师组成研学旅行组织领导小组负责前期的筹备事宜。例如，选择资质齐全的研学旅行机构，与其签订合作协议；挑选经验丰富、责任心强、业务能力过硬的教师担任研学旅行带队教师，由其全面负责研学旅行工作的落实；监督和指导研学旅行课程，及时向教育主管部门报送审批材料，完成各种手续；等等。

研学旅行带队小组以领队教师为主干，以参与研学旅行班级的所有班主任为主力。研学旅行带队小组需要完全落实和细化研学旅行工作。小组成员须明确各自的责任，熟悉各自的任务。班主任要随队参加研学活动，做好学生的思想工作和后勤保障工作。

▶▶▶ 任务一　研学旅行管理人员的分类

从广义上看，参与研学旅行管理的人员有 6 类，即研学旅行组织领导小组、研学旅行教研室、学校年级组长和班主任、学校教师、学校安全员和随团医生、学生家长。

▶▶▶ 任务二　研学旅行管理人员的工作要求

一、研学旅行组织领导小组

学校应组建由校长、书记、主管德育的副校长、主管教学的副校长、德育处主任、教务处主任、各年级组长、班主任等组成的研学旅行组织领导小组，全面负责学校研学旅行工作。

二、研学旅行教研室

学校应成立研学旅行教研室，重点解决学校研学旅行活动课程问题，与研学旅行基地（营地）以及委托服务机构联合起来，做好前期调研工作，设计编制研学活动课程方案，确保研学活动有效开展。

三、学校年级组长和班主任

研学旅行活动主要以班级为单位，由年级组长和班主任协作完成。学校年级组长和班主任需要与家长签订协议书，明确学校、家长、学生的责任和权利。

四、学校教师

学校教师是研学旅行活动的设计者、组织者和评价者，也是学生研学旅行活动的主导者。研学旅行活动需要在教师的参与、讲解和指导下完成。

五、学校安全员和随团医生

学校应配置有资质的安全员和随团医生，在活动实践过程中开展安全教育和防控工作。

六、学生家长

学生家长要支持和协助学校开展研学旅行活动，与学校形成良好的协作关系，必要时和学校共同负责学生活动的管理和安全保障。

项目五　研学旅行运营的协同机制

研学旅行活动是一种结合静态与动态两方面管理的活动。静态方面指的是组织结构；动态方面是指通过研学旅行组织机构的建立，将研学活动的各个要素、各个环节从时间上、空间上科学地组织起来、运营起来，使参与研学旅行活动的人员和机构等都可以接受组织领导、协调行动，以实现既定目标。

▶▶▶ 任务一　研学旅行运营协同机制涉及的企事业单位

一、主办学校

研学旅行的顺利实施是一个系统工程，学校可以设立专门的研究中心对研学旅行课程进行设计开发。研学旅行作为学校教育和校外教育衔接的创新形式，是义务教育的重要内容。中小学可根据不同学段、不同学情，自主选择适宜的研学主题，在课程设计开发上拥有主导权。学校可根据拟定的研究主题，选择适宜的出行路线和基地，引导学生进行研究性学习。

由学校主导的研学旅行课程应是宗旨清晰、目标明确、体系完整的。学校从目标设定、内容选择和编排、课程实施和评价等方面实现研学旅行课程的整体建构。学校要注意课程内部之间的系统关联性，关注各年级、各阶段课程之间的内在联系。学校要基于育人目标和原有课程，找准研学旅行课程在学校整体课程中的地位，使研学旅行课程和校本课程融为一体，成为学校课程体系建设的一部分。

二、研学基地

研学基地是研学旅行课程实施的重要资源依托。研学基地的资源环境、课程设置、安全保障、硬件软件设备等影响着学生的研学体验和收获。研学基地是体验乡情、市情、省情、国情的载体和平台，也是研学旅行课程的落脚点。根据研学基地教学作用的不同，研学基地可分为阅历提升类、心智成长类和技能提升类；根据研学基地教学内容的不同，研学基地可分为传统文化类、自然环保类、人文艺术类和科技实验类等。

由研学基地主导的研学旅行课程的开发工作，是依托研学基地现有资源进行的。由研学基地主导的课程目标、内容、具体实施都是围绕研学基地现有资源进行的，具有本土特色，其重点是展现基地既有资源，与校本课程的衔接有限。许多企事业单位，如气象台、天文馆、科技馆、植物园、主题公园、科研单位、工厂等，都在逐步建设研学基地并对学校开放。高质量建设研学基地，依托研学基地打造精品课程，能够很好地保障研学旅行的常态化开展。

三、社会非营利性组织

一些公益性的社会组织是以关心自然和文化遗产保护，关心环境保护，关心对青少年可持续发展理念的培养为己任的。这些组织的成员中不乏某些领域的专家和致力于社会公益事业的志愿者。这些社会非营利性组织在各自关注的领域，通过募集社会捐款持续开展公益活动，其中就包括设计一系列面向中小学生的、以通俗易懂的方式生动讲解科学知识的研学教育课程。

四、校企联盟与运营平台

目前，我国中小学校、教育研究机构、研学基地和旅行社都在积极推进研学旅行活动，但研学旅行课程的建设工作相对滞后。很多中小学校由于尚未成立研学旅行教研室，所以倾向于不选择自主建设课程，而是直接购买。大部分旅行社为了经济效益而开发研学旅行课程，但由于相关人员既不具备相关的学科背景和深厚的学术功底，又缺少对中小学教学系统的了解，不熟悉教学模式和方法，往往只能凭借自己的经验和想法设计课程。与旅行社开发课程的模式相仿，各类研学基地所开发的课程的数量和质量也参差不齐。经过多方实践验证，以校企联盟进行研学课程开发的方式，可以达到很好的课程建设效果。

校企联盟研学课程开发一般指学校、教育研究机构、研学基地、旅行社等多方合作共建研学旅行课程。各方建设者根据研学旅行课程的育人目标，结合地方特色和资源，以地方文化遗产、自然资源景区和博物馆等为依托，建设高质量的研学基地。学校教师、教育研究机构的课程开发人员与各类研学基地负责科普宣传教育的工作人员一起讨论课程研发、体系构建、评议、实地检验研学基地及课程设计存在的问题，可以不断提升研学基地的研学课程质量。为了顺应研学旅行专业化、个性化的服务需求，一些旅行社也在尝试与文化咨询公司合作，对旅行路线、讲解内容和方式等进行有针对性的个性化设计。

校企联盟开发的研学旅行课程有利于整合学校、教育研究机构、研学基地、社会非营利性组织的优势，既高度融合校本课程，又具有本土特色，充分利用研学基地现有资源，支持研学旅行的顺利展开。近年来，随着研学旅行的迅速发展，各类企业联盟不断涌现，已经出现具有供需链接和第三方担保功能的研学旅行企业运营平台。从事研学旅行的专业机构形成了线上、线下，景区旅行社以及其他跨行业机构竞相参与的局面。

📋 知识链接

目前国内主要的研学旅行产业联盟如下。

（一）中国课程化研学旅行联盟

2014年12月6日，在北京召开的"践行陶行知教育思想——首届'实践教育'论坛"上成立了中国课程化研学旅行联盟。来自旅游界和教育界的近100位专家和业界代表出席了本届论坛和联盟成立大会。

（二）内地游学联盟

2015年7月23日，原国家旅游局组织河南、山东、江苏、福建、广东、湖北、陕西7省相关机构在河南郑州成立内地游学联盟，并签署了《内地游学联盟协议》，同时出台了多项优惠政策，支持港澳青少年赴内地游学。内地游学联盟大会暨游学推广活动2016年在山东青岛举办，2017年在湖南长沙举办，2018年在山西太原举办，2019年在河南洛阳举办。

（三）中国研学旅行目的地联盟

2017年5月25日，来自全国20多个省市和地区的旅游企业代表在河南安阳成立中国研学旅行目的地联盟。

（四）中国研学旅行联盟

2017年5月26日，中国研学旅行联盟成立大会暨红旗渠研学旅行论坛在河南红旗渠召开。会议签署了《中国研学旅行联盟团体系列标准》和《中国研学旅行联盟红旗渠宣言》，并将5月26日确定为"中国研学旅行日"。

（五）中国研学旅行推广联盟

2017年9月27日，中国研学旅行推广联盟在山东曲阜成立。该联盟由原国家旅游局指导，山东省旅游发展委员会牵头主办，与北京、上海、天津、江苏、浙江、福建、河南、广东、陕西等10个省市相关机构共同发起成立。成立大会通过了《中国研学旅行推广联盟章程》。各大旅行社也纷纷成立专门负责研学旅行的部门和机构，大力拓展研学旅行业务。一些留学机构和教育企业也纷纷介入研学旅行行业。

在线下机构纷纷成立的同时，线上的研学旅行平台也相继成立。以中国研学旅行网为代表的一大批研学旅行线上平台，对宣传和解读研学旅行政策、普及研学旅行知识、推广研学旅行经典课程、推进研学旅行行业发展发挥着越来越重要的作用，已经成为行业信息传播的主要渠道。

五、研学旅行行业协会

国家级研学旅行行业协会相继成立，如 2017 年成立的中国旅行社协会研学旅行分会和 2017 年成立的中国红色文化研究会研学旅行工作委员会等。另外，一些相关的国家级行业协会也将研学旅行纳入自己的专业研究和服务领域，如中国职业安全健康协会户外教育安全分会开展和提供研学旅行安全专业研究与服务，其他各类教育协会开展研学旅行学术研究以及培训业务等。

省、市层级的研学旅行行业协会也相继成立，一些原有的省、市级教育学会、旅游协会等也纷纷成立研学旅行专业委员会，如河南省研学旅行教育协会、广东省研学旅行协会、四川省旅游协会研学旅行分会、山东省教育学会研学旅行专业委员会、山东省精品旅游促进会研学旅行分会、北京市旅行社协会研学旅行专业委员会、湖南省教育学会研学旅行专业委员会、长沙市旅行社协会研学旅行专业委员会、沈阳市教育学会中小学生研学旅行专业委员会、海口市旅行社协会研学旅行专业委员会等。

各类行业协会在研学旅行资源整合与区域或行业内的研学旅行业务推进方面发挥了重要作用。

六、研学旅行论坛

2017 年以来，研学旅行论坛数量呈现爆发式增长。这类论坛大多由区域内有一定影响力的研学旅行从业机构举办，论坛规格和层次不一，目的和功能也各不相同。

多数研学旅行论坛是研学旅行课程和从业经验的交流平台，这类论坛对于宣传研学旅行政策、推广品牌的课程线路、整合研学旅行区域资源发挥了重要作用。从规模上看，这类论坛往往规模较大，参加人数动辄数百人，与会人员以旅行社、研学基地的从业人员为主。这类论坛已经产生了会务经济效益。

另外一些行业协会举办的研学旅行论坛，以行业内有影响的专家为主，对当前研学旅行的现状和问题开展学术研讨，以促进研学旅行学术规范化，根除行业发展痛点，研讨行业运营标准，推进研学旅行政策发展。这类论坛通常不追求会议规模，但是对行业发展往往会有重大影响。

七、研学旅行人力资源培训

研学旅行这一新兴行业人力资源严重匮乏、从业标准还不明确、行业规范亟待完善、从业人员亟待培训的现状，使得研学旅行从业人员有着巨大的培训需求。这已经引起了国家有关部门和行业协会的高度重视，相关政府部门和行业协会也已经逐渐介入研学旅行人力资源建设领域，并逐渐发挥主渠道作用，对研学旅行培训行业进行规范。2019 年，文化和旅游部人才中心举办的研学旅行指导师岗位培训班正式开班，中国职业安全协会户外教育安全分会也正在计划推出研学旅行安全员岗位培训。

八、研学旅行标准建设

2017 年以来，研学旅行迅速发展，研学旅行的行业标准建设迫在眉睫。目前，中国职业安全健康协会户外教育安全分会正制定研学旅行安全员岗位能力标准，推出研学旅行安全员岗位培训。一些高校和教育学会也正在尝试制定研学旅行的课程指导等标准。

⟫⟫⟫ 任务二 研学旅行活动运营的协同方

一、研学旅行活动主体

中小学生是参与研学旅行活动的主体，教育部等 11 部门印发的《关于推进中小学生研学旅行的意见》明确指出，一般应安排小学四年级到六年级、初中一年级到二年级、高中一年级到二年级等在校学生参与研学旅行活动。

研学旅行的协同运营

二、研学旅行活动主办方

研学旅行活动主办方为教育行政管理部门和学校，既是研学旅行活动的保障方，又是研学旅行活动的决策者和组织者，为学生的研学旅行活动提供必要的保障措施。

三、研学旅行活动承办方

研学旅行活动承办方是指与研学旅行活动主办方签订合同，提供教育旅游服务的旅行社或研学旅行专业机构。目前国内大部分省市认可旅行社是研学旅行活动的承办方。

四、研学旅行活动供应方

研学旅行活动供应方需要具备法人资质，有相应经营资质和服务能力，与各承办方签订合同，按照合同履行义务。

五、研学旅行活动保障方

研学旅行活动的相关事宜都是关于基础教育的质量和安全的，需要政府统筹协调和管理指导。为此，我国确立了政府统筹、部门协作、教育行政部门主导、学校组织实施、家长支持的研学旅行工作协调和推进机制，以及以政府为主导、以市场为主体的研学旅行运营机制。

六、研学旅行活动课程及师资保障

研学旅行活动课程属于综合实践活动课程中的考察探究类，是国家课程中的必修课程，与学科课程并列设置、互相补充。研学旅行活动课程是学科课程内容的延伸、综合、重组与提升，是培养学生核心素养的重要载体，因此，研学旅行活动课程需要明确课程主体、课程定位、课程理念、课程目标、师资团队，规范课程结构、课程内容、课程实施、课程评价等，应深刻理解课程及师资等重要因素对研学旅行活动的关键作用。

模块二
参与研学旅行的各运营方

研学旅行从字面上理解可以拆分为"研""学""旅行"3 个元素，要真正使研学旅行良好地运转起来，背后保障学生良好学习、实践、生活的研学场所和提供餐饮、住宿、交通等研学旅行服务的机构是不可或缺的。在研学旅行中，教育是目的，旅行是方式，基地（营地）是载体。研学旅行活动安全有序、高质量地开展，离不开各运营方通力协作。研学旅行主办方（学校），提供研学活动场所、交通、食宿、旅游地接等服务的供应方（第三方），以及帮助两者建立服务供应关系的承办方（旅行社）是参与研学旅行的三大运营方。三者在研学旅行运营中目标一致，既共同协作，又分工明确且各有侧重，学校应偏重"研""学"，旅行社应偏重"旅行"，第三方则应偏重"供应和保障"，三者不仅具有互补合作、供应服务的关系，还有相互监督与改进服务的义务。

项目一　研学旅行主办方（学校）

研学旅行中具有明确研学旅行主题和教育目的组织方称为研学旅行主办方（organizer）。

目前，我国的研学旅行工作主要依靠政府来统筹保障运行，由教育行政部门主导、其他部门协作、社会力量支持，由学校有计划、有组织地安排和实施。学校既是研学旅行的组织者，也是研学旅行的实施主体，又称作研学旅行主办方。

学校作为研学旅行的主办方，有利于保持研学旅行的教育性原则。学校的主要职责是贯彻落实国家的教育方针，培养人才，而研学旅行教育是校内教育的延伸，有利于推动素质教育的全面实施。学校可以充分利用自己的教育教学经验及熟悉生情和学情的优势，设立明确的研学目标并将其纳入教育教学计划，同时在活动开展时间上进行合理安排。

开展研学旅行还要坚持公益性原则，对贫困家庭学生应减免费用，保障每位学生受教育的权力。目前，我国研学经费来源主要建立在政府划拨、学校家庭承担部分、社会支持的多元化基础之上。由于研学旅行的责任大、任务重、利润低，所以社会企业参与积极性不高，而学校作为研学旅行主办方更有利于活动的顺利开展。

研学旅行无论是学校自行开展还是委托企业或机构组织开展，都必须由学校作为实施主体，这样既能使研学旅行通过集体旅行、集中食宿等方式安全、方便地进行，也能确保每个学生都能享有均等的参与机会，以此保证教育公平，更好地实现立德树人、培养人才的根本目的。

▶▶▶ 任务一　资质与要求

寓教于游的研学旅行是提升学生综合素质的有效方式。研学旅行对于学生来说具有教育性、实践性、自主性、开放性、启发性、体验性等特点，对促进学生核心素养的发展具有积极的意义，从中体现的教育作用也是学校教育教学所追求的目标。因此，作为研学活动主办方的学校不能全权委托承办方对活动进行组织。

学校研学旅行活动开展前学校不仅需要做好前期组织宣传、招投标工作，还应认真制订教育培训计划，明确研学目标，加强安全意识，明确安全责任，做好防控措施。此外，学校要对承办方和供应方在研学旅行的教育项目和旅行项目方面提出明确要求。最后，学校还要对承办方在研学旅行的前、中、后期，落实研学旅行中的教学计划、人员安排、安全保障等各项工作任务进行把控监督。由于研学旅行带有很强的教育目的性，因此，开展研学活动对作为研学旅行主办方的学校有明确的资质要求。

一、法人资质

我国法律规定，法人成立条件有以下几个：必须依法成立；有必要的财产和经费；有自己的名称、组织机构和相应的场所；能够独立承担民事责任。学校作为研学旅行的主办方，首先应具有法人资质。

在我国，学校的设立主要有两种方式：一种是登记注册，由主管部门对申请者提交的申请设立报告进行审核，如未发现违背教育法律法规规定的情形并符合规定标准，就予以登记注册；另一种是审批，除了要审核拟申请设立的学校是否符合教育法律法规的规定及设置标准，还要审核、论证拟设立的学校是否符合本地区教育发展规划的要求。我国大、中、小学的设立就采取这种方式，即学校在设立审批时，学校主管部门会同时审查拟举办学校的法人条件。

二、主办方对旅行服务项目的要求

学校作为主办方，要高质量达成相关教育教学目标，就需要承办方共同参与设计研学教育目标和课程内容，明确承办方和供应方在旅行服务项目中的责任与义务。

研学旅行服务项目是整个研学活动质量保障的源头，由教育服务和旅行服务两大部分构成。主办方需要特别重视这些服务项目的内容，因为这些项目关系到研学旅行服务水平的高低、研学课程质量的优劣，也将直接决定研学旅行的成败。

（一）对教育服务的要求

研学旅行中的教育服务由 6 个部分组成，包括教育服务计划、教育服务项目、教育服务流程、教育辅助设施及教材、教育服务实施人员和教育服务评价机制。其中，教育服务计划由学校和旅行社围绕学校相关教育目标共同制订，教育服务实施人员由承办机构或研学基地安排，教育辅助设施及教材则由研学基地提供。这些教育服务在研学活动实施前都需要做出精心设计、明确分工，真正让研学活动做到"活动有方案，行前有备案，应急有预案"。以下是主办方在教育服务方面的操作要求。

1. 制订教育服务计划

主办方首先要把研学旅行纳入学校教育教学计划，与综合实践活动课程统筹考虑。学校要会同承办方围绕学校相关教育目标，精心设计研学旅行活动课程，在课程设计上结合研学旅行的主题和教学目标，做到立意高远、目的明确、活动生动、学习有效。

2．明确教育服务项目

在安排教育服务项目时，主办方要针对不同学龄段学生提出相应的学时要求，保证每天体验课程的时间或活动时间不少于45分钟。教育服务项目类型在课程设计时就应明确。其类型主要分为以下几种。

（1）健身项目：以培养学生的生存能力和适应能力为主要目的的服务项目，如徒步、挑战、露营、拓展、生存与自救训练等。

（2）健手项目：以培养学生的自理能力和动手能力为主要目的的服务项目，如综合实践、生活体验训练、内务整理、手工制作等项目。

（3）健脑项目：以培养学生的观察能力和学习能力为主要目的的服务项目，如参观、游览、讲座、诵读、阅读等。

（4）健心项目：以培养学生的情感能力和践行能力为主要目的的服务项目，如思想品德养成教育活动、团队游戏、情感互动、才艺展示等。

3．明确教育服务流程

研学旅行中，教育服务流程分为出行前、旅行中和旅行后3个时间段，研学旅行服务机构应协助主办方统筹管理，制订教育服务流程方案，明确各方人员职责，保障研学旅行课程安全、有序、高效地实施。教育服务流程具体如下。

（1）出行前：指导学生做好准备工作，如阅读相关书籍、查阅相关资料、制订学习计划等，安排研学服务机构人员进入学校进行行前课程的宣讲服务，协助学校进行专题讲座、旅行知识讲座、出行安全知识讲座等。

（2）旅行中：组织学生参与教育活动项目，指导学生撰写研学日记或调查报告；在教学内容上，研学旅行指导师主导实施，与供应方配合完成，随队老师要协助指导师保障教学秩序。

（3）旅行后：组织学生分享心得体会，如组织征文展示、分享交流会等。

4．检查教育辅助设施及确认教材

教育辅助设施及教材的合理使用和编排，可以使研学旅行的教学活动更加生动活泼、教学内容更易理解，对提升教学效果能起到事半功倍的作用。因此，承办方可以协同主办方设计不同学龄段学生所需要的研学旅行教材，并将研学旅行知识读本提前发放给学生阅读。另外，承办方在研学活动开展前要根据研学旅行教育服务计划，配备相应的辅助设施，如计算机、多媒体、各类体验教育设施或教具等。承办方应对教育辅助设施及教材，在安全、质量、数量等方面做好检查工作。

5．确认教育服务实施人员

研学旅行教育服务由研学旅行指导师主导实施，依据与主办方确定的研学旅行课程方案，完成研学手册的课程内容。整个研学课程实施过程要和带队老师等配合完成。因此，主办方对研学旅行指导师的相关资质、服务水平、专业态度、专业知识、专业能力等也要做明确要求。

6．实施教育服务评价机制

实施教育服务评价机制是为了持续改进教育服务。对教育服务效果的评价可包括学生对于研学教育服务的评价，学生对于研学旅行指导师课程实施的满意度评价，学校对研学教育服务组织实施的评价等。为了更精准地反映评价结果，一般建议采取数据量化方式。

（二）对旅行服务的要求

研学旅行的旅行服务要求与普通旅游相似，均涉及交通、餐饮、住宿、安全、导游等方面，但由于研学旅行的服务对象是基础教育阶段的未成年学生，所以在服务细节上应有更高的标准和要求。主办方需要在交通服务、住宿服务、餐饮服务、安全服务等方面对承办方提出明确要求。

1. 对交通服务的要求

（1）主办方要对出行的交通工具类型、资质、数量、车况、保险，包括驾驶人员的个人资质等提出明确要求。

（2）承办方需要向主办方提供交通安全预案，在研学手册上标注安全注意事项，并向学生宣讲交通安全知识和紧急疏散要求，组织学生安全、有序地乘坐交通工具。

（3）承办方应提前告知学生及家长相关交通信息，以便其掌握乘坐交通工具的类型、时间、地点以及需准备的有关证件。

（4）承办方宜提前与相应交通部门取得工作联系，组织绿色通道或开辟专门的候乘区域。

（5）承办方遭遇恶劣天气时，应认真研判安全风险，及时调整研学旅行行程和交通方式。

2. 对住宿服务的要求

（1）住宿服务提供方应具有公安部门颁发的特种行业许可证和工商行政管理部门颁发的营业执照。

（2）承办方应以安全、卫生和舒适为基本要求，兼顾性价比，提前对住宿营地进行实地考察。

（3）承办方应详细告知学生入住注意事项，宣讲住宿安全知识，带领学生熟悉逃生通道。

（4）承办方应在学生入住后及时进行首次查房，帮助学生熟悉房间设施，解决相关问题。

（5）承办方宜安排男、女学生分区（片）住宿，女生片区管理员应为女性。

（6）承办方应制定住宿安全管理制度，开展巡查、夜查工作。

3. 对餐饮服务的要求

（1）餐饮服务提供方应以食品卫生安全为前提，具有市场监督管理部门核发的餐饮服务许可证和工商行政管理部门颁发的营业执照，有大型团队接待经验，服务人员均持有健康证。

（2）承办方应提前制定就餐座次表，组织学生有序进餐。

（3）承办方应督促餐饮服务提供方按照有关规定，做好食品留样工作。

（4）承办方应在学生用餐时做好巡查工作，确保餐饮服务质量。

4. 对安全服务的要求

主办方应明确要求承办方在承办研学活动中遵循安全第一的原则，拥有一套完善有效的安全防控机制，在交通安全、餐饮安全、住宿安全、基地安全、财产安全、行走安全、教辅设备安全等方面做好安全防控、布控工作，确保研学旅行安全开展。

（1）构建安全防控机制

承办方需要建立完整的安全管理制度体系，构建完善有效的安全防控机制，如研学旅行安全管理工作方案、研学旅行应急预案及操作手册、研学旅行产品安全评估制度、研学旅行安全教育培训制度等。

（2）实施安全管理服务

承办方应根据各项安全管理制度的要求，明确安全管理责任人员及其工作职责；制订安全教育和安全培训专项工作计划，对参与研学旅行活动的工作人员进行培训；在研学旅行活动过程中安排安全员随团开展安全管理工作；在研学旅行过程中对学生进行安全知识教育，根据行程安排及具体情况，及时进行安全提示与警示，强化学生安全防范意识。

（3）提供安全教育服务

承办方应协同学校进行研学旅行安全知识普及，配合学校召开行前说明会，对学生进行行前安全教育，提供安全防控教育知识读本。

（4）提供安全应急预案服务

承办方应制定和完善地震、火灾、食品卫生、治安事件、设施设备突发故障等各项突发事件的应急预案。

（5）提供购买研学旅行意外保险服务

承办方应为参加研学旅行的全体师生购买研学旅行意外险或旅游意外险并确认保险额度。

5. 对承办方研学服务人员的要求

每个研学旅行团队承办方至少需要配置项目组长、安全员、研学旅行指导师、导游共 4 名服务人员，并确保其资质符合研学旅行标准。

三、主办方的安全防控措施要求

教育部等 11 部门在《推进中小学生研学旅行的意见》中提出了研学旅行安全的基本指导方针，即研学旅行要坚持安全第一，建立安全保障机制，明确安全保障责任，落实安全保障措施，确保学生安全。"预防为重、确保安全"是研学旅行的基本前提。主办方应构建完善有效的安全防控机制，明确如下安全防控措施。

（1）制订研学旅行安全管理工作方案。

（2）编制研学旅行应急预案及操作手册。

（3）建立研学旅行产品安全评估制度。

（4）建立研学旅行安全教育培训制度。

（5）设立研学旅行安全风险预警机制。

四、主办方的教育培训计划要求

研学旅行教育培训计划要将校内教育与校外教育统筹设计，对研学旅行课程与综合实践活动课程综合考虑，将其纳入学校教育教学计划。学校在制订研学旅行教育培训计划时，要通盘考虑，结合研学旅行课程中的特定项目，完成国家课程、地方课程、学校课程中的相关实践教育要求，在设计中要明确教育目标、教学内容、教学方式、教学任务、授课人员、时间安排等内容，以确保教育教学内容按计划实施。

五、主办方与承办方的合同签订要求

主办方委托承办方开展研学旅行时，要进行公开招投标，与有资质、信誉好的中标企业或机构签订合同，明确委托企业或机构承担学生研学旅行安全责任，按照合同履行约定义务，达到主办方提出的服务要求，与主办方协作完成研学旅行项目。

▶▶▶ 任务二　人员配置

学校开展研学旅行的方式分为两种：自行开展和委托开展。学校自行开展研学旅行时，要考虑管理、教学、后勤、联络、安全等各方面的人员需求，由于牵涉面广、人员要求高，选择此种方式开展研学旅行的学校不多。目前，国内大部分学校选择委托开展的方式开展研学旅行，研学旅行企业参与学校研学工作已形成主流趋势。这一通行做法也是基于行业分工、

模块二　参与研学旅行的各运营方

21

优势互补的必然选择。研学旅行被喻为"行走的教育"，学校在"研"和"学"上有着天然优势，但由于"旅行"涉及诸多行业，在整合各方资源、吃住行游的安排专业度上，承办研学旅行的旅行社当仁不让。

一、自行开展研学旅行的人员配置

学校自行开展研学旅行，在人员配置上，要根据需要配备一定比例的学校领导、教师和安全员，也可吸收少数家长作为志愿者，负责学生活动管理和安全保障工作。如有家长参与研学旅行，学校应与家长签订协议书，明确学校、家长、学生的责任和权利。学校人员配置的具体标准在我国各地略有不同。在研学旅行开展得比较成熟的地区，对人员配置的要求通常更高。如山东省青岛市要求学校应当为每个班级配备不少于 3 人的随行人员（随行人员数量与学生数量的比例不低于 1：15），安排校医或聘请医护人员随行，并要求有条件的学校安排掌握应急知识技能的人员随队出行。

二、委托开展研学旅行的人员配置

在有研学旅行承办方介入时，学校在人员配置上可以大大简化，但至少要满足以下两点。

（1）学校应至少派出一人作为代表，负责督导研学旅行按计划开展。学校在组织研学旅行时应当从学校研学旅行管理人员队伍中至少抽派一名代表全程参与，监督、指导研学旅行的实施。在研学旅行过程中，学校要纠正任何与合同约定不符的操作，预防和制止出现任何损害师生利益的行为。

（2）每 20 位学生宜配置一名带队教师，带队教师全程带领学生参与研学旅行的各项活动。实际操作中，研学旅行活动要按年级或班级统一行动，带队教师最好由班主任或本班任课教师担任，因为他们对本班的学情、生情更为了解，可以深度参与活动，配合研学旅行指导师共同完成研学课程。

▶▶▶ 任务三　管理范围及责任

在研学活动的管理范围及责任方面，研学旅行的主办方首先要贯彻国家规定的研学旅行的教育性原则、实践性原则、安全性原则、公益性原则，不断完善协调机制、健全责任机制、规范安全保障，为整个研学工作目标的达成提供保障。学校的管理范围和责任主要包括以下几个方面。

一、规范研学旅行的组织与管理工作

（1）学校组织开展研学旅行需要提前拟定活动计划，并按管理权限报教育行政部门备案。

（2）中小学要制定中小学生研学旅行活动工作规程，要做到"活动有方案，行前有备案，应急有预案"；要负责制订研学旅行活动工作方案，明确工作计划，制订招标方案，进行公开招标，对中标的承办方提供的研学手册提出课程修订意见，并对修订情况进行审核。具体可参考本模块项目四案例分析的表 2-1 "研学旅行课程'无锡——中国近代民族工商业发祥地'行程安排表"。

（3）学校要通过家长委员会，以致家长的一封信或召开家长会等形式告知家长政策背景、活动意义、时间安排、出行线路、收费情况、注意事项等信息。

（4）学校应与承办方（旅行社）与供应方（第三方）和保障方（保险公司）之间签订协议，并将相关协议中关于服务标准的内容予以审核备案，以确保供应方提供的服务满足学校

的相关要求，明确委托企业或机构承担学生研学旅行安全责任。

二、工作机构和工作内容

为保证研学旅行的有效开展，学校要建构专门的研学旅行工作机构，组织动员社会力量，明确职责，落实责任到人。

（一）成立领导组和教研组

一般来说，研学旅行领导组由校长、书记、德育主任、教务主任、组长和班主任等管理人员共同组成，全面负责学校研学旅行工作。有条件的学校可单独设立研学旅行教研组，也可将研学旅行教研组并入德育工作、劳动教育、综合实践活动等教学组，由学校相关教师兼职负责。

（二）带队教师培训

要真正发挥研学旅行的成效，达成教育目标，研学旅行课程与校内课程必须有机融合。对熟悉学生情况的带队教师进行研学旅行课程及相关管理知识的培训，可极大增强研学旅行课程的教育效果，并增强教师代表学校监督承办方实施课程和履行协议的能力。

（三）明确安全员职责

研学旅行过程中，承办方至少要为每个研学旅行团队配置一名安全员，随团开展安全教育和防控工作。学校和承办方应根据各项安全管理制度的要求，明确安全管理责任人员及其工作职责。如果条件允许，学校最好也配置有资质的安全管理人员。

（四）家长动员和培训

研学旅行中，家长的积极参与和协助对整个活动的顺利开展意义重大。吸收少数家长作为志愿者，负责学生活动管理和安全保障工作，对研学旅行的影响是积极的，但在研学旅行开展前，学校需要对家长做相关知识的培训，以便其在岗位上正确履行职责，还应与家长签订协议书，明确学校、家长、学生的责任权利。

三、安全管理范围与责任

研学旅行应遵循安全第一的原则，学校要全程进行安全防控工作，确保活动顺利进行。

（1）学校应向教育行政部门报送研学旅行的活动方案和应急预案。

（2）学校要做好行前安全教育，与家长签订安全责任书。

（3）学校必须购买校方责任险，与委托开展研学旅行的承办方签订安全责任书，明确各方安全责任，建立事故处理、责任界定及纠纷处理机制，实施分级备案制度，做到层层落实，责任到人。

（4）学校应负责监督确认承办方为出行师生购买研学旅行意外险或旅游意外险。

四、教育教学范围与责任

学校在组织开展研学旅行时必须遵循教育性原则，精心设计研学活动课程，结合学生身心特点、接受能力和实际需要，注重系统性、知识性、科学性和趣味性，要避免"只游不学"或"只学不游"的伪研学现象的发生。

（1）学校应和承办方围绕学校相关教育目标，共同制订研学旅行教育服务计划。

（2）学校可将研学旅行纳入学校教育教学计划，融入三级课程体系，建议与社会实践活动、劳动教育、德育教育等做统筹设计考虑。

（3）学校要开设研学旅行课程专题讲座，使学生做好充分的思想准备并掌握和培养相应的知识与能力。

（4）学校应建立教育服务评价机制，对教育服务效果进行评价，以促使参与各方持续提高服务水平。

五、过程监督和结果评价

（1）学校在研学旅行过程中应维护师生的权益。如有损害师生合法权益的行为发生，学校应为师生维护和主张权益提供帮助。

（2）学校要监督承办方全面履行协议，对承办方在工作中的合理要求提供协助，对承办方与学生及学生家长进行沟通提供帮助。

（3）学校要在研学旅行结束后，对研学旅行课程、学生的学习成果、研学旅行承办方的工作和学校带队教师的工作做出评价和认定。

六、确保研学旅行公益性原则

研学旅行不得开展以营利为目的的经营性创收活动，对贫困家庭学生要减免费用。学校可通过多种形式、多种渠道筹措中小学生研学旅行经费，探索建立政府、学校、社会、家庭共同承担的多元化经费筹措机制。

项目二 研学旅行承办方（旅行社）

研学旅行承办方（undertaker）一般是指与研学旅行活动主办方（学校）签订合同，提供教育旅游服务的旅行社。

研学旅行承办方也称作研学旅行服务机构，是指从事研学旅行服务业务的企业或机构，其功能主要是在研学旅行运作中承上启下，为研学旅行活动主办方（学校）与研学旅行供应方（第三方）建立服务供应关系，并与双方一起组织开展研学旅行。承办方为研学旅行活动搭建主体架构，是整个研学旅行产业服务中的支撑性机构，也是连接研学旅行主办方和研学旅行供应方的中介体。

研学旅行承办方目前主要分为两种：一是具有研学经营资质的旅行社，二是具有旅行社资质的教育机构。由于二者均需要取得旅行社资质，并拥有丰富的旅游承接经验，所以总体来说，研学旅行承办方的主体就是具有研学旅行资格的旅行社。

例如，设立在江苏无锡的行创研学（江苏）有限公司，主要从事研学旅行课程研发、研学旅行指导师培训等业务，但其作为文化教育培训机构仍不能单独承接中小学研学旅行业务。该公司为解决接待资质问题，就采取了挂靠无锡中国青年旅行社的方式，在与学校合作时，也以无锡中国青年旅行社作为研学活动承办方来签订合同。所以，广义上来看，研学旅行的承办方就是旅行社。《研学旅行服务规范》也明确把研学旅行的承办方定义为提供教育旅游服务的旅行社。

▶▶▶ 任务一 资质与要求

因为研学旅行的参与者都是学生，所以对研学旅行承办方经营资质的要求要高于普通旅游项目，因为其不仅要提供安全可靠的旅行服务，还要提供研学课程等方面的服务。研学旅行承办方不仅需要拥有丰富的研学旅行项目承接经验，在组织实施研学教学和旅行服务方面, 承办方也需要有研学旅行专职人员, 或成立相应的研学部门为项目实施保驾护航。《研学旅行服务规范》行业标准中对参与研学经营的旅行社资质做了明确规定, 概括为以下 3 点。

一、经营资质

经营研学旅行活动的研学服务机构应是依法注册的旅行社, 必须符合(《旅行社国内旅游服务规范》LB/T 004—2013)和(《旅行社服务通则》LB/T 008—2011)的要求, 宜具有 AA 及以上等级, 并符合(《旅行社等级的划分与评定》GB/T 31380—2015)的要求, 从事的研学活动范围应符合工商行政部门颁发的经营许可证规定的经营范围。

二、安全信用资质

研学旅行要坚持安全第一, 建立安全保障机制, 明确安全保障责任, 落实安全保障措施, 确保学生安全。研学活动的安全意识要始终贯穿于活动的前、中、后 3 个阶段。对旅行社的安全信用资质要求有两点。

（1）研学旅行的承办旅行社需要连续 3 年内无重大质量投诉、不良诚信记录、经济纠纷及重大安全责任事故。

（2）研学旅行的承办旅行社应与供应方签订旅游服务合同, 按照合同约定履行义务。

三、研学服务资质

旅行社的研学服务资质大致来说包括拥有相应的研学部门、师资队伍和丰富的接待经验。由于研学旅行承办方自带教育属性和专业属性, 这些资质要求也可以说是与普通旅行社的最大区别, 具体资质要求如下。

（一）研学旅行的承办旅行社应设立研学旅行的部门或专职人员开展研学服务工作

承办研学旅行的旅行社要在拥有固定办公场所的基础上, 独立设立研学部门, 并拥有完整的研学旅行管理制度体系, 成熟的研学服务流程管理制度, 并有专人负责研学旅行产品的设计、推广、营销、处理投诉、改进服务等与研学旅行相关的工作。

在承办研学旅行的旅行社中, 师资力量的建设尤为重要。尽管没有明文规定旅行社具体配备的研学教育服务人员数量, 但从实际情况出发, 很多研学基地由于各种原因, 存在专业研学旅行指导师人才数量偏少、人员素质差异较大的问题。所以, 承办研学旅行的旅行社也应培育一支专业素质高、能力强、知识结构完整、安全风险意识强的专业师资队伍, 并具有良好的职业操守和高水平接待能力。

（二）研学旅行的承办旅行社须具有承接 100 人以上中小学生旅游团队的经验

研学旅行是进行体验式教育和研究性学习的一种教育旅游活动, 其行程特点是出游人数多、关联单位多、服务内容杂, 加上服务对象是以中小学生为主体的学生, 同时还涉及学校教学的统筹、研学旅行经费的筹措、学生精力与时间的损耗等, 安全风险点多、管控难度高。为避免承办旅行社由于经验欠缺而出现各类风险, 在资质上明确要求承办旅行社具有承接中小学生旅游团队的经验, 并且人数规模为 100 人以上。

▶▶▶ 任务二 人员配置

作为研学旅行服务机构的专业旅行社, 要在教育服务、旅行服务、安全管理、应急预案等方面进行服务和协调工作。旅行社一方面要根据主办方确定的研学旅行主题设计研学旅行产品，制订配套活动方案，另一方面要充分保障研学旅行课程安全、顺利实施，因此，旅行社在研学工作人员的配置方面需要明确地进行分工，配置符合工作要求的专业人员并落实责任到人。

一、项目组长

开展研学旅行时，旅行社需要配备一名项目组长，一方面监督落实供应方对合同的执行情况，另一方面全面把控整个研学旅行的流程，并做好相应人员的管理工作，接受主办方代表的督导。研学旅行过程中，项目组长要全程随团活动，这不仅有利于其统筹协调研学旅行的各项工作，还能在遇到突发事件时第一时间研判安全风险，及时调整研学旅行行程。在实际运营中，项目组长通常由熟悉研学旅行业务、协调能力强、经验丰富的旅行社管理层领导担任。

二、安全员

安全是研学旅行开展的基础，研学旅行活动需要配备有资质的安全员，以随团开展安全教育和防控工作。安全员的派出单位由研学旅行基地（营地）负责。但由于教学计划的安排，研学旅行会涉及多家研学旅行基地（营地），高年级学生的研学旅行会涉及多日游，而我国研学旅行基地（营地）尚处发展阶段，餐饮、住宿等方面的服务要由周边第三方供应，这会增加安全风险。旅行社可以根据实际情况和风险评估结果采取外聘安全员的方法。

三、研学旅行指导师

研学旅行教育服务应由研学旅行指导师主导实施，由导游和带队教师等共同配合完成。研学旅行指导师是研学旅行课程方案的策划者、制订者或实施者，主导教育服务的实施流程，在研学旅行过程中组织和指导中小学生开展各类研究学习和体验活动。研学旅行指导师是保证研学计划顺利实施、实现研学目标的关键人物，甚至可以被视作实现研学旅行教育目标的灵魂人物。研学旅行指导师不仅需要在研学旅行中提供讲解服务、旅行服务、生活服务，还需要制订和实施研学旅行课程方案，指导学生开展各类探究学习和体验活动，承担着导游和教师的双重角色。任何一个研学团队都要配置研学旅行指导师，以避免"只旅不学"或"只学不旅"的现象。

四、旅行社导游

研学旅行通过旅行的外在形式实现教育教学的目的。在研学旅行中，旅行社导游在提供向导、讲解及相关旅游服务上得心应手，一场成功的研学旅行自然离不开导游的密切配合。这里特别要注意的是，由于研学旅行服务对象和目标要求的特殊性，导游除了在旅游服务方面要符合《导游服务规范》（GB/T 15971—2010）的要求外，还要时刻注意把安全意识摆在首位，随时提醒、引导学生安全旅游、文明旅游。导游在讲解服务方面要细致、耐心，还应注意用词的准确、文明，另外应将安全知识、文明礼仪作为导游讲解服务的重要内容，并且结合研学教育服务内容和要求提供有针对性、互动性、趣味性、启发性和引导性的讲解服务，所以对于参与研学旅行的导游，旅行社宜做好行前的培训工作。

五、医护人员

一些研学旅行开展得比较成熟、规范的地区在制定的标准中对人员配置的要求更高，如西安市、青岛市在地方文件中明确要求安排校医或聘请医护人员随行，有条件的学校也可以安排掌握应急知识与技能的人员随行。这一做法也给其他地区的旅行社提供了很好的参考依据。尤其是在一些出游天数多、行程距离远、学校校医资源缺乏的情况下，旅行社在随行医护人员的配置问题上更要做好行前的统筹考虑。

六、宣传人员

研学旅行在我国方兴未艾，全国各地也正在开发育人效果突出的研学旅行课程，建设具有良好示范作用的研学旅行基地，打造具有影响力的研学旅行精品线路，因此，旅行社可以根据具体情况，配置宣传人员，以负责留下影像资料及协调各新闻媒体等工作。宣传成果既可以作为后期学生研学档案的内容，也可以作为学校和参与各方的宣传资料，能对研学旅行事业起到积极的推动作用。

总之，作为承办方的旅行社，在人员配置的数量和分工上应根据研学旅行出游学生的规模、年龄、研学课程、具体的行程等实际情况进行合理调配。

▶▶▶ 任务三　管理范围及责任

由于研学旅行的承办方是具有研学经营资质的专业旅行社，其性质也决定了它的管理范围及责任。下面我们通过《旅行社国内旅游服务规范》《旅行社服务通则》，并结合《研学旅行服务规范》等文件，归纳总结旅行社在研学旅行中的管理范围及责任。

一、提供公开竞标材料

承办方应根据主办方的招标要求参与公开竞标并提供相应材料。承办方在竞标时应如实提供单位相关资质证明、往期承接研学旅行业务的证明、研学旅行课程设计方案或研学手册、安全责任承诺书等。

二、提供课程资源

承办方应根据主办方需求，针对不同学段的特点和教育目标，通过对课程线路进行实地勘察，修订、编制研学旅行产品，并为主办方提供必要的行前课程或课程资源。

三、协助前期工作

承办方应与主办方积极沟通研学旅行事宜并协助其开展各项前期工作，具体如下。

（1）协同主办方共同开展领队教师培训说明会、家长会、行前说明会、研学旅行指导师工作安排对接会、行前安全演练等各项工作。

（2）协同主办方对研学旅行基地（营地）进行实地勘察，合理采纳主办方提出的研学方案中的旅行服务、课程服务等方面的建议并再次修订、编制方案。

四、选择合格的供应方

承办方应按主办方要求选择合格的供应方，并签署相关合作协议，对供应方的资格审核承担全部法律责任。

目前，在实际操作中，研学旅行服务很难由一家研学旅行基地（营地）供应，承办方可以灵活机动地选择合格的供应方，协调各方，共同组织研学旅行。承办方选择各供应方（第三方）的基本原则和要求如下。

（1）在交通工具选择上，承办方可以参照《研学旅行服务规范》择优先安排，在得到主办方的认可后，与符合标准的供应方签订协议，提供安全合格的交通工具并配备合格的司导人员。

（2）在住宿安排上，承办方应以安全、卫生和舒适为基本要求，兼顾经济需求，提前对住宿地点进行实地考察。

（3）在餐饮安排方面，承办方应以食品安全、卫生为前提，兼顾质量、口味、环境等需求，选择合适的餐饮服务提供方。

（4）在对研学旅行基地（营地）的选择上，承办方应从其资质、场所条件、构成要素、环境与卫生条件、教育与体验、设施与服务、安全管理、人员素质等方面进行综合考察。

（5）如有其他供应需求，承办方也一定要选择安全、可靠、有资质的企业或单位。

五、团队组织、分工及培训

承办方需要组建研学课程实施团队，并对团队成员进行分工，有针对性地进行课程培训和安全责任培训，保障研学旅行的有序开展。

（1）承办方应保证研学旅行指导师在专业态度、专业知识、专业能力等方面能很好地胜任工作。如研学旅行指导师是研学旅行基地（营地）提供的，研学旅行基地（营地）应负责审核其资质水平。

（2）导游人员的服务应符合《导游服务规范》的要求；做到将安全知识、文明礼仪作为讲解服务的重要内容，随时提醒、引导学生安全旅游、文明旅游；结合教育服务要求，提供有针对性、互动性、趣味性、启发性和引导性的讲解服务。

（3）团队成员在研学旅行过程中应维护学生和教师的权益，应全面负责学生的管理工作。

（4）研学旅行期间，宣传人员（可由导游担任）负责收集和制作研学旅行过程的影像资料，并将相关影像资料提供给主办方。

（5）承办方应按照与主办方签订的协议及课程规划实施课程，接受主办方带队教师对课程实施工作的监督。

（6）承办方应为学生和学校带队教师提供票务服务。

承办方可按照本模块项目四案例分析部分的表 2-2 "研学旅行指导师、导游、教师安排表"进行工作安排。

六、医疗及救助服务工作

承办方在研学旅行中需配合医疗及救助服务要求，做好以下工作。

（1）应提前调研和掌握研学旅行基地（营地）周边的医疗及救助资源状况。

（2）学生生病或受伤，应及时送往医院或急救中心治疗，妥善保管就诊记录。返程后，应将就诊记录复印件转交家长或带队教师。

（3）宜聘请具有职业资格的医护人员随团提供医疗及救助服务。

七、安全管理及责任

承办方在安全方面的管理工作和责任如下。

（1）按照课程设计方案和《关于推进中小学生研学旅行的意见》与《研学旅行服务规范》的相关要求制订安全防范措施和安全应急预案。

（2）应制订安全教育和安全培训专项工作计划，定期对参与研学旅行的工作人员进行培训。

（3）应在研学旅行过程中对学生进行安全知识教育，根据行程安排及具体情况及时进行安全提示与警示，强化学生的安全防范意识，并对参加研学旅行的学生进行多种形式的安全教育。

（4）制订和完善地震、火灾、食品卫生、治安事件、设施设备突发故障等各项突发事件的应急预案，并定期组织演练。

（5）根据应急预案有效处理突发事件，有效降低事故损失，确保师生的合法权益。

八、服务改进工作

承办方应履行改进研学旅行服务的责任和义务。承办方要对各方面反馈的质量信息及时进行汇总分析，明确产品中的主要缺陷，找准发生质量问题的具体原因，通过健全制度、加强培训、调整供应方、优化产品设计、完善服务要素和运行环节等措施，持续改进研学旅行服务质量。

九、投诉处理

承办方应对投诉处理的方法如下。

（1）建立投诉处理制度，并确定专职人员处理相关事宜。

（2）公布投诉电话、投诉处理程序和时限等信息。

（3）及时建立投诉信息档案和回访制度。

项目三　研学旅行供应方（第三方）

研学旅行供应方是与研学旅行活动承办方（旅行社）签订合同，提供旅游地接、交通、住宿、餐饮等服务的机构。

横跨教育和旅游两个行业领域的研学旅行被喻为"行走的教育"。在研学旅行的"旅行"部分，吃、住、行、游等旅游的基本要素，是研学旅行不可或缺的部分。我们把提供餐饮、住宿、交通、研学场地、旅游地接、保险等第三方服务的机构统称为供应方。目前，研学旅行供应方大多以研学旅行基地（营地）为载体来提供服务。

《研学旅行基地（营地）设施与服务规范》对研学旅行基地（营地）的定义是，自身或周边拥有良好的餐饮住宿条件、必备的配套设施，具有独特的研学旅行资源、专业的运营团队、科学的管理制度以及完善的安全保障措施，能够为研学旅行过程中的学生提供良好的学习、实践、生活等活动的场所。文件对研学旅行基地（营地）设置的资质条件和场所条件、人员的配置、课程体系的安排、教育教学的设施及住宿、餐饮的配套都做了详细的要求。也就是说，在第三方供应机构中，除提供交通运输的企业和保险公司之外，其他供应方在研学旅行过程中提供的内容，如餐厅、酒店、研学场所、研学旅行指导师等，是可以由研学旅行基地（营地）来供应的。

如果从安全性、规范性、操作便利性等方面考虑，以及为了与主办方教育教学目标相契合，在其他研学条件类似的情况下，主办方和承办机构通常会优先选择配套齐全、管理成熟的研学旅行基地（营地）。但由于研学旅行基地（营地）在研学旅行服务中的要素涉及面广、软硬件要求高，而目前我国真正拥有良好餐饮住宿条件、完善配套设施、高质量研学旅行指导师队伍的研学旅行基地（营地）缺口又比较大，所以现实研学活动进行时，研学旅行基地（营地）作为整个研学活动的供应方往往心有余而力不足。因此，承办方为保障研学活动的顺利开展，通常会根据实际情况选择不同领域的供应商共同组建研学旅行的供应方。为了便于理解和实际操作，下面我们把各类供应商分开进行讨论。

▶▶▶ 任务一　资质与要求

优质的研学旅行资源、良好的餐饮住宿条件、合格的交通工具、专业的运营团队是第三方为研学旅行的开展提供的多方保障。这些服务内容不仅是研学旅行中旅游的基础条件，而且通过学生对这些服务的体验感知，促进了其生活经验和书本知识的深度融合，同样也是素质教育的重要组成部分。

在选择供应方的过程中，承办方首先要审核其是否符合资质要求。承办方在考量供应方时，不能因为研学旅行的公益性原则，而把价格因素放在第一位。国家规定，为确保研学旅行项目的顺利实施，交通部门负责督促有关运输企业检查学生出行的车、船等交通工具；公安、食品药品监管等部门加强对研学旅行涉及的住宿、餐饮等公共经营场所的安全监督，依法查处运送学生车辆的交通违法行为；保险监督管理机构负责指导保险行业提供并优化校方责任险、旅行社责任险等相关产品。由于研学旅行的供应方关联单位多、涉及行业面广、要求标准更高，所以这些单位不仅需要符合行业内部的规范，也要符合研学旅行的资质要求。

一、法人资质

所有研学旅行的供应方都应是在我国境内依法注册，具备法人资质的企事业单位或机构，在与承办方签订研学旅行服务合同时须出具法人资格证明等相关证件。

二、经营资质和服务能力

研学旅行的供应方都应取得工商、卫生、消防、食品、公安、旅游等管理部门颁发的许可经营证照，具备相应的经营资质和服务能力。

（一）汽车租赁公司

汽车租赁公司应提供合法、安全、有资质的旅游车辆并按规定购买座位险；配备的驾驶员宜具有 10 年以上驾驶经验，5 年内无责任安全事故和不良诚信记录；提供的车辆和服务需要符合《旅游客车设施与服务规范》（GB/T 26359—2010）。

（二）餐饮企业

餐饮企业需要取得经营许可，用餐卫生符合《饭馆（餐厅）卫生标准》（GB16153—1996）的要求；面积、就餐设施、服务标准满足接待要求，符合《旅游餐馆设施与服务等级划分》（GB/T26361—2010）的要求；拥有大型团队的接待经验；做好食品留样工作；餐饮服务人员应定期体检，持健康证上岗。

（三）住宿单位

提供住宿的供应方无论是酒店、研学旅行基地（营地）还是实践活动教育基地（营地），都需具有相应的经营资质，住宿条件以安全、卫生和舒适为基本要求，能够便于集中管理；住宿地点方便承运汽车安全进出、停靠；有健全的公共信息导向标识，并符合《公共信息图形符号　第 1 部分：通用符号》（GB/T 10001.1—2012）的要求；安全逃生通道标识明显，道路畅通；研学旅行中学生住宿的类型很多，根据研学旅行的教学计划的安排，最常见的 4 种住宿类型及要求如下。

（1）酒店类住宿：总体服务质量和安全管理应符合《旅游饭店星级的划分与评定》（GB/T 14308—2010）的要求。

（2）集体住宿：应男女分室，保证设施安全、卫生洁净。

（3）学生宿舍：应配有沐浴设施、床铺及床上用品、存储柜等。

（4）野外露营点：应选址科学合理，符合《休闲露营地建设与服务规范》（GB/T 31710.3—2015）的要求。

（四）研学旅行活动场所（研学旅行基地）

研学旅行活动场所首先应具有合法的经营资质，在接待研学旅行活动前正式对社会公众开放满 1 年，且 1 年以内无任何重大环境污染及负主要责任的安全事故；其次须拥有独特的研学旅行资源，配备教育、游览、配套、应急等硬件设施；最后要在安全管理、人员配备、研学课程、管理体系等方面具有满足研学旅行活动开展的能力。

（五）保险企业

承保师生研学意外险或旅游意外险的保险公司，必须是在保险监督管理机构审批注册的正规公司，拥有营业资质和良好的服务。

三、信誉与知名度

研学旅行供应方应具有良好的信誉和较高的社会知名度。各供应方都要具有合法经营资质，并且企业和法人代表无不良诚信记录，企业服务人员应确保身体健康和精神状态良好，无不良嗜好，无不良诚信记录，在当地拥有一定的社会知名度和美誉度。

四、合同的签订与执行

供应方应与承办方签订旅游服务合同，约定服务的内容、标准、规格，制订相应的服务计划并严格按照合同履行义务。

▶▶▶ 任务二　人员配置

研学旅行供应方的工作人员按职责主要分为两类：一类主要围绕研学教育提供服务，称为专业人员，如从属研学旅行基地（营地）的研学旅行指导师、审查工作基地内审员、负责安全保障的安全员以及基地成立的研学团队成员；另一类主要围绕旅行环节提供保障服务，称为服务人员，如厨师、服务生、保洁等。除交通服务中的司机外，其他供应方的工作人员主要集中在餐饮、住宿和研学场所。

一、专业人员的配置

研学旅行基地（营地）须保证所有上岗人员无犯罪记录且具备各类行业相关资格证书，精神状态和身体健康状态能够胜任各自负责的工作内容。

（一）研学旅行指导师

（1）研学旅行基地（营地）要建立专兼职相结合、相对稳定的研学旅行指导师队伍，应至少配备 3 名专职研学旅行指导师。指导师须具有省级及以上行政主管部门或专业社会组织颁发的研学旅行指导师职业证书，且兼职研学旅行指导师应具有与研学课程相匹配的专业优势。

（2）研学旅行基地（营地）应为每个研学旅行团队配置数量适宜的、经专业机构认证的专兼职研学旅行指导师（研学旅行指导师与学生的比例不低于 1 : 30 ）。研学旅行指导师负责制订研学旅行教育工作计划，在其他工作人员的配合下提供研学旅行教育服务。

（3）研学旅行基地（营地）应建立研学旅行指导师培训制度，组织专兼职研学旅行指导师跨学科、跨专业进修，提升观察、研究、指导学生的能力，培养综合性研学旅行指导师队伍，为更好地开展研学旅行培养师资力量。

（二）项目组长

（1）研学旅行基地（营地）应为每项研学旅行活动配置 1 名项目组长，项目组长全程随团活动，负责统筹协调研学旅行的各项工作。

（2）项目组长接受委托开展研学旅行活动，负责督导研学旅行活动按计划开展。

（三）安全员

研学旅行基地（营地）应至少为每个研学旅行团队配置相应数量的安全员（安全员与学生的比例不低于 1∶30），安全员在研学旅行过程中随团开展安全教育和防控工作。

（四）基地内审员

研学旅行基地（营地）应指定 1 名中高级管理人员接受专业培训，在考核合格后担任基地内审员。基地内审员应对照本标准及相关工作要求，检查所在基地的达标情况，敦促基地管理层对存在的问题及时整改。

二、服务人员的配置

服务人员包括餐饮、住宿、交通、研学旅行基地（营地）等各类与研学旅行相关配套服务的专业服务人员。服务人员的数量应与学生数量相匹配。

对研学旅行供应方的服务人员的要求为：遵守服务时间要求，坚守岗位，举止文明，热情服务；掌握一定的医学知识与灾害应急常识，熟悉基地内的医疗服务点、紧急避险通道等；具备遇突发情况能够自救和帮助游客进行避险逃离的能力；掌握基本的法律常识、宗教信仰和民族习惯等方面的知识；进行专业岗位培训，至少每年参加一次相关专业培训，熟练掌握本岗位业务知识和技能。

▶▶▶ 任务三　管理范围

供应方在研学旅行中执行项目多，管理范围大，主要工作内容有负责安排学生的饮食、住宿、交通，确认研学场所环境、研学课程内容、研学旅行指导师符合要求，等等。

一、餐饮供应方的管理范围

餐饮供应方的管理范围主要有菜品质量、用餐环境、用餐安全、服务人员资质和态度、安全通道的畅通度及旅游车辆的停靠。

二、住宿供应方的管理范围

住宿供应方的管理范围包括住宿资质、住宿环境、设施设备、安全通道的畅通度、服务人员资质和态度、安保人员、停车服务等。

三、交通供应方的管理范围

交通供应方的管理范围包括车辆的资质、司机资质、车辆的整洁度、车内安全设备的配备等。

四、研学旅行基地（营地）的管理范围

研学旅行基地（营地）要对基地（营地）内研学旅行指导师资质、专业知识、工作能力、态度、服务水平及课程的落实情况负责。

此外，供应方与承办方需要签订研学旅行服务合同。供应方有责任向承办方提供承接研学旅行供应服务所应具备的相关资质证明，按照合同约定履行义务，根据合同规定接受承办方的调度、检查和监督。

项目四 案例分析：各运营方的合作

案例一 无锡——中国近代民族工商业发祥地（教学中三方工作内容与责任）

课程节选

相关行程安排如表2-1所示。

表2-1 研学旅行课程"无锡—中国近代民族工商业发祥地"行程安排表

地点	时间	行程安排	行程内容	责任人操作流程
无锡市××实验小学	8:00	集合上车	无锡市××实验小学门口统一集合（按设定路线行驶）	1. 车身正面、侧面贴编号。 2. 带队教师在校门口整队举牌，导游举牌引导。 3. 安全员负责维持秩序，观察周围环境
大巴车上	8:30—9:10	乘车	介绍研学活动安排，明确研学目标（15分钟）及研学注意事项	1. 导游讲解活动安排，明确目标。 2. 安全员进行安全讲解
民族工商业博物馆	9:10—10:40	研学参观	1. 安全员进行安全防控说明（10分钟），参观第一展区（厂址原貌）（50分钟），参观第二展区（民国商贸一条街）（30分钟）。 2. 导入问题：无锡为什么被人们称为民族工商业发祥地	1. 安全员进行安全讲解并与博物馆安保人员进行安全路线的防控。 2. 研学旅行指导师进行博物馆讲解并导入研学思考题。 3. 导游负责维持团队游览秩序。 4. 带队教师负责研学课堂纪律。 5. 博物馆人员为互动环节提供多媒体综合演示系统操作服务
大巴车上	10:40—11:00	乘车	介绍荣氏梅园的来历及应急安全学习	1. 导游讲解活动安排，介绍荣氏梅园的来历。 2. 安全员负责安全教育知识的讲解
荣氏梅园	11:00—11:50	研学参观	1. 参观老梅园"洗心泉""诵豳堂""乐农别墅"（50分钟）。 2. 导入问题：你知道如今无锡有哪些新兴产业吗？代表性的企业有哪些？ 3. 思考：我们可以用什么方法宣传无锡	1. 安全员与荣式梅园安保人员在预定游览范围内进行安保防控。 2. 研学旅行指导师进行景点讲解并导入问题，提出思考题。 3. 导游负责维持团队游览秩序

地点	时间	行程安排	行程内容	责任人操作流程
玫缘里餐厅	11:50—12:45	午餐	提前准备桌牌号码，10人一桌，核对菜单，安排就餐（55分钟）	1. 安全员提前入场进行安全检查。 2. 餐厅工作人员摆好餐牌号码，上菜。 3. 导游和带队教师按用餐名单引导学生就座，核对菜品
玫缘里	12:45—13:45	研学课堂	1. 解决问题：专题讲座（40分钟）。 2. 广告设计师如何制作海报（20分钟）	1. 研学旅行指导师进行专题讲解。 2. 外聘设计师授课。 3. 带队教师维持教学纪律
荣氏梅园荷兰园广场	13:45—15:45	研学课堂	设计制作"无锡——近代民族工商业发祥地"宣传海报。 1. 组建小组，并领取制作材料（15分钟）。 2. 设计制作海报。 3. 作品设计说明。 4. 展示作品：荣氏梅园开原寺广场布展，接受游客评分	1. 导游分发教具。 2. 带队教师维持教学纪律。 3. 设计师、研学旅行指导师、带队教师、导游可以在学生遇到困难时给予教学指导。 4. 作品制作成功，按划定小组有秩序地布展。 5. 安全员全程观察布控，消除安全隐患
	15:45—16:30	总结、返程	总结、表彰。结束后乘坐大巴车返程	1. 学校领导发言。 2. 研学旅行指导师进行总结表彰。 3. 导游负责奖品、礼物的发放

案例分析

本案例从研学旅行设计的方案和流程上来看，采用三步五环法设计研学课程，根据课程教学中的三维目标法设计了研学目标，目标内容清晰、三方的工作安排和人员安排都应围绕本次活动的研学目标展开。

第一，一般情况下，在研学活动开展的第一天，各运营方首先应对研学活动的主题、目标、教学方法、课程内容、行程安排、研学教具以及餐饮、交通、住宿、安保等供应方内容做全面的了解熟悉，并就其他运营方提前制定的研学方案内容、安全预案与各自承担的管理范围和责任进行再次核对。

第二，研学旅行运营的三方在研学任务开始前，按相关合同约定把人员安排到位，责任落实到人。主办方、承办方、供应方的人员配置要按照《研学旅行服务规范》中的基本要求执行。本案例中，旅行社派出导游和研学旅行指导师，由于两个研学旅行基地的安全员由安保人员担任，并只负责承担各自基地的安全义务，所以旅行社为了在安保问题上不留死角，单独配备了安全员并全程负责。学校则按规定比例派出带队教师、学校代表。研学旅行基地按要求配备了景区安保人员、教育仪器演示人员等，三方既分工明确又协作紧密。

第三，在旅行服务方面的工作内容和职责，本案例只涉及交通、餐饮、研学场地三大块。本案例中，旅行社研学组长和导游负责监督车辆和餐饮的合同履行情况，并接受学校代表监督。学校派出的代表和带队教师承担了监督旅行社履行全面合作协议的责任，带队教师还为研学旅行指导师在研学课堂纪律的维护、学生安全及实践手工等方面提供了协助。餐厅工作人员提前按要求摆放好桌牌，桌椅碗筷摆放整齐，保证饭菜质量并做好留样工作。

第四，在课程执行上，以研学旅行指导师为主导，带队教师和导游配合进行。本案例中的研学旅行指导师负责民族工商业博物馆、荣氏梅园和玖缘里的研学内容讲解、研学问题的植入和解决。导游和带队教师负责配合实施，包括教学道具的发放、课程纪律的维护、手工的指导等。另外，本案例在课题设计上把中小学实践活动也加以考虑，外聘了设计师进行教学，这里的外聘设计师也起着研学旅行指导师的作用，带队教师和导游也在教学工作上进行配合。

第五，安全是研学活动开展的基础。本案例中，旅行社和主办方经综合考虑后，单独配置了安全员全程陪同，并在车上、行进中进行安全教育知识的普及，这对活动安全保障又加了一把锁。除此之外，基地的安保人员负责在基地防控，导游、带队教师、研学旅行指导师全程都留意安全风险，并对学生进行安全提示与警示。

案例二 安全保障说明（研学旅行中三方在安全保障方面的职责和范围）

以下是行创研学公司在《无锡——中国近代民族工商业发祥地》研学旅行课程中与校方、景区共同制定的安全保障，其对三方在安全运营、人员执行的管理范围和责任做了非常明确的说明。

安全保障说明

为确保本次研学旅行活动安全有序地进行，切实保障参与活动师生的生命财产安全，结合学校和旅行社双方实际情况，特制定无锡市××中学2021年×月×日—2021年×月×日研学旅行活动安全工作说明。

一、组织领导

成立研学旅行安全领导小组和各职能工作组，明确职责分工。共分指挥部、辅导员组、安全组、生活组、医疗组等5个工作小组。

（一）研学旅行活动安全领导小组

组　长（旅行社）：＿＿＿＿＿＿＿＿副组长（校方）：＿＿＿＿＿＿＿＿＿

成　员（学校、旅行社、景区）：＿＿＿＿＿＿＿＿＿＿＿＿＿＿＿＿

主要职责：

（1）统一领导和协调本次研学旅行活动中的安全工作，制定安全预案和安全措施，安排安全工作，处理突发事件；

（2）抓好本次研学旅行活动中各类安全事故预防和应急准备工作，督促检查各班研学旅行活动中安全工作的执行情况。

（二）各职能小组的分工及职责

1. 指挥部

（1）总指挥（旅行社代表）：＿＿＿＿＿＿＿＿

职责： 负责统筹安排、指挥本次活动过程的所有事宜，做好各项工作的布置和落实。

（2）副总指挥（校方代表）：＿＿＿＿＿＿＿＿

职责： 协助总指挥工作，检查督促各项工作落实情况，并做好学校和旅行社相关事宜的沟通与协调。

导游也是安全员

2. 辅导员组

（1）组　长（旅行社）：_____

职责：负责安排旅行社辅导员的各项工作，组织相关活动开展。

（2）副组长（校方）：_____

职责：负责学校跟班教师的组织管理与工作安排，并协调活动中的相关事宜。

（3）研学旅行指导师+导游（旅行社安排），每班配2名（含1名导游）

职责：负责本班学生的活动组织，如讲解、点名、参观、互动等有关工作，并做好车辆行驶状况的监督工作。

（4）每班2名随队教师（学校安排）

职责：协助研学旅行指导师、导游做好学生的管理和活动的组织，班主任负责学生课堂纪律，处理学生的请假等突发事情。

（5）安全员（旅行社外聘）

职责：要监督、检查活动中安全工作的落实情况；上车讲解安全知识；在游览过程中配合景区保安做好既定路线的安全维护工作；协助处理有关安全事宜，并监督车辆行驶状况、防止违规操作等。

研学旅行指导师、导游和教师各自对应的班级、车辆和学生的安排如表2-2所示。

表2-2　研学旅行指导师、导游、教师安排

班级	车号	学生数	导游	指导师	教师1	教师2	安全员
	1						
	2						
	3						

3. 安全组

由研学旅行各方管理人员组成安全组，其安全职责如表2-3所示。

表2-3　研学旅行各方管理人员安全职责

职务	姓名	主要安全职责
组长（旅行社）		负责本次活动中各项安全工作的安排与实施，负责车辆的安排与安全检查及各种安全设备的准备，制定每个环节的安全措施，组织处理突发安全事件
副组长（校方）		协助组长做好活动中的各项安全工作，并检查督促各种安全措施的落实情况及安全设备的准备情况，做好安全员的组织与分工，对有关车辆和学生活动中出现的不安全因素或违规行为要及时发现、及时制止，做好掉队学生的安排和意外安全事故的组织处理工作
学校安全员		负责整个活动过程中安全工作具体的实施与监督、检查
班级安全员		负责本班活动过程中各项安全工作的落实与监督，各种突发安全事故的处理与报告
景区保安		负责事先划定的研学范围的布控和安全巡视

4. 生活组

组长（旅行社）：_____

职责：负责本次活动所有人员的生活安排，负责协助餐厅饭菜的准备，组织学生排队就餐，负责食品安全工作，积极应对各种突发的食品安全问题，提醒同学们注意饮食卫生。

5. 医疗组

荣氏梅园医务室联络人：_____

民族工商业博物馆医务室联络人：_____

职责：负责医疗突发事件等，景区派专人值守。

二、安全措施及要求

（一）车辆及行驶安全要求

（1）旅行社安排的车辆要手续齐全，车况良好，驾驶员要有规定的证件，业务熟练，责任心强。

（2）出发前学校和旅行社安排专人对车辆及驾驶员的有关手续、车况、驾驶员是否饮酒等进行详细核查。

（3）行驶过程中，所有车辆要按编号有序行驶，要跟随指挥车辆，保持一定车距，不得随意超车，安全行车，不得超速。

（4）每次出发或停车，都要听从指挥部的指挥，统一行动，在行驶过程中如出现意外事故，随车安全员和驾驶员要及时向指挥部报告。到达参观点停车时，按规定有顺停放。

（5）在行驶过程中，驾驶员不得接打手机以及做其他影响开车的事情。安全员要做好行驶过程中的安全检查和监督工作，发现问题及时解决或报告。

（二）乘车安全

（1）上下车要有序进行，不得拥挤，要按固定位置就座，不得抢座位。

（2）上车后，所有人员要全部扣好安全带，安全员要进行逐一检查落实。车辆行驶过程中，不得在车内来回走动，不得把手、头等伸出窗外，不得向窗外乱扔杂物。

（三）参观活动安全

（1）在参观点活动或路上行走时，所有学生要服从辅导员、带队教师及有关人员的统一指挥，不得擅自行动。

（2）活动过程中要有序进行，不得拥挤，不得追逐打闹，不要到景区提示有危险的地方活动，防止落水等意外发生。

（3）行进过程中要保持两路纵队，靠右行走。

（4）过马路时，学校安全员要进行交通管制，确保安全后，再指挥学生全部通过。

（5）活动过程中安全员要密切关注交通、车辆、场所、学生等有关安全事宜，发现安全隐患要及时采取防范措施。

（6）在每一个参观点活动结束或休息结束时，辅导员要清点各班人数，并报告指挥部。

（四）生活安全

（1）要穿着统一校服，穿运动鞋，带好胸卡。

（2）带适量的水和食品，不倡导带过多的食品、饮料。

（3）集体用餐时，要听从管理人员指挥，有序按提前分好的桌号入座就餐，注意节约粮食，不要浪费。

（4）生活组要把好饭菜质量关，提前核实用餐时间、人数及菜品，确保饮食安全。

三、安全教育

（1）旅行社要做好本社人员及司机的安全教育工作，强化安全意识和责任。

（2）学校要制定活动的安全制度，活动前召开教师安全教育专题会，学习安全制度，明确安全责任与职责。

（3）各班主任要组织召开本班的安全专题会，组织学生学习安全制度，明确有关要求，并让学生按组进行讨论，制定本组的安全措施。

（4）出发前，学校要召开所有参与活动人员的安全教育大会，强调相关安全要求。

① 本次活动统一听从领导小组指挥和安排，不得私自调整。

② 后勤组负责车辆的联系和协调，按相关手续保证车辆安全。

③ 学生往返集合地途中注意交通安全。

④ 导游及时清点学生人数，做好学生全程纪律安全等活动管理工作。教育学生乘车时注意安全，不要在车厢内来回走动，不得将头、手伸出车窗外。

⑤ 学生不得擅自脱离团队。

⑥ 注意有秩序地进行参观，听从组织及教师的安排。

⑦ 文明参观，做到语言文明、行为文明。参观时不能大声喧哗，不得乱涂乱画，注意所到之处的环境卫生，不得乱扔废弃物。

⑧ 注意饮食安全。不吃三无产品及过期、霉变食物。

⑨ 各班主任及带队教师注意观察学生情况，如学生有身体不适，必须及时处理。

四、突发事件报告制度

（一）通信联络

姓名（校方）/电话：＿＿＿＿＿＿＿＿＿＿＿＿ 姓名/电话：＿＿＿＿＿＿＿＿＿＿＿＿

（二）发生突发安全事件时，必须做好以下工作

（1）在第一时间将简要情况电话报告给学校安全领导小组。

（2）报告内容。

① 发生突发事件的时间、地点、事件经过、伤亡人数、财产损失等。

② 突发事件发生的原因、性质的初步判断。

③ 突发事件抢救处理的情况和采取的措施。

④ 突发事件的报告班级、班主任。

（3）未经学校领导小组批准，任何人不得擅自对外公布事件信息。

五、应急事故处理

（一）处理程序

（1）如遇突发事件，第一时间报告班主任和学校领导小组。

（2）所发生的事件在自己能够处理的范围之内的，各组长要及时联系带队教师，组织班级学生做好各种应急工作，采取应急措施；如果不能处理，需要相关部门协助处理的，要保护好现场，及时拨打110、120，向有关部门求助。

（3）突发事件处理完成后，要及时向学校领导汇报处理情况。

（二）具体处理方法

1. 旅行前

（1）如遇恶劣天气和自然灾害等原因不能出行，则将活动延期。

（2）如遇特殊情况，部分人员身体不适，向带队教师汇报，并为其请假。

（3）若有学生晕车，请提前做好准备，可以使用清凉油或其他外用防晕车贴等或食用可以预防晕车的相关食品，严禁私自给学生服晕车药等药品。

（4）将带队教师、导游的电话记在小卡片上，随身携带。

2. 旅行途中

（1）人身安全。万一发生意外，及时向有关部门求助，如拨打110、120等，同时维持好现场的秩序，由各组长负责，另外抢救小组应做好应急抢救工作。

（2）行车过程中，要求学生保持车内秩序，不得乱跑，不得把头、手伸出车窗外，注意行车安全。

3. 研学旅行中

（1）要求学生在旅行途中保证不脱离队伍，维持可互相看见的状态。若迷途，则要求先镇定精神，拨打教师电话，告知情况，然后停留在原地，不要再乱走。由学校安全小组安排相关人员迅速展开搜救工作，辅导员和带队教师组织其余学生有序进行活动。

（2）摔伤、滑伤等。针对此类问题，准备云南白药、气雾剂、创可贴、万金油等。若遇到紧急情况，联系相关负责人向附近诊所、医院求助。

（3）饮食安全问题。要求不得随便购买路边的小吃等问题食品、饮料。一旦出现问题，及时与当地医院等医疗部门联系，及早救治病患。

4. 典型突发事件处理措施

（1）突发食物中毒事件处理措施。

① 发现人员有疑似食物中毒症状后，随队医生、当地社区医生立即进行简要处理，现场人员迅速报告学校安全领导小组。

② 迅速拨打120等待急救。

③ 学校视情况，紧急启用自备车辆护送病人到就近医院抢救治疗。

④ 学校通知相关学生家长。

⑤ 封存相关食物，配合卫生监督部门查明事件原因。

⑥ 积极做好学校师生和家长的稳定工作，控制事态扩大，积极做好善后工作。

（2）突发意外伤害事件处理措施。

① 发现人员在活动中发生跌伤、晕厥、落水、被动物咬伤、突然生病等意外事件，随队医生或当地社区医生立即进行简要处理。

② 学校视情况，紧急启用自备车辆，安排随队医生或当地社区医生护送病人到就近医院抢救治疗，防止二次伤害发生。

③ 紧急情况下，立即拨打120等待急救。

④ 迅速报告学校安全领导小组，学校通知相关学生家长。

（3）突发学生打架斗殴事件处理措施。

① 发生学生打架斗殴事件，立即向班主任及学校安全领导小组报告。

② 班主任与学校共同解决打架斗殴事件，出现学生受伤情况，立即按照"突发意外伤害事件处理措施"进行处理。

③ 采取必要措施，预防打架斗殴事件后续事件的发生。

④ 班主任与学校共同做好善后调解处理工作。

（4）突发学生走失事件处理措施。

① 发现人员走失，立即向学校带队领导和学校安全领导小组汇报。

② 班主任协同学校相关领导、教师，组织搜救，并由辅导员和带队教师组织其他学生正常有序活动。

③ 学生走失时间超过两个小时，立即报警备案。

④ 积极做好学校师生和家长情绪稳定工作，控制事态发展。

（5）突发交通安全事件处理措施。

① 学校和旅行社必须在第一时间做到：立即抢救伤员并拨打急救电话120；立即拨打110向交警部门报案；立即向学校安全领导小组报告；保护好现场，通知受伤学生家长。

② 做好其他师生的安抚工作，跟随领导、辅导员、教师管理好学生，以免出现混乱局面。

③ 安全领导小组成员在最短时间内赶到现场，指导协调处理事件善后问题。

六、旅行过程中的纪律要求

（1）研学旅行过程中，带队教师和各小组成员要明确自己的职责，时时注意班级成员的动向，确保研学旅行安全、顺利地进行。

（2）所有班级成员按照指定时间准时集合，在研学旅行过程中不得擅自离队，一切行动听指挥，如遇紧急事情，须向带队教师报告，经允许后方可离去。

（3）研学旅行过程中全体成员必须严格遵守各项规章制度，特别要注意活动区的安全提示，争做文明的旅游者。

七、购买研学旅行意外保险

承办方将统一为所有师生购买研学旅行意外保险，主办方核实。

案例分析

研学旅行中安全意识必须贯穿在整个活动过程中，安全性原则也是开展研学旅行的第一原则。建立安全保障机制，明确安全保障责任，落实安全保障措施，确保学生安全是整个研学旅行十分重要的一环。安全保障除了交通部门、旅游部门、公安、食品药品监管部门、保险监督管理机构等相关部门对研学中相关环节的监督，各运营方资质的审查等宏观保障外，还需要研学旅行各运营方在相关细节上把安全责任落实，在事故处理、责任界定及纠纷处理等方面，做到层层落实，责任到人。《安全保障说明》以文件的方式明确了参与研学旅行项目各方的权利义务、人员职责、行前教育、安全措施、应急预案等各方面相关安全的管理内容，各方管理人员在管理和运行项目时应严格对照和遵守执行。

模块三
研学旅行课程设计

项目一 研学旅行课程设计原则

研学旅行课程设计原则是指对研学旅行课程中所包含的事实、原理、情感、经验，以及学习环境中的非预期性知识、态度、价值观等方面进行设计时应遵循的原则，主要包括整体设计原则、学生为主原则、意义构建原则、过程开放原则和实践性原则。

研学旅行课程设计
原则 1

研学旅行课程设计
原则 2

一、整体设计原则

研学旅行课程设计是一项系统工程，由研学目标、研学对象分析、研学内容和方法、研学评价等子系统构成。各部分之间相对独立又相互依存、相互制约，组成了一个有机的整体。为确保课程设计的整体性，要注意以下几个问题。

第一，确定明晰的研学目标。研学目标对研学内容、资源、方法起决定性作用，研学目标决定研学旅行活动的方向，所有的研学环节设计、研学旅行资源配置和研学进程实施都应围绕研学目标进行，因此，研学旅行课程设计必须先确定符合中小学各阶段教育要求的、明确的研学目标。

第二，合理组合研学旅行要素。研学旅行的要素包括研学目标、研学资源、研学内容、研学方法和研学方式等。研学内容的确立、研学资源的选用、研学方法的确定，是要为达到研学目标而服务的，脱离这些要素，研学目标就无法达成。如果脱离研学目标，单纯追求研学内容的精、研学资源的新、研学方法的活，既无益于提高教学质量，又会浪费时间。例如，单纯为了体现研学氛围，生硬创设研学情境角色扮演、激励集会等研学方式，就会造成只追求形式的热闹，却缺乏深入的体验学习和思考，无法实现教学目标。

第三，注重研学旅行教学的过程管理。研学旅行教学过程是选用资源、采用方法、完成研学任务、实现研学目标的进程。只有研学目标导向正确，研学内容精当，所选研学资源有利于信息传递，研学方法合乎学生的认知规律，研学过程才能有效推进。

二、学生为主原则

研学旅行课程是对教育家杜威的"教育即生活"教育理念的进一步延伸，是以建构主义教学观为基础的。建构主义认为，学生在学习过程中担任着建构者、学习者、合作者等角色，学习就是根据学生已有的体验去理解对象信息和知识内涵的个性化过程。研学旅行课程中所有的变化都与人有关，研学旅行课程的设置，应多视角、多层次、多类型、多形式地为学生提供更多的建构式学习空间，以有利于学生的知识获取、能力形成和个性健康发展。研学旅行课程需要重视人个性的多样化，需要尊重和爱护学生的自信、勇敢、自尊等珍贵品质。要设计具有启发性、自主性学习的研学旅行情境以及宽松和谐的研学氛围，让学生的个性得以充分发挥。遵循学生为主的原则须注意以下几个问题。

第一，在课程设计中要充分激发学生的主动性和首创精神。

第二，课程设计要关注学生的兴趣和体验。充分利用学生学习的兴趣和过程体验是使学生从"要我学"到"我要学"的重要手段，研学旅行指导师备课的过程就是精选材料以调动学生的学习兴趣，使学生在体验中学习的过程。

第三，课程设计要关注实践情境的创设。研学旅行课程应使学生有多种机会、在不同情况下去应用所学知识，发现问题、探究问题，并思索解决实际问题的方案。

三、意义构建原则

学习知识的意义不是孤立存在的，而是以系统的方式存在的。例如，如果一个学生正在学习一系列历史事件发生的日期，同时他也在学习日期背后所代表的意义；一个学生正在写一篇关于历史的论文，他如果没有语法和写作方面的知识累积，很难写出一篇合格的论文。我们累积构建的知识系统会对我们未来的发展起到促进作用。研学旅行不仅是为了让学生掌握现成的知识结论，其更重要的目的是将已有的知识迁移到新的情况中，让学生理解问题的系统性和复杂性，进而创造性地解决问题。因此，研学旅行课程设计要关注把学生的一些共性知识和经验与研学旅行的教学主题有机结合，引导学生通过角色扮演、仿真演练等活动来主动思考和动手解决问题。

四、过程开放原则

研学旅行课程的过程开放原则，是指在课程设计、课程实施和结果评价环节向学生充分开放的原则。

第一，在课程设计环节，研学旅行指导师要能够让学生参与研学旅行的学习内容的设计，能够透过课程的知识传授和实践锻炼看见学生能力的提高以及思想觉悟的进步，进而在后续的教学中激发学生的学习热情和动机，促进学生各方面能力的提高。

第二，在课程实施环节，研学旅行指导师要采用课题研究性学习、社会参与性学习、体验性学习和实践性学习等多种研学方式，融入调查访问、考察、实验、制作、劳动、服务等研究方法，让学生有多元表达和个性探索式学习的途径。

第三，在结果评价环节，研学旅行指导师对学生学习结果的评价要采取开放的态度，不应简单以分数来决定学生的研学旅行效果；要坚持评价的方向性、指导性、客观性、公正性等原则，坚持以有利于学生成长和发展为导向，杜绝对学生的作品随意打分和简单排名等功利主义做法；做好研学旅行写实记录，指导学生客观记录参与活动的具体情况，为研学旅行评价提供必要的参照；还要做好研学旅行档案的建档工作，将其作为学生自我评价、同伴评价及教师评价的重要依据。

五、实践性原则

研学旅行是学校理论教育和校外实践教育相结合的教育教学形式，学生需要在校外旅行的实践中发现想要研究的问题，进而解决问题。实践性原则要求研学旅行指导师在进行课程设计时确保课程内容的可操作性，围绕学生感兴趣的具体问题或研学主题展开内容设计；设计时要以任务目标为导向，要求学生亲自动手、动脑，完成研学旅行课程；要因地制宜、依托日常生活的不同情境进行课程设计，通过"行、旅、学、研、思"等环节的整合设计，让学生在体验、体悟、体认中实现与旅中有学、学中有研、研后有思的深度学习模式，培养学生的创新精神和实践能力。

项目二　研学旅行课程设计内容

▶▶▶任务一　研学旅行课程主题设计

研学旅行课程的主题是研学教育活动的主旨和核心，国家教育方针政策、教育学、心理学及课程理论是课程主题设计的理论依据。

一、主题设计理论依据

（一）国家政策方针依据

1．教育方针

我国的教育方针是教育必须为社会主义现代化建设服务、为人民服务，必须与生产劳动和社会实践相结合，培养德智体美劳全面发展的社会主义建设者和接班人。研学旅行课程主题设计要从思考培养什么人、怎样培养人、为谁培养人这个根本问题出发。遵循党的教育方针，研学旅行课程主题的设计要和生活成长、社会实践、生产劳动、意志品质锻炼、美育教育等相结合，以真正落实教育立德树人的根本任务。

2．素质教育

素质教育是以全面提高人的基本素质为根本目的，尊重人的主体性和主动精神，以人的性格为基础，以注重开发人的智慧潜能、注重形成人的健全个性为根本特征的教育。在基础教育阶段，一些学校仍存在着片面追求升学率，导致出现学生课业负担过重、只重视智育而忽视其他方面教育的问题，影响了少年儿童的全面发展。加强素质教育是研学旅行教育教学的一项艰巨而紧迫的战略任务。素质教育为研学旅行课程主题的设计提供了基本方向，研学旅行课程主题的设计和研学旅行活动的开展必须强调素质教育要素，突出实践能力环节，绝不能流于形式或落入应试教育的窠臼。

3．核心素养

核心素养指学生应具备的，能够适应终身发展和社会发展需要的品格和关键能力，是关于学生知识、技能、情感、态度、价值观等方面要求的综合表现。教育部发布的《中国学生发展核心素养》将核心素养以培养"全面发展的人"为核心，分为文化基础、自主发展、社会参与3个方面，综合表现为人文底蕴、科学精神、学会学习、健康生活、责任担当、实践创新六大素养，具体细化为国家认同的18个基本要点。在进行研学旅行课程主题设计时，应将上述核心素养作为理论依据。

4．政策文件

《中小学德育工作指南》提出的"五个教育"：理想信念教育、社会主义核心价值观教育、中华优秀传统文化教育、生态文明教育和心理健康教育，是研学旅行课程主题设计的基本依据。

《中小学综合实践活动课程指导纲要》要求从学生的真实生活实际和发展需求出发，在生活情境中发现问题并将其转化为课程主题，培养学生的跨学科综合素养。研学旅行课程本身就是综合实践活动教育，因此中小学综合实践活动课程所推荐的主题完全可以作为研学旅行课程的主题使用，以有效保证研学旅行教育目标的方向性和规范性。

《关于全面加强新时代大中小学劳动教育的意见》和《大中小学劳动教育指导纲要（试行）》指出，实施劳动教育的重点是在学生系统地学习文化知识之外，有目的、有计划地组织学生参加日常生活劳动、生产劳动和服务性劳动，让学生动手实践、出力流汗、接受锻炼、磨炼意志，培养学生正确的劳动价值观和良好的劳动品质。劳动教育本身就是研学旅行的一个重要组成部分。这两个文件也为研学旅行主题的确定提供了理论基础和政策依据。

（二）教育理论依据

中小学生身心发展规律是开展教育的出发点和落脚点。教育学、心理学从本质上讲就是研究学生身心发展规律的科学。

1. 教育学理论

教育教学活动中，智育与德、体、美、劳教育之间的关系，智育中教育者与受教育者之间的关系，学生学习活动中学习动机、学习态度、学习方法、学习成绩之间的关系等，都是教育学研究的范畴。设计研学旅行课程主题时必须充分考虑上述一种或多种关系，要根据相关领域的教育学的成熟理论进行课程主题设计。

2. 心理学理论

心理学研究范围涉及感知觉、认知、情绪、人格、行为和人际关系等方面的内容，是研学旅行课程处理师生在活动中感知觉、认知规律、情绪管理、人格培养、行为管理、人际关系等心理现象和活动时的基本依据和参考。

研学旅行课程是国家基础教育的课程体系的一部分，可以有效弥补学校课程的不足，在实践中让中小学生的身心得到健康发展。研学旅行指导师需要认真研究中小学生的身心健康发展规律和特点，在此过程中，教育学、心理学的基本教育理论是设计研学旅行课程主题时必须依靠的理论基础。

（三）研学旅行课程理论依据

1. 研学旅行课程是一种休闲教育课程

休闲是人生中的重要组成部分，它关系到人们的生活质量及生活满意度、幸福感。休闲教育是人们享受的所有教育中的一个重要组成部分，是人的个体生命发展完善和生活世界和谐交融的必然结果。精心设计研学旅行课程主题，将研学旅行资源应用于休闲教育教学实践，引导学生走出校园、走向社会，以一种休闲的旅行方式感知周围的世界，取得休闲教育的效果，能够让学生获得在特定环境中自由地实现自我价值的体验。

2. 研学旅行课程是一种自然主义教育课程

自然主义教育是教育发展应始终坚持的一个原则，也是设计研学旅行课程主题时要加以思考并遵循的基本原则。古代先贤大师，寄情山水、研味自然，留下许许多多歌咏自然风光的瑰丽篇章，奠定了自然主义教育课程和研学旅行课程的基础。

3. 研学旅行课程是一种生活教育课程

教育是生活的一部分，生活是最好的教育。在中小学生中推行研学旅行，把研学旅行纳入教学计划，就是为了强调教育理应回归生活，教育理应面向生活、服务生活，让学生从生活中获得新知。学生不仅需要知识的教育，更需要生活的教育；学生不仅需要在书本上学习知识，更需要从鲜活的生活中获得知识，得到情感的陶冶和素质的提升。

总之，在设计研学旅行课程主题时，在关注政策性、教育性和实践性的基础上，还要注重休闲性、自然性和生活性等课程理论的要求。

二、设计研学旅行课程主题的原则

设计课程主题应遵循教育性原则、实践性原则、开放性原则、综合性原则、层次性原则、因地制宜原则和与时俱进原则。

（一）教育性原则

研学旅行是校外教育实践活动，教育性原则是确定研学旅行课程主题的本质原则，也是衡量研学旅行课程主题是否有效的基本原则。教育性原则要求课程内容要以中小学生自身发展需求为中心，尊重学生的自主选择权，充分调动学生参与研学旅行的意愿和积极性，引导学生围绕课程主题，从自我成长需要的角度切入，选择具体活动内容。研学旅行指导师要善于捕捉和利用课程实施过程中生成的有价值的问题，指导学生深化课程主题，不断完善课程内容，使研学旅行课程的内容更有利于体现教育性的原则。

（二）实践性原则

实践性原则就是要从人发展的角度实现教育目的，强调从以研学旅行指导师为中心走向以学生为中心，强调让学生亲自经历各项活动过程，在"动手做""实验""探究""设计""创作""反思"的过程中，进行体验、体悟、体认，并在全身心参与的活动中发现、分析和解决问题，体验和感受生活，培养实践创新能力。

（三）开放性原则

研学旅行课程面向学生的整个生活世界，活动内容的开放性基于学生的经验和兴趣专长，打破学科界限和课堂教学的模式，选择与学生的生活密切相关的综合性活动内容，鼓励学生跨领域、跨学科学习，为学生自主活动留出余地，让学生把成长、生活环境作为学习场所，从所接触的家庭、学校、社区等生活场景中，不断拓展活动时空和活动内容，使自己的个性特长、实践能力、服务精神和社会责任感不断获得发展。课程主题在开放的内容支撑下，更有利于为主题目标的创新奠定内容基础。与学科课程相比，研学旅行课程更注重情感目标和全面发展，每个活动主题应有多种解决问题的途径和方案，也就是不确定性，只有这样，思维水平、知识水平、生活经验不同的学生，才可以通过自己的努力获得不同程度的成功的喜悦和体验。

（四）综合性原则

研学旅行课程以促进学生的综合素质发展为核心，均衡考虑学生与自然的关系、学生与他人和社会的关系、学生与自我的关系这3个方面的内容。对活动主题的探究和体验可以充分体现个人、社会、自然的内在联系，强化知识、能力、道德等方面的内在整合。"综合"不是强调两门及以上学科的组合，也不是为了形成一门新的学科，而是希望在研学中将活动项目和方式加以整合。

（五）层次性原则

教育部对中小学生研学旅行课程的内容有明确规定：小学阶段以乡土、乡情为主，初中阶段以县情、市情为主，高中阶段以省情、国情为主，设立研学实践活动课程体系，这体现了研学空间尺度的层次性。发现问题和提出问题是研学活动的重要环节，在此基础上学生还要对问题加以探究，这个过程对于不同学生群体而言需要区别对待。对小学生，要求他们对于发现的问题能够做出简单合理的解释即可；对中学生，还要要求他们能够提出解决问题的合理策略，并得出相应的探究成果，这体现了研学内容的层次性。

（六）因地制宜原则

我国国土辽阔，地域差异、自然和文化差异较大，同一地域城乡之间的办学条件、校园文化也存在着显著的差异，因此各地必须根据自身的资源状况，设计和开发相应的主题并转化为可行的课程操作方案以凸显地域特色。设计课程主题时，具体问题需要具体分析，切忌生搬硬套与本地风土人情、经济文化等方面不符的研学主题。

（七）与时俱进原则

随着时代的发展，人类社会在科技等诸多方面实现了显著的发展和进步。研学旅行课程主题的设计，应关注时代科技的发展状况，关注学生的现实生活环境。研学旅行课程主题要引导学生的兴趣，要与国家乃至世界经济发展的步伐保持高度的一致性，应充分发挥研学旅行课程的实效性，以有效弥补当前学科课程内容相对封闭的不足，使学生能够紧跟时代的步伐，成长为适应社会发展和时代需要的新时代人才。

三、课程主题命名的步骤

（一）明确教育目标

教育目标是遴选课程内容、设计课程方案的依据，也是课程主题设计的首要考虑因素。有针对性地拟定教育目标，是做好研学旅行工作的第一步。教育目标需要明确而具体，尽量保证可行，不能过于空泛。例如，结合学校德育教育目标开展的红色革命历史教育、劳动教育、感受中国传统文化教育、美德教育等目标就比较明确，反之，诸如"培养学生创新精神""培养学生实践能力""让学生热爱大自然"等表述就相对空泛，不适合作为教育目标。

（二）选取关键词

根据教育目标遴选研学活动内容、设计研学活动是为了突出课程主题，为此需要从课程内容、活动组织方式等方面选取关键词，或凭借主题内涵来进行创新，选取列入标题的关键词。

（三）选择表述方式

可借鉴文学作品创作中的对比法、辩证法、抽取法等方法，让主题名称具有可读性，且充分体现课程的主旨和教育目标。

（四）锤炼标题文字

压缩标题的内容，删除标题中多余的文字，改变标题的叙述方式，适当采用简称，采用这些方式反复推敲和锤炼标题，可以让课程主题变得更加准确、简洁和新颖，更能为参与研学旅行的学生群体所接受。

（五）确定课程的主题名称

经过上述程序之后，可以把拟定的课程主题名称交给研学旅行课程设计师资团队商议，如无异议便可确定下来，如有异议再根据以上步骤思考，直至被师资团队认可。

四、课程主题选题示例

研学旅行有多种课程类型，根据教育部对研学旅行课程的自然类、历史类、地理类、科技类、人文类、体验类活动的课程类型分类，以下就各类课程主题选题逐一示例。

（一）自然类

研学旅行把校内课程拓展到校外广阔的大自然和丰富的社会生活之中，把书本学习与对实际事物的研究相融合，把静坐的课堂与行走的课堂相结合，把旅行、学习与研究相衔接，体现了研学旅行的直观体验性、综合性、整合性和多元性，形成了实施的复杂性、灵活性和因地制宜性，也形成了分类标准的多重性。另外，我国自然环境地域差异较大，研学旅行主题也因此五彩缤纷。例如，选题"泉城——四面荷花三面柳，一城山色半城湖"就结合了泉城济南的自然地域特色，同时运用了文学手法，突出济南鲜明的自然风貌。我们可以从地形地貌特征、动植物种类、生态环境保护等方面去了解、感受自然环境，体会自然因素之间的联系，领会人与大自然之间的辩证关系，培养对大自然的热爱。这类研学旅行课程主题在命名时可以基于当地山水的特色，或者以大自然的神奇为切入点，还可以重点表现祖国山河的美丽壮阔，更可以突出"绿水青山就是金山银山"的科学发展理念，重点表现人与自然的和谐。

（二）历史类

中华文明博大精深、灿烂辉煌、引人向往，绵延上下五千年，有着顽强的生命力，是中华儿女的宝贵财富。历史类研学旅行课程主题的命名，可以侧重传统文化的厚重感，或者凸显传统文化的传承与发展，也可以采取当地为人熟知的、具有代表性的历史人物、历史事件来命名，或者奉行简洁明了的原则，直接点名。例如，"北京记忆——穿越古都，千年寻根寻源寻自我"，历史厚重感迎面而来，研学主题鲜明而富有逻辑，"穿越千年"说的是历史，"寻根寻源寻自我"说的是研学目标，落脚在寻自我，充分体现了历史文化的研学价值和目标；再如"踏古寻美回眸千年——北京文化研学旅行课程方案"，侧重点是对北京的美的主题表达。

（三）地理类

研学旅行课程与地理学科的联系尤为密切，这不仅是因为地理学科有丰富的研学旅行课程资源，也是因为地理学科本身就要求对地理实践能力的培养，地理类研学旅行课程是最常见的主题类型。例如，"武夷山自然地理环境整体性与垂直地域分布规律研学"和"烟台山功能演变及地域文化保护主题研学"都是地理类研学旅行课程的主题名。

（四）科技类

科技的发展已经影响人们生活的各个角落，大家每天都在享受着科技带来的便利。在研学旅行中，学生可以通过考察科技馆、天文馆、航空航天馆、现代工厂农场等，探究科技在人类社会发展各方面的应用，了解其工作原理，联系生活实际以加深印象。同时，学生可以进行国防知识学习探究，包括学习国防中应用的科学技术、军事训练方法等。学生可以通过探究这些内容为课程主题命名。例如，"大国重器，中国底气——复兴号"，展现的就是我国高铁技术的发展。

（五）人文类

百里不同风，千里不同俗。中华大地幅员辽阔，风土人情千差万别，各地区都有着各自特色鲜明的民俗文化。主题的命名可以结合民俗自身的特点，重点突出文化传承与发展，可以用简练活泼的语言来表现对当地文化的亲身体验。例如，"潍坊——潍水春光叙百家繁华，风筝年画述千年文化""相约孔孟故里，践行君子之学——孔孟故里研学旅行课程方案""寻华夏根，筑民族魂，陕西历史文化研学旅行课程方案"都是在凸显地方文化特色基础上的主题命名。

（六）体验类

体验类是当前研学旅行课程中最受欢迎的一类，包括社会生活体验、体能训练拓展、职业体验等类型。社会生活体验主题需要学生深入社会生活进行学习和探究，到社会中去了解不同的社会分工，就交通、卫生、饮食、就业情况等进行考察，以体会每种社会角色的重要性，培养社会责任感。这类研学旅行课程主题的命名，要体现社会角色的社会使命，如"不怕火情，不怕危险，我是小小消防员"。体能拓展训练主题要求增强学生的体能，我们要培养的是德、智、体、美、劳全面发展的人才，其中"体"不可忽略。针对学生体能提高开展的研学旅行课程，可以带领学生到野外去，在保障安全的基础上训练学生的体能，让学生掌握一些地理知识、急救护理知识，培养学生在恶劣的环境下的生存能力，锻炼他们的意志品质。这类研学旅行课程命名要注重激励学生挖掘自身潜能、团结同学同伴的原则，如"我自信，我出色，我拼搏，我成功""肩并肩挑战极限，手拉手共创佳绩"。职业体验主题主要是学生通过一些机构来了解社会机构的功能和这些机构中工作人员的职业特性，从而提高学生对各类职业的认知和对社会的了解，满足学生对职业的好奇心。

>>> 任务二　研学旅行课程目标设计

一、学校课程目标设计的依据

我国中小学校课程目标主要有：三维目标、核心素养目标、综合素质目标、劳动教育目标等。以下就这些教学目标在研学旅行课程目标设计中的体现进行逐一分析。

（一）三维目标

三维目标是一个教学目标的 3 个方面，是指对学生进行教育过程中教师应该达到的 3 个目标，即知识与技能、过程与方法、情感态度与价值观。三维目标为研学旅行课程目标的维度设计提供了参考。三维目标旨在促进人的全面发展，通常情况下课程目标按照三维目标来设置，同样，研学旅行课程目标设计也应该涵盖三维目标的内容，并且要以情感态度与价值观为首要目标，促进学生的全面发展。

（二）核心素养目标

学生发展的核心素养主要指学生应具备的，能够适应终身发展和社会发展需要的必备品格和关键能力。对于学生核心素养的培养主要体现在文化基础方面、自主发展方面、社会参与方面。

文化基础方面，重在强调学生能习得人文、科学等各领域的知识和技能，掌握和运用人类优秀的智慧成果，涵养内在精神，追求真善美的统一，发展成为有宽厚文化基础、有更高精神追求的人。文化基础方面的核心素养包括两个，第一是人文底蕴，主要是学生在学习、理解、运用人文领域知识和技能等方面所形成的基本能力、情感态度和价值取向，具体包括人文积淀、人文情怀和审美情趣等基本要点；第二是科学精神，主要是学生在学习、理解、运用科学知识和技能等方面所形成的价值标准、思维方式和行为表现，具体包括理性思维、批判质疑、勇于探究等基本要点。

自主发展方面，自主性是人作为主体的根本属性。自主发展重在强调能有效管理自己的学习和生活，认识和发现自我价值，发掘自身潜力，有效应对复杂多变的环境，成就出彩人生，发展成为有明确人生方向、有生活品质的人。它包括两个方面，第一是学会学习，主要是学生在学习意识形成、学习方法选择、学习进程、评估调控等方面的综合表现，具体包括乐学善学、勤于反思、信息意识等基本要点；第二是健康生活，主要是学生在认识自我、发展身心、规划人生等方面的综合表现，具体包括珍爱生命、健全人格、自我管理等基本要点。

社会参与方面，社会性是人的本质属性。社会参与重在强调学生能处理好自己与社会的关系，养成现代公民所必须遵守和履行的道德准则和行为规范，增强社会责任感，提升创新精神和实践能力，促进个人价值实现，推动社会的进步，发展成为有理想信念，敢于担当的人。社会参与方面的核心素养包括两个方面，第一是责任担当，主要是学生在处理与社会、国家、国际等关系方面所形成的情感态度、价值取向和行为方式，具体包括社会责任、国家认同等基本要点；第二是实践创新，主要是学生在日常活动、问题解决、适应挑战等方面所形成的实践能力、创新意识和行为表现，具体包括劳动意识、问题解决、技术应用等基本要点。

核心素养的重心是培养全面发展的人，研学旅行课程很好地契合了核心素养中的六大要素，是落实核心素养培养的具体方法，其课程目标设计的出发点是全方位培养学生。上述文化基础方面的人文底蕴和科学精神，自主发展方面的学会学习和健康生活，社会参与方面的责任担当和实践创新，都应是融入研学旅行课程目标的基本要素。

（三）综合素质目标

《中小学综合实践活动课程指导纲要》明确规定了综合实践活动的课程总目标，即学生能从个体生活、社会生活及与大自然的接触中获得丰富的实践经验，形成并逐步提升对自然社会和自我之间的联系的整体认识，具有价值体认、责任担当、问题解决、创意物化等方面的意识和能力。因此综合实践活动课程，在提出总目标的基础上可结合上述 4 个方面的内容，就小学、初中、高中 3 个阶段分别提出学段目标，这些内容都可以转换为对研学旅行课程目标设计中目标维度的描述。

（四）劳动教育目标

劳动教育是研学旅行课程目标设计中不可或缺的一部分。《大中小学劳动教育指导纲要（试行）》明确了劳动教育的总体目标，即精准把握社会主义建设者和接班人的劳动精神面貌、劳动价值取向和劳动技能水平的培养要求，全面提高学生的劳动素养，使学生树立正确的劳动观念、具备必备的劳动能力、培育积极的劳动精神、养成良好的劳动习惯和品质，这些要求同样应融入研学旅行课程的目标。

二、研学旅行课程目标设计的步骤

研学旅行课程目标分为课程总目标、学段目标和专题课程目标。课程总目标是根据教育目的和培养目标制定的，是教育目的和培养目标在教育活动中的具体化。课程总目标是指该课程的基本任务，是全部课程的出发点。学段目标是根据课程总目标和学生身心发展水平制定的，也就是不同学段的课程总目标。专题课程目标是根据课程总目标、学段目标和课程资源属性制定的，其要求更加具体和具有可操作性。

（一）课程总目标的设计步骤

课程总目标受 3 个方面的影响：学生的研究、当代社会生活的研究、学科专家的建议。其设计步骤如下。

（1）研究教育目的与培养目标。

（2）分析课程目标来源因素。

（3）分析研学旅行课程的性质。

（4）形成目标草案。

（5）进行论证与修改。

（6）确定总目标。

（二）学段目标的设计步骤

学段目标的设计要考虑课程总目标和学生的身心发展水平两个方面的要素，为不同学段

（小学、初中、高中）的学生设计出内涵性质相同而要求不同的课程目标。学段目标的设计一般有6个基本步骤。

（1）研究课程总目标。

（2）分析不同学段学生身心发展水平和认识规律。

（3）分解课程总目标，制定各学段目标。

（4）审查讨论学段目标。

（5）修订审查后的学段目标。

（6）确定学段目标。

（三）专题课程目标的设计步骤

专题课程目标的设计要考虑学段目标和具体的课程资源两个方面的因素。专题课程目标的具体设计包含7个基本步骤。

（1）研究课程阶段目标。

（2）分析不同学段的学生身心发展水平和认知规律。

（3）了解具体课程资源的属性和特点。

（4）撰写具体的课程目标。

（5）审查讨论具体目标。

（6）修订审查后的目标。

（7）确定课程目标。

（四）课程目标设计示例

就前述课程教学中的三维目标，以义务教育初中地理课程标准中的研学旅行课程目标设计为例，从"知识与技能""过程与方法""情感态度与价值观"3个维度可进行如下设计。

1. 知识与技能

（1）掌握地球与地图的基础知识，能初步说明地形、气候等自然地理要素在地理环境形成中的作用及对人类活动的影响，初步认识人口经济和文化发展的区域差异。

（2）了解家乡、中国和世界的地理概貌，了解家乡与祖国、中国与世界的联系。

（3）了解人类所面临的人口资源、环境和发展等重大问题，初步认识环境与人类活动的关系。

（4）掌握阅读和使用地球仪、地图的基本技能，掌握获取地理信息并利用文字图像等形式表达地理信息的基本技能，掌握简单的地理观测、地理实验、地理调查等技能。

2. 过程与方法

（1）通过各种途径感知身边的地理事物和现象，积累丰富的地表地理表象。初步学会根据收集到的地理信息，通过比较、分析、归纳等思维过程，形成地理概念，归纳地理特征，理解地理规律。

（2）运用已获得的地理基本概念和地理基本原理，对地理事物和现象进行分析，做出判断。

（3）发挥创新意识和实践能力，通过发现问题、收集相关信息、运用相关知识和方法提出解决问题的设想。

（4）运用适当的方式方法表达、交流地理学习的体会、想法和成果。

3. 情感态度与价值观

（1）增强对地理事物和现象的好奇心，提高学习地理的兴趣以及对地理环境的审美情趣。

（2）关心家乡的环境发展状况，关心我国的基本地理国情，增强热爱家乡、热爱祖国的情感。

（3）尊重世界不同国家的文化和传统，增强民族自尊心、自信心和自豪感，理解国际合作的意义，初步形成全球意识。

（4）初步形成尊重自然、与自然和谐相处、因地制宜的意识，即可持续发展的观念。增强防范自然灾害、保护环境与资源和遵守相关法律法规的意识，养成关心爱护地理环境的行为习惯。

三、研学旅行课程目标的管理

研学旅行课程目标一经确定，主办方要在研学旅行课程的实施过程中确保目标能够实施到位。主办方可将课程目标量化、细化成考核标准，进行目标管理。对研学旅行课程目标的实现情况进行考核，有利于保障课程能够按照原定计划有序开展，便于对参与研学旅行的各方进行管理，也能够对研学旅行课程的教学情况进行评价和总结，对提高课程教学质量至关重要。

在设计研学旅行课程目标时，应该将目标考核过程融入其中，无论总体目标还是具体目标，必须明确、具体、可以计量。这可以使每一个研学旅行课程参与方都能够在课程总目标的背景下形成各自具体的执行目标。在课程评价标准中要对教学过程各参与方的实施情况做出评价，也可以采用对应的量化表或评分表来对各方的执行情况进行打分。

▶▶▶ 任务三　研学旅行课程内容设计

一、研学旅行课程内容设计概述

（一）研学旅行课程内容的含义

研学旅行课程内容，是指以研学旅行课程目标为依据，遵循不同学段青少年学生的身心发展规律，考虑学生认知活动的特性，在此课程中供学生进行学习、体验、思考、实践的所有教学载体。研学旅行课程内容包含学生旅行参观、考察和体验的研学点，旅游景区载体，活动场馆及基地（营地）的资源，也包括这些资源所承载的文化、技术、概念、原理、方法和传递的思想与价值观。

（二）研学旅行课程与学科课程的关系

研学旅行课程能够与学科课程进行有机结合。学校可以把在学校实施有局限性的学科课程内容有机地融入研学旅行课程，也可以把学科理论知识在研学旅行的实践中进行拓展，还可以根据不同学段为参与研学旅行的学生量身定制学习内容。设计研学旅行课程内容时，可以将多学科课程进行融合，也可以组织多学科教师参与。

（三）研学旅行课程内容的类别

1. 优秀传统文化类课程

优秀传统文化类课程是以旅游服务功能完善的文物保护单位、古迹保护单位、博物馆、非遗场所、优秀传统文化教育基地等单位作为研学旅行目的地而构建的课程类型，主要目的是引导学生传承中华优秀传统文化、传统美德、人文精神，坚定学生的文化自觉和文化自信。

2. 革命传统教育类课程

革命传统教育类课程是以爱国主义教育基地、革命历史类纪念设施遗址等单位作为研学旅行目的地而构建的课程类型，主要目的是引导学生了解革命历史、增长革命斗争知识、学习革命斗争精神、培育新的时代精神。

3. 国情教育类课程

国情教育类课程是以体现基本国情和改革开放成就的美丽乡村、传统村落、特色小镇、大型知名企业等单位作为研学旅行目的地而构建的课程类型，主要目的是引导学生了解基本国情及中国特色社会主义建设成就，激发学生的爱党爱国之情。

4. 国防科工类课程

国防科工类课程是以国家安全教育基地、国防教育基地、海洋知识教育基地、科技馆科普教育基地、科技创新基地、高等学校、科研院所等单位作为研学旅行目的地而构建的课程类型，主要目的是引导学生学习科学知识，培养科学兴趣，掌握科学方法，增强科学精神，树立总体国家安全观、国家安全意识和国防意识。

5. 自然生态类课程

自然生态类课程是以自然景区、城镇公园、植物园、动物园、风景名胜区、世界自然遗产地、世界文化遗产地、海洋公园、示范性农业基地、生态保护区、野生动物保护基地等单位作为研学旅行目的地而构建的课程类型，主要目的是引导学生感受祖国大好山河，树立爱护自然、保护生态的意识。

6. 劳动教育类课程

劳动教育类课程是以现有综合实践基地、青少年校外活动场所、学校劳动实践场所为依托建立的课程类型。学校可以充分利用学校实训场所和设施设备，充分利用校内学习、生活有关场所，建好配齐劳动技术实践教室、实训基地，丰富劳动教育资源；还可以走出校园，把土地、山林、草地等作为学农实践基地，把厂矿、企业作为学工实践基地，把城乡社区、福利院、医院、博物馆、科技馆、图书馆等事业单位、社会机构、公共场所作为研究和服务型劳动教育研学旅行基地。

二、研学旅行课程内容设计原则

（一）自主性原则

在研学旅行课程内容的设计上，要重视学生自身发展的需求，尊重学生的自主选择；要善于引导学生从特定的角度切入主题、选择具体的活动内容、制定活动目标任务，以提升学生自主规划和管理的能力；同时也要善于捕捉和利用课程实施过程中形成的有价值的问题，指导学生深化活动主题，不断完善活动内容。

（二）实践性原则

研学旅行课程强调学生亲身经历各项活动，在动手做实验探究、设计、创作、反思的过程中进行体验、体悟、体会，在全身心参与活动的过程中发现、分析和解决问题，体验和感受生活，发展实践创新能力。

（三）开放性原则

设计研学旅行课程内容时，要在学生的经验和兴趣专长的基础上，打破学科界限，选择综合性活动内容，鼓励学生跨领域、跨学科学习，为学生自主活动留出余地；要引导学生学会拓展活动内容，使自己的个性特长、实践能力、服务精神和社会责任感不断获得发展。

（四）整合性原则

设计研学旅行课程内容时，要结合学生成长的年龄特点和个性特征，以促进学生的综合素质发展为核心，均衡考虑"学生与自然的关系""学生与他人和社会的关系""学生与自我的关系"这3个方面的内容，对活动主题的探究和体验要体现个人与社会、自然的内在联系，强化科技、艺术、道德等方面的内在逻辑关系。

（五）启发性原则

研学旅行课程内容要能为学生带来多方面的启发，包括生命的价值、生活的意义、思想的触发、文化的熏陶、艺术的感染、科学的启蒙、职业的认知、方法的习得等。

（六）连续性原则

研学旅行课程内容应基于学生可持续发展的要求，选择长短期相结合的主题活动，使活动内容具有递进性，由简单走向复杂；使活动主题向纵深发展，不断丰富活动内容，拓展活动范围，促进学习综合素质的持续发展；要处理好学期之间、学年之间、学段之间课程内容的有机衔接与联系，构建科学合理的活动主题序列。

三、研学旅行课程内容设计依据

（一）与课程目标相对应

课程内容是实现课程目标的载体。在确定好课程目标后，课程内容的设计必须以课程的总体目标和阶段性目标为依据。

（二）与学生需求相契合

课程内容的设计要以学生的身心发展特点和需求为依据，着力于促进学生的全面发展，充分发挥研学旅行的特质和优势，以多种方式实现既研又学的课程目标。课程内容要切合学生的需要，能够激发学生的学习兴趣，使学生在学习过程中获得知识、能力、情感、心理等多方面的收获。

（三）与学生基础相匹配

课程内容要与学生的能力和基础相匹配。研学旅行课程具有学段性特征，同一研学旅行课程资源在不同学段的课程中，呈现的内容应有所区别，课程内容的深度、广度及表现形式都要与学生的学段特点相适应。

（四）与课程时间相一致

课程内容要与课程时间相匹配，有多少时间就安排多少学习内容。要考虑好"研""学""游"各部分课程内容所需的教学活动时间，合理进行程序配置，充分利用课程时间，匹配体量科学的教学内容。

（五）课程内容多元化

与单一学科课程内容不同，研学旅行可以有多元化的课程内容。例如，在组织研学旅行时，可同时提供多条线路的课程供学生选择，而不同线路的课程内容都要能够实现研学课程的总体目标。

（六）反映最新理论成果

研学旅行课程内容应与时俱进，反映最新的理论研究与实践成果。科学性课程内容的选择，必须避免传授陈旧的、错误的知识概念、原理、事实和方法，前沿性课程内容必须反映知识的发展方向，开放性课程应将不同的观点和解释呈现出来，供学生独立分析思考。

（七）与研学旅行资源相结合

课程内容设计要考虑资源的可行性，需要有丰富可用的研学旅行课程资源来支撑课程内容的学习。如果相关的课程资源匮乏，就要考虑删除或削减这一部分的课程内容，或寻求同类替代资源，以保障教学效果。

四、研学旅行课程素材的收集与整合

研学旅行课程内容素材丰富，获取渠道广泛多样。在进行课程素材收集、整合时，需要注重收集有学科关联性的研学知识。由于研学旅行课程的综合性明显，在设计研学旅行课程时，应由多学科教师一起集思广益，将学科知识与研学旅行课程内容有机结合，将目的地资源与国家课程有机结合，创设情境让学生将在课堂上学到的知识加以应用，在现有的知识基础上发现和探索新的问题。

在课程素材收集过程中，还要注重与思维方法训练相关的内容。研学旅行的环境真实而复杂，对于复杂的问题和内容，通常应将其抽象化、简单化、模型化并进行分解，以使复杂的问题突出重点，使解决问题的过程细化，以便学生掌握学习方法、提高思维能力。

在确定课程主题、初步选定课程内容的基础上，还需要对教学素材做进一步的整合，以"增""改""优"的方式，即增热点、增特色，让内容更加丰富；改进内容的呈现方式、呈现载体，让教学更易操作，学生更易理解；优化内容结构、去粗存精，使素材更聚焦主题，教学更科学合理。

▶▶▶任务四　研学旅行教学模式设计

一、研学旅行教学模式的概念

研学旅行教学模式是以研学旅行教学理论和教学思想为基础，为达成教学目标而构建的相对稳定的教学流程及方法体系。科学而完整的研学旅行教学模式一般包括研学旅行教学理论基础、教学目标、教学程序设计、操作条件和教学评价 5 个要素。

二、研学旅行教学模式的设计

教学模式是一个与教学活动有关的结构性框架，它是沟通教学理论和实践的一种可操作性的范式。在组织研学旅行时，需要根据不同的课程主题、课程内容和学生特点选择不同的教学模式。常用的研学旅行教学模式有以下几种。

（一）探究式教学模式

探究式教学模式以培养学生的科学素养为目标，引导学生积极参与科学探索实验，帮助学生体会科学家如何面对问题，如何收集和加工需要的新资料，鼓励学生设计出解决问题的具体方案。

探究式教学模式的教学程序设计如下。

（1）研学旅行指导师提供问题情境，确定探究主题。研学旅行指导师对活动或课题的知识进行解析，帮助学生了解活动的知识背景，为学生提供问题情境，激发学生的好奇心，组织学生确定探究主题。

（2）学生提供探究方案。学生在研学旅行指导师的指导下，根据生活经验和已有的知识结合创设的情境，提出探究方案，反复论证可行性。研学旅行指导师在这一过程中积极引导学生进行多角度思考并给出一定的建议，进而为下一阶段的小组自主合作探究做准备。

（3）自主合作探究。研学旅行指导师要以学生为主体，运用自主合作探究的学习形式，包括独立思考、生生互动、组组互动、师生互动，引导学生通过观察实验记录、数据分析调

研等多种活动开展知识探究，促进学生主动地进行知识构建。

（4）结论展示。学生将自己研究得出的作品或结论进行集体展示和汇报。

（5）交流反馈。研学旅行指导师对学生的学习结果做出一定的评价，并对学生在学习过程中遇到的问题进行解答，为学生日后的学习提出意见，以利于学生更好地进行后续学习。

（二）情境体验式教学模式

情境体验式教学模式最早可以追溯到古希腊时期，古希腊时期的思想家、教育家苏格拉底以向学生提问的方式创设问题情境，但不直接给出答案，通过引导学生对自己的回答产生怀疑，进而自主思考，最终使问题得以解决。另外，美国著名教育学家杜威的"从做中学""教育即生活""教育即成长""学校即社会"等理论，都是研学旅行情境体验式教学模式的理论来源。

情境体验式教学模式的教学程序设计如下。

（1）创设情境。研学旅行指导师要为学生创设教学情境，这个情境可以是真实的情境，也可以是虚拟的情境，其目的在于引起学生情感和体验的共鸣，推动学生进一步学习。

（2）体验情境。学生通过体验创设的情境，直接或间接通过形象感知来领悟抽象的知识经验，完成学习任务。

（3）反思情境。学生对学习的过程和成果进行反思，分析其中的关联，从而在认知上达到顿悟的效果。

（4）提升情境。基于前面对情境的反思，研学旅行指导师要引导学生总结学习成果，分享感受，促使学生最终在认知方面发生改变。

（三）项目导向式教学模式

项目导向式教学模式，也称项目教学模式，是以项目为载体，将复杂而真实的问题分解成一个个具体的项目，让学生通过完成这些项目掌握相关的知识和技能的教学模式。

项目导向式教学模式的教学程序设计如下。

（1）选择项目。选择合适的项目是项目导向式教学模式运用的关键。研学旅行指导师在选择项目时，首先要注意，选择的项目目标要与核心目标保持一致；其次要选择操作性强、学生感兴趣且愿意主动参与的项目；最后选择的项目最好要层层推进、富有挑战性，使学生不仅能够学习理论知识，而且能够运用知识解决实际问题。

（2）制订计划。在明确了项目的基础上，研学旅行指导师要对如何完成项目制订可行的计划。

（3）执行计划。在实施项目导向式项目教学的过程中，研学旅行指导师要让学生直接参与项目执行，并通过领导、辅助、支持的方式去配合学生，要不时地创造机会、提供空间，创设各种情境，激发学生的创新思维，使学生在学习中自主探索和发现，在合作交流中相互启发，在师生讨论中相互碰撞，进而达成共识。执行过程能激发学生的创新欲望和行动，帮助学生形成良好的探究习惯。

（4）完善计划。因为项目导向式教学模式需要解决的是真实且复杂的问题，而已经制订的计划在执行的过程中可能会出现一些瑕疵，所以研学旅行指导师可以引导学生通过讨论交流对计划进行修订和完善。

（5）展示成果。项目导向式教学模式在展示项目成果时，应突出以学生为中心的理念，激发学生的创造性，引导学生决定成果展示的类型和内容。

（6）评价反思。研学旅行指导师要引导学生对项目的完成过程和结果进行评价和反思，并得出结论。项目导向式教学模式评价应避免简单化，要关注过程性评价。

（四）角色扮演式教学模式

在角色扮演式教学模式中，研学旅行指导师在教学中设计某个问题情境，让学生扮演角色，从而进入情境，进而通过讨论分析帮助学生观察并探究决策的情景、情感态度和价值观，从中培养学生解决问题的能力，引导学生从不同的思维角度出发，最终找到解决问题的方法。

角色扮演式教学模式可以使学生处于一种真实的问题情境中，增强其对情境的理解，激发其寻求解决问题的方法的渴望。角色扮演式教学模式的目的是帮助学生建立在社会上的角色意识，理解社会行为规范，使学生能够从多种视角思考解决问题的方式，增加其人际沟通和社会交往的能力。

角色扮演式教学模式的教学程序设计如下。

（1）小组准备活动。在该阶段，研学旅行指导师可以根据学生的认知水平和知识经验选择一些学生感兴趣的问题，然后通过描述并分析问题创设问题情境，帮助学生感受要扮演的角色的情感态度、价值观和面临的处境等。

（2）选出扮演者。研学旅行指导师和学生共同分析角色的特点，然后由学生自己选择要扮演的角色。学生可以选择与个人特质相同的角色，以最大限度地发挥参与的能动性和积极性，保证角色扮演活动的顺利进行。研学旅行指导师应该尊重学生的选择，避免打击学生表演的积极性，影响教学活动的开展。

（3）活动安排场景。研学旅行指导师需要根据教学目标和内容，准备教学材料和道具，如布置表演的场景，为学生提供角色扮演活动的流程、服装或道具、每个角色的介绍资料、角色扮演活动的教学评价表等。

（4）组织观众积极参与。观众的参与可以加强情境的真实性，有助于学生真实地表现并产生真实的情感体验。研学旅行指导师要给观众分配具体的任务，如配合表演、帮助维持秩序、对表演进行分析评价等。

（5）实施表演活动。这是实施角色扮演式教学模式的主要教学阶段，既是对前面计划安排的检验，又是对后面评价反思的引领。如果课程时间充足，研学旅行指导师可以重新设计情节，让学生进行第二次角色扮演活动，用不同的方法诠释同一个角色，从而培养学生从多种角度考虑问题和解决问题的能力。

（6）讨论和评价。研学旅行指导师组织学生对如何扮演好角色进行讨论并提出意见和建议，同时研学旅行指导师要引导观众随着表演者的表演进一步思考一些问题，帮助学生不断地加深对所扮演角色的理解。

（7）分享经验和总结。研学旅行指导师要引导学生思考情境表演中的各种复杂的人际关系及解决问题的办法，把表演情绪与生活经验联系起来，鼓励学生将这种方法和规则运用到自己的现实生活中。

（五）讲授式教学模式

讲授式教学模式是以研学旅行指导师为主，直接向学生传递知识的教学模式。学生面对新的学习任务时，如果原有认知结构中缺少对新知识的认知或原有观念不够清晰，研学旅行指导师就可以在学生开始学习新知识之前，向他们呈现一个引导性材料，这个引导性材料可以是一个概念、一条定律，也可以是一段视频、一段音乐，对其可以使用通俗易懂的语言或直观形象的具体模型进行展示或表达。这样做不仅是为了激发学生的学习兴趣，更是为了帮助学生运用原有的认知经验联想到新的学习任务。

讲授式教学模式的教学程序设计如下。

（1）讲解引导性材料。研学旅行指导师向学生讲解引导性材料，并阐明课程目标，从而启发学生的相关知识和经验，帮助学生将引导性材料和新的学习任务建立联系。

（2）提出学习任务和学习材料。研学旅行指导师在课程实施过程中将新的学习任务或学习材料提供给学生，其形式是多种多样的，可以是视频、幻灯片、实验等，还可以通过讲授、讨论和阅读等方式介绍学习材料，引导学生看到学习材料的逻辑顺序及其与引导性材料的关系，使学生能够将注意力集中到学习的中心内容上。

（3）强化学生的认知系统。研学旅行指导师帮助学生将新的学习内容和已有的认知结构进行融会贯通，激励学生主动接受、学懂概念，并能够积极地运用概念。

（六）合作式教学模式

合作式教学模式是指在研学旅行课程中以合作小组为基础，通过学生间的互动和交流展开共同学习，从而达成学习目标的教学模式。小组合作学习时，各成员会受到其他成员的积极影响，更容易自发地为了小组荣誉而全身心地投入学习，运用科学思维进行科学探究，认识并承担社会责任。

合作式教学模式的教学程序设计如下。

（1）异质分组。研学旅行指导师需要对学生能力和学生特点进行分析，深入了解学生的个性差异，在确定了合理的小组规模后，将兴趣爱好和能力不同的学生分在一个小组，从而缩小各小组之间的差距，以利于开展教学活动。

（2）明确目标责任和分工。研学旅行指导师要向学生介绍合作学习的计划，向每一个小组提供适当的学习材料，帮助学生明确小组合作学习要达成的共同目标；要采取组内合作、组间竞争的方式激发学生产生合作学习的兴趣。

（3）成果交流。各小组在规定的时间内完成合作学习任务以后，将学习成果进行充分的展示和交流。

（4）评价反馈。评价反馈是合作式教学模式非常重要的一个环节。研学旅行指导师要组织学生通过小组自评和小组互评的形式对合作学习进行评价反馈。评价反馈主要是为了了解在合作学习的过程中哪些成员的行动是有效的，哪些是无效的，原因是什么，可以怎样改进，等等。

（七）跨学科学习式教学模式

跨学科学习式教学模式是以一个学科为中心，围绕这个中心学科确定课程主题，运用不同的学科知识，对这个中心主题进行教学设计的教学模式。跨学科学习式教学模式是基于多元智能理论提出的教学模式。

跨学科学习式教学模式的教学程序设计如下。

（1）确定课程主题。研学旅行课程的跨学科学习式教学模式包含着不同层面的学科知识，因此研学旅行指导师在选择中心学科、确定课程主题时，要立足于各学科的课程标准的要求，理清中心学科和其他学科之间的联系，找到不同学科之间的契合点，并依据不同学生的学段特点和发展要求确定课程难度。

（2）罗列课程知识点。研学旅行指导师需要围绕课程主题罗列跨学科教学所涉及的不同的学科和知识点，并针对这些知识点间的逻辑关系，设计好教学过程中的问题。

（3）学生探究问题，研学旅行指导师辅导答疑。学生可以通过小组合作的形式，运用不同学科知识思考和解决课程中遇到的问题，实现多学科思维的碰撞。研学旅行指导师在这个过程中也要善于从不同角度引导学生，为每位学生答疑解惑，帮助学生形成创新思维方式。

（4）学生总结汇报研究成果。学生以小组为单位推选代表总结汇报研究成果，研学旅行指导师启发学生分析各成果间的相互关系，让大家进行讨论交流。

（5）评价反思。研学旅行指导师不仅要从知识能力掌握应用的角度对学生的学习成果进行评价，更要从学生核心素养培养的角度对学生进行综合评价，同时要对教学工作进行反思总结。

（八）自主学习式教学模式

自主学习式教学模式是以学生为主体，老师引导学生理解学习内容、产生学习内驱力，结合课程目标和自身学习特点，制订学习计划，通过自我努力或借助研学旅行指导师和同学的帮助解决问题、完成学习任务的教学模式。运用自主学习式教学模式需要注意两点，一是学生参与完整的活动过程，二是学生独立完成活动任务。

自主学习式教学模式的教学程序设计如下。

（1）设计问题，创设情境。运用自主学习式教学模式的关键是设计好的问题，它是促进学生自主学习的切入点，是师生互动的桥梁，也是学生独立思考的条件。研学旅行课程中，研学旅行指导师应根据课程目标精心设计好问题。这些问题不需要特别复杂，甚至可以是很简单的或为大家所熟悉的问题，但要有吸引力、层次感和针对性，既能统揽课程内容，又能引发学生的思考，适合不同层次的学生在课程中由浅入深地对这些问题进行探究。此外，研学旅行指导师还应该根据不同的课程内容创设恰当的情境，激发学生的求知欲。

（2）自主探索，尝试解决。研学旅行指导师要为学生创设自主学习的时间和空间，对于学生可以自学完成的内容，可以不讲或少讲，可以通过方法的选择和资源的利用来引导学生思考解决问题的方法和策略，鼓励学生质疑，保护学生的创新意识和独立思考的能力，培养学生坚韧的学习意志。

（3）小组合作，互动交流。研学旅行指导师可以在学生个人思考的基础上，组织学生以小组为单位交流自己的思考成果，进一步开拓学生的思维空间，促进学生对知识的全面理解，同时发挥研学旅行指导师的引导作用，在关键之处对学生进行点拨，帮助学生解决问题。

（4）总结提炼，延伸拓展。在学生自主学习解决问题后，研学旅行指导师要抓住时机，帮助学生提炼思想观念、构建知识体系，引导学生运用所学内容解决实际问题。

三、研学旅行教学方法的设计

研学旅行教学方法是研学旅行指导师和学生为了实现共同的研学旅行目标，完成共同的研学旅行任务，在研学旅行教学活动中采用的教学方式、途径和手段的总称。研学旅行教学方法包括研学旅行指导师教授指导的方法和学生学习的方法两大方面，是教授指导方法和学习方法的统一。

研学旅行教学方法的选择需要参考多种因素，其中包括：教学目的、教学任务、教学要求、教学时间等基本条件；研学旅行指导师的思想与业务水平、经验与能力、教学习惯与特长等师资情况；学生的兴趣、水平、智能、态度、学风和习惯等学情信息；研学旅行基地（营地）的物质条件、研学设备、社会条件、自然环境等研学旅行课程资源情况等。

研学旅行实践中常用的教学方法很多，如小组合作法、参观访问法、成果展示法、头脑风暴法、六顶思考帽法、世界咖啡法等。

（一）小组合作法

1. 含义

小组合作法是指学生在研学旅行小组或团队中，为了完成共同的任务，有明确的责任分工的互助性学习。这种方法解决了传统班级授课中教师面对不同水平的学生难以因材施教、难以面面俱到的问题，立足于新的研学旅行教育理念，为每一位学生的全面发展创设了适宜的环境和条件。

2. 要求

一是要求学生全员参加，研学旅行指导师根据明确的研学旅行课程目标，落实学生的个体学习，让每个学生都有较充足的时间，按自己的水平进行自我学习；二是学生要主动参与，研学旅行指导师要努力提高学生参与学习合作活动的主动性，要精心设计合作学习的内容，让学生在研学旅行过程中学会自己发问、自己分析和解决问题，这样学生在合作过程中才会有所发现、有所创新；三是学生要人人有岗位任务，研学旅行指导师要根据学生能力的不同，引导学生在小组中选择合理的角色，从而促进不同水平的学生在小组合作中都能得到最优发展。

3. 流程设计

一是学生确定研学旅行活动主题，制定活动方案和活动目标，做好活动准备，设计活动过程；二是学生按照小组制订的计划开展活动，随时做好活动记录；三是活动告一段落时，学生要及时总结，准备小组交流的材料；四是在做活动总结时，学生要尽量通过多种形式展示研究成果；五是活动结束之后，每一位学生要对整个活动过程进行反思。

（二）参观访问法

1. 含义

参观访问法是指研学旅行指导师通过有计划、有组织地安排学生到有关单位参观访问，使学生得到启发，巩固所学的知识和技能的一种教学方法。这种方法的优点是通过现场参观，学生可以迅速地了解和接受某一新方法、新事物。参观访问法主要用于某些无法或不利于在理论上讲述的研学旅行内容，通过参观帮助学生了解现实世界的真实情况，了解理论和实际之间的异同。

2. 要求

一是实行小组责任制，明确集合时间、集合地点和行进线路；二是学生必须确保按计划有序地完成学习活动，同时重视外出的安全及行为礼貌规范；三是学生要按照要求做好记录，如参观记录重点写参观内容，访问记录则要重点写好问和答的情况，要做到条理清楚，重点内容要具体；四是参观访问结束后，研学旅行指导师要组织学生总结感受与体会等，让学生在成果展示的过程中提升学习质量。

3. 流程设计

一是学生要明确自己所要采访的对象和范围；二是研究指导师要联系参观的地点以及有关人员；三是学生要根据访问主题查阅参考被访问对象的相关资料；四是研学旅行指导师可协同组织设计参观访问的线路并安排参观人员；五是学生选择并设计参观访问的内容；六是学生带好记录工具，做好记录；七是研学旅行指导师以列阵方式进行具体指导。如在描写参观对象时，要写清方位、布局、形状、色彩、构造、特色、功能等，能用数字说明的尽量用数字说明，注意所写内容的科学性、知识性和趣味性，用词要求准确形象，等等；八是参观行程结束后，学生进行简短的讨论总结，查看是否达到预期目的。

（三）成果展示法

1. 含义

成果展示法是指学生把自己或小组在研学旅行中的收获汇集整理成各种形式的成果和作品，并通过多种方式在班级、年级或学校进行交流展示。

2. 要求

一是成果展示是全体学生共同参与的活动，不是少数优秀学生的表演，研学旅行指导师应尽量给所有的学生提供充分表现的机会；二是成果展示不能流于形式、追求热闹，要体现应有的深度，研学旅行指导师要引导学生在展示的过程中发现自我、欣赏他人，最大限度地拓展学生学习的空间，培养学生良好的情感、态度和正确的价值观；三是学生的学习基础不同，研学成果水平也会有所不同，研学旅行指导师应根据学生付出的努力程度给予适当的关注，避免将学生的学习作品和成果分等划类；四是成果展示的内容和形式要由研学旅行指导师和学生共同商议，以确保展示的活动能够有计划、有条理地进行；五是研学旅行指导师要引导学生对研学成果进行总结和反思，为下一步开展研学活动积累经验。

3. 流程设计

一是研学旅行指导师要确定展示的内容和形式；二是研学旅行指导师要联系好展示的时间、地点和场所；三是研学旅行指导师要确定好成果展示的汇报过程和程序；四是研学旅行指导师应该根据学生展示的内容和形式进行指导，提供相应的设备设施；五是研学旅行指导师要及时进行简短的总结。

（四）头脑风暴法

1. 含义

头脑风暴法是一种激发学生的集体智慧，使学生产生创新设想的思维方法。其是由一个班级或一个小组的学生围绕特定的主题或目标，通过无限制的联想和自由讨论进行创新和改善，从而形成新主意、产生新点子、提出新办法。

2. 要求

一是自由畅谈，参加者不应该受任何条条框框的限制，只需让思维自由驰骋，从不同角度、不同层次、不同方位大胆地展开想象，尽可能标新立异、与众不同，提出独创性的想法；二是延迟评判，使用头脑风暴法必须坚持当场不对任何设想做出评判的原则，这样做一方面是为了防止评判约束学生的积极思维，破坏自由畅谈的气氛，另一方面是为了使学生集中精力开发思维，避免把应该在后阶段做的工作提前进行，影响创造性设想的大量产生；三是禁止批评，禁止批评是使用头脑风暴法应该遵循的一个重要原则，参加头脑风暴会议的每个人都不得对别人的设想提出批评，因为批评无疑会对创造性思维产生抑制作用，同时发言人的自我批评也在禁止之列，有些人习惯用一些自谦的词，这些自我批评性质的说法，同样会破坏气氛，影响自由畅想；四是追求数量，使用头脑风暴法的目标是获得尽可能多的设想，追求数量是它的首要任务，参加头脑风暴会议的每个人都要抓紧时间多思考、多提设想，至于设想的质量问题，自可留到会后的设想处理阶段去处理。从某个意义上来说，设想的质量与数量密切相关，产生的设想越多，其中的创造性设想就可能越多。

3. 流程设计

一是准备阶段，研学旅行指导师应当事先对所议问题进行一定的研究，弄清问题的实质，找到问题的关键，设定解决问题所要达到的目标，同时选定参加会议的学生（一般以5～10人为宜），然后将会议的时间地点、所要解决的问题、可供参考的资料和设想需要达到的目标等事宜一并提前通知与会学生，让大家做好准备；二是导入阶段，这个阶段的目的是创造一种自由、宽松、和谐的氛围，使大家得以放松，进入一种无拘无束的状态，研学旅行指导师宣布开会后先说明会议的规则，然后先谈些有趣的话题或问题，让大家的思维处于轻松和活跃的状态；三是明确目标阶段，主持人要扼要地介绍待解决的问题，介绍时必须简洁明确，不可过分周到，否则过多的信息会限制人的思维，干扰创新的想象力；四是归纳整理阶段，一番讨论后，学生对问题有了较深的理解，这时为了使学生对问题的表述更具体、更有新意，研学旅行指导师或小组书记员要记录大家的发言，并对发言记录进行整理，通过对发言记录的整理，找出富有创意的见解及具有启发性的表述，供下一步参考；五是筛选阶段，会议结束后，研学旅行指导师应了解学生在会后的新想法和新思路，以此补充会议记录，然后将大家的想法整理成若干方案，根据可识别性、创新性、可实施性等标准进行筛选，经过反复比较和优中择优，最后确定1～3个优秀方案，这些优秀方案往往是多种创意的优势组合，是大家的集体智慧综合作用的结果；六是设想处理阶段，设想处理通常安排在头脑风暴会议后进行，在此之前，研学旅行指导师或书记员应设法收集学生在会后产生的新设想，以便一并进行评价处理，设想处理的方式有两种，一种是专家评审，可聘请有关专家评审参加，另一个是二次会议评审，头脑风暴会议的参加者共同参与第二次会议集体进行设想的处理工作。

（五）六顶思考帽法

1. 含义

六顶思考帽法是一种实现平行思考和提高创新思考水平的工具，或者说是一种全面思考问题的模型。它提供了平行思维的工具，避免将时间浪费在互相争执上，强调的是"能够成为什么"而非"本身是什么"，是寻求一条向前发展的路，而不是争论谁对谁错。运用六顶思考帽法，思考时头脑会更加清晰，使团体中无意义的争论变成集思广益的创造，使每个人变得富有创造性。

2. 特点

六顶思考帽法认为思考的最大障碍在于混乱，不同的人看待同一个事物，总是会存在不同的视角，此时特别需要应用平行思考的方法，让人围绕这个事物从不同的视角进行平行观察。因此该方法设计了六顶不同颜色的思考帽，包括蓝帽、白帽、红帽、黄帽、黑帽、绿帽。蓝帽代表对思维的思考、控制、指挥，戴蓝帽的人通常是会议的主持人和协调人，他们要纵观全局，控制整个思维过程，会议结束时要进行总结和汇报；白帽代表已经确认的信息，戴白帽的人只要提供准确中立、客观的信息、事实数据①即可，不需要诠释，也不需要附带情感；红帽代表情绪、情感、直觉，如热情的、钟爱的、怀疑的、不喜欢的，戴红帽的人要立即发表对事件的感受，内容应简短，无须解释；黄帽代表积极乐观、有建设性的评估，戴黄帽的人要从正面的角度去发现逻辑，要采用有建设性和启发性的思考方式；黑帽代表谨慎、批判、怀疑，戴黑帽的人要指出某个建议的风险、缺点、潜在的问题、不符合的事实经验、政策建议等；绿帽代表新观点和各种可能性，戴绿帽的人要提出各种具有替代性和可行性的解决方案，这些解决方案不一定符合逻辑，但必须具有创新性。

3. 流程设计

第一是戴白帽的人陈述问题；第二是戴绿帽的人提出解决问题的方案；第三是戴黄帽的人评估该方案的优点；第四是戴黑帽的人列举该方案的缺点；第五是戴红帽的人对该方案进行直觉判断；第六是戴蓝帽的人总结陈述，做出决策。注意在整个思考过程中，参与的人员应随时调换思考帽，进行不同角度的分析和讨论。

---

① 事实数据是一种中立的无法创生的内容。

（六）世界咖啡法

1. 含义

世界咖啡法是一种创造集体智慧的会谈方法，它通过营造大家聚集在一起喝咖啡聊天的情景和氛围，让拥有不同专业背景、不同观点的人围坐在一起，围绕一个相关问题进行无障碍交流，通过将大家的思维和智慧集中起来解决问题，形成集体智慧。

2. 要求

一是明确会议内容、研讨目标、参加人数、会议地点；二是营造尊重心理安全的、人性化的环境；三是探究真正重要的问题，关注核心问题，激发参与者的热情，鼓励开发创新，确保会谈成效；四是鼓励每个人都做出贡献，鼓励每个人都参与，以确保全面参与和投入；五是交流并连接不同的观点，聚焦核心问题，探究不同观点之间的联系，注意吸纳不同的文化和观点；六是共同倾听不同的模式和见解分析，凝聚集体的力量，达成思想上的共识和一致；七是接受并分享集体智慧，分享共同成果，形成可执行的方案。

3. 流程设计

一是环境氛围准备，采用世界咖啡法时，其环境要像咖啡屋一样布置，如桌上要有桌布、鲜花、彩笔、蜡烛，要播放轻音乐；二是第一轮讨论，4～6个人围坐一桌，组长介绍世界咖啡法的规则和主题，围绕一两个对他们个人非常有意义的问题进行谈论，每人谈论2～3分钟，第一轮结束时，组长留在这桌进行整理归纳，其他人到另外的咖啡桌；三是第二轮讨论，另外的咖啡桌的组长欢迎新参与者，并和他们分享此前的会议计划，介绍本咖啡桌上次讨论的基本观点，逐一听取其他咖啡桌成员的观点。讨论继续进行，并随着新一轮的讨论开始，讨论更加深入，组长在两次讨论的基础上整理完善本咖啡桌的观点；四是第三轮的讨论，第二轮讨论结束之后，参与者继续转移到其他没有去过的咖啡桌，开始新一轮的讨论，按照第二轮的流程，组长引导其他咖啡桌成员继续探究新的问题或深入探究原来的问题；五是第四轮讨论，三轮或更多轮以后，各组组员回到第一轮所在的咖啡桌，整个小组集合在一起分享在其他咖啡桌了解到的印象最深刻的观点和经验，组长不断地记录和完善本咖啡桌的主题、领悟和学习结果；六是进行讨论小结，组长和组员对本咖啡桌的观点进行梳理、汇总、筛选，并推选一位代表准备本咖啡桌集体汇报的内容；七是汇报成果，各咖啡桌代表依次向研学旅行指导师汇报，其他咖啡桌的成员可以点评交流；八是确定行动方案，研学旅行指导师根据各咖啡桌的意见，总结出最有价值的设想和最关注的问题，确定切实可行的方案。

四、研学旅行方式的设计

研学旅行方式是研学旅行指导师在进行研学旅行教学时，为完成研学旅行教学目标而灵活使用各种方式，如考察探究、社会服务、设计制作、艺术审美、职业体验、体育健康、党团队教育活动、博物馆参观、劳动教育等。

（一）考察探究

考察探究是学生基于自身兴趣，在研学旅行指导师的指导下从自然社会和学生自身生活中选择和确定研究主题，开展研究性学习，在观察记录和思考中主动获取知识，分析并解决问题的过程，如野外考察、社会调查、综合实践等。

流程设计：明确研学旅行目标，发现并提出问题，提出假设，选择方法，研制工具，获取证据，提出解释或观点、观念，交流，评价，探究成果，反思和改进。

（二）社会服务

社会服务是指学生在研学旅行指导师的指导下走出教室参与社会活动，以自己的劳动满足社会组织或他人的需要，如公益活动、志愿服务、勤工俭学等。

流程设计：明确研学旅行目标，明确服务对象，制订服务活动计划，开展服务行动，反思服务经历，分享活动经验。

（三）设计制作

设计制作是指学生运用各种工具、工艺进行设计并动手操作，将自己的创意方案付诸实践，转化为作品的过程，如动漫制作、编程、陶艺创作等。设计制作类的研学旅行注重培养学生的工匠精神、工程思维、动手操作能力。

流程设计：明确研学旅行目标，创意设计，选择活动材料或工具，动手制作，交流展示作品，反思与改进。

（四）艺术审美

艺术审美关注学生全面发展，注重体验，注重学生身心的协调和鉴赏能力的提升。课程多关注自然风光的描绘、人物和景物的拍摄、建筑结构和风景园林的赏析等。艺术审美类研学旅行的内容可以是戏剧欣赏和体验活动，可以是美术工艺制作实践活动，也可以是户外写生摄影活动，还可以是行为艺术活动等，内容十分丰富。

流程设计：明确研学旅行目标，确定赏析对象，选择并准备活动工具进行创作，交流展示作品，分享心得和感受。

（五）职业体验

职业体验是指学生在研学旅行指导师的指导下，从实际工作岗位上或模拟情境中见习、实习、体验职业角色的过程，如军训、学工、学农等。

流程设计：明确研学旅行目标，选择或设计职业情境，实际岗位演练，概括经历过程，总结、反思和交流。

（六）体育健康

体育健康类研学旅行既可以侧重于体能训练和拓展，也可以侧重于团队合作，如野外生存训练、营地军事训练、学校入学教育的军训等，都可以很好地弥补学生生活空间的不足，让学生在广阔的大自然和集体活动中陶冶情操、锻炼意志。

流程设计：明确研学旅行目标，选择准备活动所需物资，帮助学生做好心理建设活动，技术技巧和流程讲解示范，学生参与活动，总结分享。

（七）党团队教育活动

党团队教育活动是指由共产党、共青团、少先队组织机构开展的，影响学生的身心发展的各种有主题的、有目的性的教育活动，如红领巾爱心义卖活动、我为团旗添光彩活动、党旗下的演讲比赛等。

流程设计：明确活动目的，制订活动计划，开展教育活动，活动成果展示，反思与改进。

（八）博物馆参观

博物馆参观是指学生在研学旅行指导师的指导下，对专业博物馆进行参观、考察、探究，如参观军事博物馆、海洋博物馆、历史博物馆等。

流程设计：明确参观主题，选择博物馆，参观并倾听讲解，体验探究，参观后的成果交流讨论、知识拓展、回顾反思和总结。

（九）劳动教育

劳动教育是发挥劳动的育人功能，对学生进行热爱劳动、热爱劳动人民的教育活动。实施劳动教育的重点是在系统的文化知识学习之外，有目的、有计划地组织学生参加日常生活劳动、生产劳动和服务性劳动，让学生动手实践、出力流汗、接受锻炼、磨炼意志，培养学生正确的劳动价值观和良好的劳动品质。

流程设计：明确劳动教育目标，选择劳动工具和材料，劳动技术和流程的讲解示范，进行劳动操作，项目实践，反思交流，榜样激励，劳动教育评价。

>>> 任务五　研学旅行课程资源设计

一、研学旅行课程资源概述

（一）研学旅行课程资源的概念

研学旅行课程资源的概念有广义和狭义之分。广义的研学旅行课程资源指有利于实现研学旅行课程目标的各种因素，是具有教育价值的、能够转化为研学旅行课程或服务于研学旅行课程的各种条件的总称。狭义的研学旅行课程资源仅指上述广义课程资源中能够直接形成研学旅行课程内容的因素。

（二）研学旅行课程资源的特点

研学旅行课程资源具有潜在性、多样性、间接性、动态性、可开发性的特点。

1. 潜在性

研学旅行课程资源同其他一切功能性资源一样，无论是存在形态结构还是其他功能和价值，都具有潜在性，必须经过研学旅行课程实施主体自觉、能动地加以赋值、开发和利用，才能转化为现实的课程内容和相关条件，从而发挥课程的作用和教育价值。

2. 多样性

研学旅行课程资源的多样性体现在不同地域、不同学校可供开发和利用的课程资源不尽相同，也体现在可供研学旅行课程选用的资源种类、数量都极其庞大，从地方风土人情到尖端科研院所，从人文历史学习到劳动拓展训练，加之学生在不同学段的学习能力、知识储备和三观的形成状态均不相同，也就导致了针对他们而进行的对课程资源的筛选和评价也不同，从而形成了课程资源开发利用形态的多样性。

3. 间接性

有一部分研学旅行课程资源在研学旅行课程设计之前就已经形成了。这一部分资源具有转化为研学旅行课程或支持研学旅行课程实施的可能性，但还不是完全成型的研学旅行课程或不完全具备研学旅行课程实施的现实条件，因此，研学旅行课程资源还有间接性的特点，要经过筛选转化，才能转变为研学旅行课程的基本条件，为研学旅行课程的实施服务。

4. 动态性

研学旅行课程资源存在人为选择上的不确定性。不同区域的区位条件、自然环境、经济水平、民族文化和社会条件等，都影响着研学旅行课程资源的客观存在和动态发展。在研学旅行教育发展的不同阶段，研学旅行课程资源的内涵、外延及内容都不同，因而课程设计者要随时、随势地选择、设计、开发和利用研学旅行课程资源。

5. 可开发性

研学旅行课程资源是客观存在的各种事物，与学校的正式课程相比，它们不一定是规范的、系统的、专门化的，但是课程设计者可以依据一定的目的对研学旅行课程资源进行选择、改造并加以利用。相同的研学旅行课程资源可由不同的主体进行开发和利用，因主体的课程观、知识、能力、水平、实践经验等因素不同，在开发的广度和深度上、在达成研学旅行课程目标的效果上，都会有较大的差异。这同样表明研学旅行课程虽然是可以开发和利用的，但对客观存在的研学旅行课程资源的开发和利用仍将取决于不同的机构和人的主观能动性。

（三）研学旅行课程资源的选择

从课程改革发展的趋势来看，凡是有助于学生主动学习和自我发展的资源都应该加以开发与利用。研学旅行课程资源的选择要遵循办学宗旨，符合学生身心发展的特点，满足学生的兴趣爱好和发展要求，要与课程开发者的教育教学水平相适应。所以，选择、开发研学旅行课程资源，必须反映教育的理想和目的、社会发展需求、学生发展需求、学习内容的整合逻辑和师生的心理逻辑。因此，在对研学旅行课程资源进行筛选时，需要遵循地域性、实践性、开放性、多样性、适应性、趣味性等原则，以满足不同类型的课程教学的需要。

二、研学旅行课程资源分类

（一）按空间来源划分

1. 校内课程资源

凡是在学校范围内开展的研学旅行课程，其资源就是校内课程资源，传统教学课程资源、校本课关联资源、社团课关联资源等均属于校内课程资源。

资源利用：校内课程资源可以延伸到校外研学实践教育的具体活动上，尤其是拓展校本课或社团课等除常规教学之外的研学实践领域。

2. 校外课程资源

超出学校范围开展的研学旅行活动所需要的课程资源，就是校外课程资源，主要包括校外图书馆、科技馆、博物馆、网络资源、乡土资源、自然资源以及研学旅行的国家级、省市级基地（营地）等综合性资源。

资源利用：校外课程资源的利用，包括到校外开发利用课程资源和将校外课程资源引进校内两种方式，具体可借助校外科研机构的实验室资源，开设科技类实验课程；借助建筑、博物馆、科技馆、运动馆等场馆资源，开设博物类课程；结合企业行业等资源场所开设参观考察等活动课程；邀请高校科研机构的专家到校内开展行前课研学课程；邀请校外院校单位机构到校开展研学课程相关的主题活动；等等。

（二）按载体特性划分

1. 人力资源

以人为载体的人力资源，是指研学旅行中具有较高的思想道德素质、丰富的生活经验和广博的专业知识的各类研学旅行指导人员，其最大特点是他们可以直接参与课程实施，并对其他资源进行深度加工。

资源利用：人力资源建设的重点应该放在研学旅行专业发展上，从事研学旅行课程活动的必须是高度专业化的人员，研学旅行课程的人力资源处于流动状态，有必要运用市场化的人员聘用规则，确保研学旅行课程活动所需的人力资源供应；在人力资源的选择利用上，可选择的研学旅行指导人员可以分为 4 个类型，即学校研学旅行指导师、旅行社研学旅行指导师、基地研学旅行指导师和其他研学旅行指导师。

2. 实物资源

实物资源是以现实存在的实物为载体的资源及物化形态的资源。这类研学旅行课程资源被选择和使用得较多，只要是研学旅行中负载信息的实物，都有可能成为此类课程资源，如研学旅行文献信息资源、研学旅行指导师手册、研学旅行学生手册。

资源利用：在选择和利用实物研学资源时，按照研学旅行的具体要求，可以借助文字、图形、符号、声频、视频等方式对资源进行设计，将这些方式记录在研学旅行指导师手册和研学旅行学生手册上，还可以将这些资源制作成实物道具或模型等备用，如主题活动的系列学习材料，研学实践活动资源包等，包括文字材料、音像资料、多媒体课件等多种形式。

3. 活动资源

以活动为载体的活动资源，是指所有研学活动或特定的情境蕴含的丰富资源，表现为特定的机会或情境。这类资源有着艺术化的功效，具有动态性、随机性、即时性等特点，只是在特定的时空条件下存在，是不能完全复制的情境性资源。

资源利用：在选择和利用活动资源时，按照研学活动的具体要求，可以结合具体的场地情况，设定不同的活动项目主题，如上海市教委与上海科技馆开展的利用场馆资源提升科技教师和学生的实践能力的馆校合作活动，就涵盖了"博老师研习会""青少年科学诠释者"等多个子项目。

（三）按资源属性划分

1. 自然课程资源

自然课程资源是课程设计者依据研学旅行行业标准要求，选择用来进行课程开发的自然环境资源的总称。从资源利用上来看，自然课程资源包含了自然生态型资源和劳动实践型资源两类。

资源利用：自然生态型资源是包括自然景观、城镇、公园、植物园、动物园、名胜风景区、自然世界、自然遗产、世界文化遗产、海洋公园、生态环境生态保护区、野生动物保护基地等在内的资源单位；劳动实践型资源是以综合实践基地、示范性农业基地、生存体验和素质拓展基地、学工学农实践场所等为主，规模适当、富有特色、功能完备的可以满足劳动实践教育需要的资源场所。农村地区可以选择土地、山林、草场或养殖水面作为学农实践基地，城市地区可以利用中职院校闲置校舍或相关产业机构的闲置厂房等社会资源，建立工业生产、农业生产、财经贸易、商业服务等各种行业的劳动实践教育基地。

2. 社会课程资源

社会课程资源包括革命传统型、国情教育型、国防科工型、传统文化型等类型，具有一定面积的社会活动场所，是专门设计的教育资源。

资源利用：革命传统型课程资源包括爱国主义教育基地、革命历史类纪念设施、文化遗址等单位。在开发和利用革命传统型课程资源时可以依据其特点，结合国家语文教材中收录的革命传统篇目规划和设计研学活动。国情教育型课程资源包括体现基本国情和改革开放成就的传统村落、特色小镇、大型知名企业、大型公共设施、重大工程等单位。这类课程资源能够引导学生了解基本国情及中国特色社会主义的建设成就，激发学生的爱党爱国之情。国防科工型课程资源包括国家安全教育基地、国防教育基地、海洋意识教育基地、科技馆、科普教育基地、科技创新基地、高等学校、科研院所等单位。这类课程资源能够引导学生学习科学知识、培养科学兴趣、掌握科学方法、增强科学精神、树立总体国家安全观、树立国家安全意识和国防意识。传统文化型课程资源包括旅游服务功能完善的文物保护单位、古籍保护单位、博物馆、非遗场所、优秀传统文化教育基地等单位。这类课程资源能够引导学生传承中华优秀传统文化、核心思想理念、中华传统美德和中华人文精神，坚定学生的文化自信和文化自觉。

（四）按资源层级划分

1. 国家课程资源

国家课程资源主要是指关系国家教育发展和国家课程开发的课程资源，主要包括保证国家组织安全和发展的政治思想及制度化的法律法规，保证增强国家竞争实力的科学技术知识和创新能力的资源，保证民族文化延续和发展的民族文化课程资源。

资源利用：国家课程资源由国家组织专家技术力量进行开发设计，能体现国家意志，反映国家教育标准，确保基础教育课程满足语言与文字、数学、人文与社会、科学与技术、艺术体育与健康等学习领域的基本要求，是专门为未来公民接受基础教育后所要达到的共同素质而设计的课程。

2. 地方课程资源

地方课程资源是指国家内部的各地方所具有的政治、经济、文化、风俗组织等方面的独特资源。开发地方课程资源，保证地方传统文化的继承和发扬，是在全球化时代保持人类文化多元特色的重要手段。

资源利用：地方课程资源作为国家基础教育宏观课程结构中的重要组成部分，由地方教育行政部门组织开发。它既是国家课程的有机补充，又是学校课程的重要依据，具有突出的地域性特征。如以省市为基准，对学生开展的安全教育、心理健康教育、体育与健康教育、公共道德教育、环境教育、国防教育、法制教育、民族教育等都是地方课程的主要内容。课程设计者在开发研学旅行课程资源时，以此类课程资源为出发点，结合地方课程，让中小学生能够在课程资源基地亲身实践课堂上学到的理论知识，切实发挥课程资源基地的育人功能，丰富拓展地方课程教育内容，保证国家教育目标的实现，促进学生自主全面的发展。

3. 校本课程资源

校本课程资源是以学校为本位，由学校自己确定的课程资源，它与国家课程资源、地方课程资源相辅相成，由不同学校的教师根据本校的生源及不同特色的办学目标而开发、实施和评价，目的在于更好地满足学生的实际发展需要。

资源利用：校本课程资源作为一种隐性课程资源，不仅是地方课程资源的具体化，更是对学校课程资源的重要补充，可以弥补两者的不足，最终达到提高教育质量的目的。它在国家基础教育体系中占有一定的地位，学校可以通过校本课程资源的开发和利用满足培养多样化的人才的需求。

三、研学旅行课程资源设计流程

研学旅行课程资源是中小学生研学实践课程建设的基础，对其进行的开发设计需要在形式、内容、目的等方面符合中小学生研学实践课程的基本要求。在研学旅行课程资源的开发设计上，首先应进行研学旅行课程资源的鉴定与筛选，使其符合各类教育规定并适用于课程教学；其次要优化研学旅行课程资源的配置，最大化利用好相关资源；最后还应加强研学旅行课程资源的建设，不仅要使研学旅行课程资源开发设计常规化，还要不断地更新研学旅行课程资源数据库，实现不同地区学校、学科间的数据库资源共享，避免研学旅行课程资源的重复建设和浪费闲置等现象，实现研学旅行课程资源设计与利用的可持续发展。具体可采用以下方法对研学旅行课程资源进行优化设计。

（一）面向学生生活体验

研学旅行课程资源的开发，首先要考虑研学旅行课程资源在内容和形式上是否适应不同学段学生的身心发展特点，是否面向学生生活体验，具体可从资源定位、资源开发和资源挖掘 3 个方面进行研学旅行课程资源设计方法与路径的确定。

1．课程资源精准定位

研学旅行课程资源是设计研学旅行课程的前提。以学生为主体的研学旅行，需要对研学旅行课程资源进行精准定位，以满足不同学段学生的需求为目标，对研学旅行课程资源进行教育价值、环境地位、安全设施、组织规模、师资水平、活动方式和管理制度等方面的调查，以确保研学旅行课程资源开发设计的可行性。

2．资源开发以安全为主

研学旅行课程资源在开发和利用时需要选择"四有课程资源基地"，即有完善的安全防控体系、有安全防控队伍、有安全防控设施设备、有健全有效的安全管理制度。研学旅行必须配备医护服务设施和医护人员，能为学生提供及时的医疗救助，同时要求课程资源必须符合公共场所安全的基本要求。针对中小学生，要有特别的安全管理措施资源，场地内各类安全措施必须运作良好，同时要认真执行相关行业标准，取得有关管理部门的许可，并实现检查达标。

3．课程资源深度挖掘

研学旅行课程资源的开发和利用并非一次性的工作，可采取深度挖掘、广度设计的方法，使研学旅行课程资源能反哺学校的学科教学，也可适时将优秀的研学旅行课程资源通过虚拟现实技术加入共享平台，使学生可以进行课程的预复习及拓展性自学。

（二）网络调查资料收集

进行研学旅行课程资源的开发离不开网络的辅助，通过网络调查可获得最新的研学旅行课程资源的资料，为后期的进一步开发奠定基础。

1．设计模式

研学旅行课程资源设计模式的转变，体现在以研学旅行课程资源实施为导向上，要秉承在实践中感受快乐、在乐趣中享受成果的理念，以立足区域特色打造品牌基地为目标。资料收集要从研学旅行课程资源的建设规划、生态环境实践活动、师资队伍内部管理等方面展开。

2．内容形式

对研学旅行课程资源内容形式的调研，需要按照开展研学旅行课程学校的具体要求，依托研学旅行课程资源本身已有的规划内容展开。

3．实施方式

对研学旅行课程资源实施方式的调研，可以从研学旅行课程资源实施和研学旅行课程资源教材编写两个方面展开。

4．管理形式

对研学旅行课程资源管理形式的调研体现在 4 个方面：研学旅行课程资源安全管理能力、

研学旅行课程资源服务管理能力、研学旅行课程资源目标管理能力、研学旅行课程资源师资队伍管理能力。

（三）通过文献调查进行资源评估

设计者在网络调查的基础上，已对研学旅行课程资源有了初步了解，需再进行文献调查及评估研学旅行课程资源对素质教育的适用性、可用性等，为研学旅行课程的开发和设计寻找科学支撑。通过文献调查对研学旅行课程资源进行评估，将科学的研究成果转变成相应的研学旅行课程的内容，既能保证研学旅行课程的科学性，又能丰富研学旅行课程的内容。

（四）实地考察方案修正

为了加强研学旅行课程资源设计的针对性，设计者须加强研学旅行课程资源与校内课程的有机结合。设计者在网络中进行文献调查的基础上，还应该进行实地考察，与前期准备的资料做对照，将研究数据与实施地点相结合，精选研学地点、路线、内容，设计研学旅行课程方案，并在此过程中对前期准备资料和设计进行修正。

▶▶▶ 任务六　研学旅行课程方案设计

研学旅行课程方案是研学旅行的重要活动指南，直接决定着研学旅行课程线路的设计和研究资源的选择。研学旅行的主题内容、环节的设置、目的地的选择、人员配备、服务支撑等，都需要以研学旅行课程方案为基础。研学旅行课程方案包括主题课程方案和专题课程方案。

研学旅行课程方案
设计

一、研学旅行课程方案概述

（一）主题课程方案的含义

主题课程方案是研学旅行指导师根据研学旅行所用的研学旅行资源单位教材、学校教科书和学校教学总要求，结合研学旅行学生的具体情况，按照研学旅行目标来编制的整体的研学旅行计划，是指研学旅行指导师对某次研学旅行的总体规划与准备，是研学旅行的前提和依据。

主题课程方案实施的基本要求：确保整体方案的思想性和科学性；根据实际情况调整主题课程方案；突出学生亲自动手参与的实践环节；处理好与研学旅行团队人员的关系；处理好跨学科之间的关系；提高研学旅行综合服务质量。

（二）专题课程方案的含义

专题课程是指在实施研学旅行教育教学活动中，为达到某一专门教学目的或解决某一专门问题而为学生开设的教育课程，如陶器制作、剪纸技术等。

研学旅行课程包括主题课程和专题课程，主题课程中的研学内容由众多专题课程组成，专题课程是主题课程的基础，所有专题课程共同组成研学旅行的主题课程。

二、研学旅行课程方案设计要素

（一）主题课程方案设计要素

研学旅行主题课程方案主要包括以下要素：主题课程名称、学校班级、课程方案设计人、项目组长、总课时、研学旅行目的地、具体项目负责人、研学旅行内容、师资配置情况、活动经费说明、研学旅行的方式、研学旅行的方法、安全管理制度及防控措施等。

1. 主题课程名称

主题课程名称简称课程名称，拟定课程名称时要选择能吸引学生关注的内容，要做到课程名称意义准确、突出主题、规范简洁、富有时代气息，详见研学旅行课程主题命名的步骤。

2. 学校班级

学校班级是指参与研学旅行活动的班级，与学校及班级同一场景。不同学段的学生，由于认知程度不同和知识的现有储备不同，接受新知识、理解问题、解决问题的能力也不同，因此研学旅行指导师的教学方法也要有所不同，这就要求研学旅行课程方案的设计应结合学生的身心特点。研学旅行指导师在研学旅行主题课程方案设计中要注重层级性原则，坚持因材施教，不能忽略学生年龄段的差别，采用一刀切的教案。

3. 课程方案设计人

课程方案设计人是指参与课程方案设计编写的专业技术人员。课程方案设计人可以是研学旅行指导师，也可以是其他教育教学专业技术人员。目前课程方案设计人一般由学校业务校长、教务处主任、研学旅行机构课程设计经理、旅行社研学旅行项目经理或者外聘的课程设计专家等专业技术人员担任。研学旅行课程的开发设计需要专业引领和科学规范，只有加强课程方案设计的专业性，才能真正实现通过研学旅行培养学生核心素养的目的，因此课程方案设计人的专业技术水平在整个研学旅行过程中至关重要。

4. 项目组长

项目组长是在研学旅行活动全程随团活动并负责统筹协调研学旅行各项工作的旅行社专业人员。在研学旅行实践中，项目组长一般由旅行社、研学旅行项目部经理或者负责研学旅行的副总经理担任。

5. 总课时

总课时指完成整个研学旅行过程所占用的时间。在研学旅行教学实践中，总课时有的以课时计算，有的以天数计算。

6. 研学旅行目的地

在设计主题课程方案时，研学旅行课程所涉及的研学旅行目的地的全部活动、地点和资源都要有所体现。

7. 具体项目负责人

具体项目负责人是指根据研学旅行项目组长的派遣，负责研学旅行具体项目和内容实施执行的专业人员，具体包括研学旅行指导师、导游、学校代表、带队教师、安全员、项目专家等。

8. 研学旅行内容

研学旅行内容是本次研学旅行过程中所涉及的研学项目。

9. 师资配置情况

研学旅行师资包括参与研学旅行的学校代表、带队教师、研学旅行指导师、安全员、导游项目专家和其他工作人员。在实践中，有的研学旅行项目也会把救生人员、医务人员、安保人员、家长和志愿者列入其中。

10. 活动经费说明

活动经费是举办研学旅行活动所需的各种费用，包括住宿费、餐费、门票、交通费、授课费、服务费、保险费、材料装备费、教材费等。

11. 研学旅行的方式

研学旅行的方式主要有考察探究、社会服务、设计制作、艺术审美、职业体验、体育健康、党团队教育活动、博物馆参观等。

12. 研学旅行的方法

研学旅行的方法主要有课堂讲授法、问题探究法、训练和实践法、现代信息技术法、参观游览法、讲解法等。

13. 安全管理制度及防控措施

安全管理制度及防控措施包括按方案严格履行安全管理工作制度、应急预案操作制度、产品安全评估制度、安全教育培训制度和未成年人监护方法等规定。

（二）专题课程方案设计要素

专题课程方案设计的要素和主题课程方案类似，要突出课程目标、研学内容、研学重点、研学难点、研学教具等要素。

1. 课程目标

课程目标包括三维目标、综合素质目标和目标说明。具体内容见本模块项目二的任务二"研学旅行课程目标设计"。

2. 研学内容

研学内容是指课程设计专家以课程目标为依据，遵循中小学生的身心发展规律，考虑到学生认识活动的特性及研学旅行进程中的经验，将学生所要学习的课程内容选编并形成的课程纲要。它包含学生要参观的景点、场馆和基地（营地）的资源及其蕴含的文化、技术、原理、方法、思想和价值观。

3. 研学重点

研学重点是依据研学旅行目标，在对研学内容进行科学分析的基础上确定的最基本的、最核心的研学内容。一般是研学旅行课程所阐述的最重要的方法、原理、规律、过程，是研学旅行思想和特色的集中体现。它是研学旅行课程必须要达到的目标，也是研学旅行课程设计的重要内容。

4. 研学难点

研学难点是指学生不易理解的知识和问题、不易掌握的技巧等。难点不一定是重点，也有些内容既是难点也是重点，难点有时要由学生的实际水平来决定。对于一般情况下，大多数学生感到困难的内容，研学旅行指导师要着力想出各种办法，有效加以突破，避免这个部分的内容对学生理解后续的研学旅行课程内容造成困难。

5. 研学教具

研学教具指的是研学旅行过程中用来解释说明某事物或者过程的模型、实物、标本、仪器、图表、多媒体等，包括教学设备、教学仪器、实训设备、教育装备、实验设备、教学标本、教学模型等。

三、研学旅行课程方案设计流程

（一）研学旅行课程方案内容

研学旅行课程方案要靠规范的流程来实施，包括研学旅行的具体内容、内容的安排顺序、每个项目所在的具体时间段、每个项目实施所用的时间、具体项目的实施负责人、每个项目的研学地点等。

（二）实施流程

1. 设计原则

实施流程的设计原则是主题方案设计，要遵循教育规律，在研学旅行线路中注入教育元素。

2. 设计要求

设计研学旅行课程方案，务必要树立科学系统的课程体系意识，立足教育性，突出实践性，加强融合性，确保安全性，将研学旅行的育人目标、课程结构、课程内容、实施方式、管理评价等因素统一起来，整体设计，系统规划。

3. 详略得当

研学旅行课程方案可以有详有略。一般来说，新的研学旅行指导师应当写得详细些，有经验的研学旅行指导师可以写得简略些，以不影响研学旅行教学，不改变研学旅行项目内容为前提。

四、研学旅行课程方案设计格式

（一）主题课程方案设计格式

1. 文字式

研学旅行主题课程方案

主题课程名称	学校班级
课程方案设计人	设计时间
项目组长	
学校代表	带队教师
导游	项目专家
总课时	专题课时

课程总目标

研学旅行目的地	师资配置情况
研学旅行内容	
研学旅行的方式	
研学旅行的方法	
安全管理制度及防控措施	
未成年人监护方法	
研学评价	
研学反思	
经费说明	

2. 表格式

具体如表 3-1 所示。

表 3-1　研学旅行主题课程方案

主题课程名称			课程方案 设计人		设计时间	
项目组长		执行人	学校代表		联系方式	
学校班级		研学人数	带队教师		联系方式	
总课时		研学旅行目的地				
课程总目标						
天数	节次	时间	课程内容及流程	方式方法	项目专家	具体负责人
第一天						
第二天						
研学旅行评价						
活动经费说明						
研学旅行反思						
备注						

（二）专题课程方案设计格式

1. 文字式

研学旅行专题课程方案

课程名称　　　　　　　　　　　　　　　　　学校班级
课程方案设计人　　　　　　　　　　　　　　设计时间
项目组长
学校代表　　　　　　　　　　　　　　　　　带队教师
导游　　　　　　　　　　　　　　　　　　　项目专家
专题课时　　　　　　　　　　　　　　　　　研学背景
课程目标
研学内容
研学重点
研学难点
研学方式
研学方法
研学教具
研学旅行目的地　　　　　　　　　　　　　　师资配置情况
研学旅行内容及流程
研学过程
第一步：研学旅行前
第二步：研学旅行中
第三步：研学旅行后
研学评价
研学反思

2. 表格式

具体如表 3-2 所示。

表 3-2　研学旅行专题课程方案

专题课程名称			课程方案设计人		设计时间	
研学旅行指导师		执行人	学校代表		联系方式	
学校班级		研学人数	带队教师		联系方式	
专题课时		研学目的地				
课程目标	价值体认					
	责任担当					
	问题解决					
	创意物化					
研学背景						
研学链接						
研学内容						
研学重点						
研学难点						
研学方式						
研学方法						
研学教具						
研学旅行过程						
研学旅行前						
研学旅行中						
研学旅行后						
研学旅行评价						
研学旅行反思						
备注						

（三）研学旅行课程手册设计

1. 研学旅行课程手册的含义和功能

研学旅行课程手册也称研学旅行手册，是研学旅行资源提供单位结合本单位课程资源实际，组织研学旅行专业技术人员编写的介绍研学旅行课程专业知识的教学参考书，是一种供读者特别是学生随时了解、学习的辅助教材。研学旅行课程手册是研学旅行课程设计理念最直接的体现，是研学旅行机构经验和智慧的结晶，为读者开展研究性学习既提供方向性的指导，又提供必要的基础性资料。

2. 研学旅行课程手册的内容设计

（1）设计单位简介，包括相关单位的名称、历史、战略目标、发展方向、企业文化、服务对象、承接的课程、研究方向、合作伙伴、工作团队等内容。

（2）资源单位介绍，主要是指研学旅行基地（营地）单位的简介，依托旅游景区建设的研学旅行基地（营地）可以编写景区简介、基地（营地）导游示意图、全景图、服务点、研学点的位置分布，并注意定期对新的研学点进行补充，可适当配置图片和背景知识说明。

（3）研学设施简介，包括标注研学设施的分布及功能，研学项目的内容及地点。

（4）研学课程说明，包括课程背景、研学链接、主题课程方案、专题课程方案、费用、社会评价、精彩案例等。

（5）领导小组简介，包括主办方、承办方、第三方主要负责人或者业务负责人。

（6）联系方式说明，包括电话、网站、微信账号、QQ 账号等。

3．研学旅行课程手册设计要求

为了让学生大致了解研学旅行及基地（营地），激发学生的研学兴趣，增强宣传效果，课程手册应图文并茂、编排合理，做到知识性和趣味性有机结合。封面设计风格应符合学生的审美偏好，掌握娱乐性和指导性之间的平衡，帮助学生准确、快速、便捷地掌握信息。

项目三 案例分析：研学旅行课程设计

案例一 无锡——中国近代民族工商业发祥地课程设计

【研学目标】

知识与技能、过程与方法、情感态度与价值观（略）

【研学方法】

1．课堂讲授法 2．问题探究法 3．现代信息技术法 4．参观游览法 5．讲解法

【研学链接】（略）

【教学模式】项目导向式、讲授式、合作式、跨学科学习式

【研学重点】

无锡民族工商业的发展过程、历史地位；通过学习锡商实业救国、爱国、强国的精神，树立为国家、家乡做贡献的远大理想；交流、协作、创造能力的培养。

【研学难点】（略）

【教学任务安排】

研学前

研学前教学任务安排如表 3-3 所示。

表 3-3 研学前教学任务安排表

布置任务	执行内容	要求	任务指导
采访	采访人物：爷爷奶奶/邻居/熟悉的长者。采访主题：无锡工商业的传奇故事。采访内容：讲述无锡工商界名人的故事，也可以是被访人过去的工作故事	1．拍摄采访小视频，鼓励转发抖音、朋友圈。2．记录下你听到的有趣的故事	1．旅行社指派研学旅行指导师协同学校召开研学旅行家长会、行前说明会，并与家长沟通研学计划、目标，让其配合工作。2．举办行前安全知识课堂，发放研学手册。3．研学旅行指导师做好与学校的对接工作
收集资料	可以通过互联网查询，独立完成收集有关无锡近代工商业历史的内容并将其设计制作成资料小卡片	1．将内容打印或手写在彩纸上（颜色不限），长、宽不超过 8 厘米（或同等面积的其他图形）。2．字数为 50～150 字	
课前思考	1. 无锡为什么被人们称为民族工商业发祥地？2. 无锡有哪些新兴产业？无锡的代表性企业有哪些	用笔记录下来	

研学中

研学中教学任务安排如表 3-4 所示。

表 3-4　研学中教学任务安排表

地点	时间	行程安排	行程内容	责任人	学科
无锡市××实验小学	8:00	集合上车	无锡市××实验小学门口统一集合（按设定路线行驶）	带队教师、导游、安全员	
大巴车上	8:30—9:10	乘车	1. 导游介绍研学活动安排，明确研学目标（15 分钟）。 2. 安全员进行安全教育讲解（15 分钟）	导游、安全员	
民族工商业博物馆	9:10—10:40	研学参观	讲解主题：旧中国时期的无锡工商业。 1. 由安全员/研学旅行指导师进行安全防控说明（10 分钟）。 2. 参观第一展区（厂址原貌）（50 分钟）。学生通过实物、图片、多媒体综合演示系统、互动环节等熟悉中国民族工商业的起源、发展、繁荣及其在中国近代政治经济社会中的作用、地位。 3. 参观第二展区（民国商贸一条街）（30 分钟），感受中国民族工商业发祥地——无锡的繁华景象，了解近代锡商反哺家乡，实业救国的历史。 4. 讲解过程中导入问题：无锡为什么被人们称为民族工商业发祥地	研学旅行指导师、带队教师、导游、安全员	语文、思想道德
大巴车上	10:40—11:00	乘车	导游介绍荣氏梅园的来历以及注意事项	导游、安全员	
荣氏梅园	11:00—11:50	研学参观	讲解主题：新中国时期的无锡工商业。 1. 参观老梅园（50 分钟）。线路为"洗心泉"—"诵豳堂"—"乐农别墅"，从故事中了解荣氏家族心系家乡，胸怀祖国的高尚人格魅力。 2. 导入问题：如今无锡有哪些新兴产业？无锡的代表性企业有哪些？ 3. 思考：我们可以用什么方法宣传无锡	导游、研学旅行指导师、带队教师、安全员	语文、历史、国学、思想道德
玫缘里餐厅	11:50—12:45	午餐	提前准备桌牌号码，10 人一桌，核对菜单，安排就餐（55 分钟）	导游、带队教师、安全员	
玫缘里	12:45—13:45	研学课堂	1. 知识讲座和解决问题：研学旅行指导师讲解、梳理历史背景知识后，小组分组讨论上午的导入问题并发表意见（40 分钟），此处需要研学旅行指导师对学生进行即时评价。 2. 外聘设计师制作海报（20 分钟）	研学旅行指导师、外聘设计师	
荣氏梅园荷兰广场	13:45—15:45	研学课堂实践活动	设计制作"无锡近代民族工商业发祥地"宣传海报。 1. 组建小组，并领取制作材料（15 分钟）。 2. 设计制作海报：充分利用研学前获取的资料、采访故事等，主题明确、形式自由（研学旅行指导师、带队教师、导游可以辅导进行）。 3. 作品设计说明：小组口述（确保每人都发言）。 4. 展示作品：荣氏梅园开原寺广场布展，接受游客评分（研学旅行指导师、导游、带队教师就学生研学过程做评价）	工艺师、研学旅行指导师、导游、带队教师、安全员	
	15:45—16:30	总结、返程	总结、表彰。结束后乘坐大巴车返程	研学旅行指导师、导游、带队教师	

研学后（略）

案例分析

　　研学旅行课程方案是旅行社和学校围绕相关教育目标共同制定的，其中研学教学内容主要依托研学基地（荣氏梅园和民族工商业博物馆）资源特色开展。研学教学实施尽管由旅行社委派的研学旅行指导师主导，但好的研学效果离不开学校在研学前大量的准备和在研学中的配合。当然，研学基地在各类教育服务设施方面的投入，也提升了研学旅行的体验性、互动性、趣味性，为教学方式、方法的多样化提供了基础保障。

　　一个好的课程方案是保障研学旅行顺利开展的重要组成部分。以上教学案例节选了研学旅行指导师手册中的教学流程部分。在实际操作中，参与研学教学工作的三方人员，都应对教学流程中各环节的时间和转换的节奏做到了如指掌，并提前做好执行工作的准备。此外，还需要熟悉研学教学中的教学方法、教学模式、教学重点。本案例中，设计理念部分让参与研学教学工作的人员更好地理解把握这次研学活动的目标，分清工作的重点环节，并在每个环节都规定好了责任人，所有教学人员都应根据之前的责任划分做好工作。本案例中，研学教学的时间可以分为研学前的学校教学和研学中的研学基地教学两部分，其中三方人员的配合如下。

　　1. 研学前

　　旅行社指派专人协助学校按照制定的研学安全方案进行了安全知识讲座，并发放研学旅行学生手册。安全知识的讲解内容可以涵盖出行安全、饮食安全、交通安全、人身财产安全、应急安全等方面。旅行社指派专人配合学校召开研学旅行家长会、行前说明会，并与家长沟通研学计划、目标。研学旅行指导师做好与学校的对接工作。

　　2. 研学中

　　旅行社委派的安全员在车上进行安全教学，并全程负责安全事务，带队教师负责纪律。

　　研学旅行指导师在民族工商业博物馆和荣氏梅园执行教学服务时，带队教师应配合管理课堂纪律，导游应对团队人员进行人数清点，防范学生滞留或走失。

　　该案例中，外聘了设计师进行教学，带队教师和导游也要全力配合，负责教学道具的发放、课程纪律的维护、教学中的指导等。

　　研学旅行指导师、带队教师、导游在学生分组讨论问题时做出即时评价，活动结束后要给每位学生的研学过程做最终研学评价。

　　教学过程中如出现学生上厕所等情况，导游要及时引导。

　　研学基地在教学过程中要根据计划划定研学范围并派人负责安全工作，应确保民族工商业博物馆内的体验性教具设施能正常使用并派专人看管。

案例二　"电影的秘密"研学旅行项目课程设计

【研学主题】电影的秘密

【研学地点】无锡×××影城

【研学方法】问题探究法、训练和实践法、参观游览法、讲解法

【课程理论】泰勒课程设计原理

【研学目标】KAPO 模型三维目标

【知识与技能】

　　了解电影的科学小知识，能说出电影简史，对电影的原理可以做出科学的解释，理解放映厅设计的科学原理，并学会阐述理由；听、说、参与电影原理模拟实验，能够独立绘制动

画原理小道具，会结合生活中出现的类似原理举一反三。

【过程与方法】

参与爆米花制作，提升合作学习能力；通过研学旅行指导师讲解、演示电影播放原理，尝试描涂动画设计原理小册，强化自主探索及学习的拓展性；参观放映厅并做简单的科学小试验，建立对物理和科学的好奇心和求知欲；探索"电影小黑屋"，拓展个体知识视野；体验检票工作，促使学生能理解和尊重艺术的多样性，增强其发现、感知、欣赏的意识和基本能力。

【情感态度与价值观】

形成对科学探究的主动性，建立基础的信息意识，在活动参与过程中增强团队协作精神和互助观念，懂得欣赏别人。

【研学过程】

研学内容与目标如表 3-5 所示。

表 3-5　研学内容与目标

活动地点	活动内容	研学目标
三楼影城	开营仪式：宣讲活动内容并拍照留念（10分钟）	协作意识
	1. 讲解电影起源小故事。 2. "视觉滞留"实验（20分钟）	文化知识、理性思维、问题解决
观影厅	1. 讲解电影小知识。 2. 参观电影放映厅，学习声音的科学知识，并做声学实验（20分钟）	技术应用、勤于反思
五楼工作室	电影小黑屋工作人员揭秘工作原理（15分钟）	勇于探究
三楼影城	现场制作爆米花、饮料（20分钟）	劳动意识、技术运用
	选派代表体验检票工作（5分钟）	文明礼貌、法治意识
观影厅	观影（90分钟）	审美情趣
	总结，回家	

【学生研学手册】

（1）世界电影之父是谁？

（2）你能说出几个电影奖项吗？

（3）"视觉滞留"现象：当人们眼前的物体被移走之后，该物体反映在视网膜上的物象滞留的时间一般为_____秒。

（4）声音在以下哪种物质中传播的速度最快？（　　　）

　　　A. 海水　　　　　B. 钢铁　　　　　C. 真空

（5）请按要求至少写出两种动物。

　　能发出超声的动物：_____

　　能听到次声的动物：_____

（6）电影主人公给你留下了什么印象？请写下来并和妈妈讲一讲。

_____

_____

【教学评价】

根据学生在此次研学旅行中的表现，研学旅行指导师对其进行评价。研学旅行项目学生评价表如表3-6所示。

表3-6　研学旅行项目学生评价表（一生一表）

项目		内容	评价			
			很棒	优秀	不错	加油
参与积极性		热情开朗，积极参与尝试，敢于展现自己				
健康的心态		自信、坚强、乐观				
团队意识	规则意识	遵守时间及研学过程中的纪律、景区景点的规定等				
	团结协作	相互尊重、团结互助、真诚相待、有责任心，协作完成小组任务				
	交往能力	尊重他人，讲话主动礼貌，诚实守信，言行一致				
良好的行为习惯	文明礼貌	热爱祖国、热爱家乡				
		举止文明、爱护景区公物				
		言语文明				
	学习习惯	主动学习、积极学习、善于学习				
		善于总结经验，会选择或调整学习策略和方法				
		认真听讲、勇于提出见解				

【安全保障】《研学旅行安全手册》（详见附录A）

1. 线路设计

实地考察研学基地，对研学范围内的所有地方进行安全隐患排查，并划定研学活动范围，确保远离河道。制定合理的线路，避免学生多次过桥，并在活动中配备安全员。

2. 交通保障

选择本市资质齐全的车队，安排车况良好的车辆及经验丰富、素质高的专业司机。

3. 餐饮保障

研学旅行指导师要提醒师生不在小摊上购买食物，如出现食物有异味、变质的情况，应及时更换食物，并向学校汇报。研学旅行过程中的餐饮将由具有国家卫生许可的专业餐厅提供并保证质量，应有专人负责。

4. 保险

所有师生将统一购买研学旅行意外保险。

案例分析

研学旅行是在学中游、在游中学的过程。在确立教学目标和教学课题的过程中，要注意挖掘学生的兴趣。有意思的课题更能吸引学生们的兴趣，设计者要发掘这些有意思的课题的深层意义，让学生能从各个方面得到不同的有益的知识。电影正是如今中小学生的兴趣所在，学生能在以电影为主题的研学旅行课程中学到电影的发展历史、拍摄方式、声光电等方面的知识；研学旅行指导师也可以从不同的方面提问，引导学生们在研学过程中确立正确的人生观、价值观和世界观；同时，学生通过参加制作爆米花、检票等劳动，能学会更多的技术和学会尊重劳动者。整个研学过程充满乐趣和知识，真正实现了在学中游、在游中学的目的。

案例三　善卷洞风景区研学旅行课程设计

"探寻梁祝遗迹·传承非遗文化"善卷洞风景区研学旅行课程

第一部分　研学前须知

一、研学线路

善卷洞风景区溶洞—茶室、茶园、茶厂—善卷洞风景区英台书院—善卷洞风景区陶吧—竹博物馆、竹林

二、研学特色

依托善卷洞风景区所拥有的溶洞文化、梁祝文化、竹文化、茶文化和陶文化，进行研学课程设计，旨在使学生领略优美的自然风光，学习溶洞文化、梁祝文化、竹文化、茶文化和陶文化，传承梁祝、竹、茶、陶等非物质文化遗产。

（1）走进善卷洞风景区，零距离探求大自然的神秘，感受溶洞的自然之美，以户外教学方式增加学生的知识。

（2）身临其境感受中国紫砂文化的气息和独特魅力，结合梁祝非遗文化制作紫砂工艺品。

（3）了解梁祝故事，着汉服，习汉礼，诵经典。

（4）学茶艺，习茶礼，知感恩，了解博大精深的茶文化，感受中华传统文化的魅力。

（5）了解竹制品，亲自动手制作竹制品，探索竹工艺品的奇妙世界。

三、研学内容

第一单元　我是小小地质家

第二单元　我是小小梁祝迷

第三单元　我是小小竹艺家

第四单元　我是小小茶艺师

第五单元　我是小小陶艺师

第二部分　研学前准备

一、研学活动守则

（一）交通安全守则

（1）有序排队上车，系好安全带，不随便将头和手伸出窗外。

（2）车在行驶中请尽量保持安静，不随意调换座位，不嬉戏打闹。

（3）保持车内卫生，将垃圾及时放入已准备好的垃圾袋里。

（4）在车上认真听从研学旅行指导师的安排，如有疑问请举手示意。

（二）活动安全守则

（1）自觉排队进入研学场所，不拥挤打闹。

（2）在研学场所内保持安静，不大声喧哗。

（3）认真倾听讲解员的讲解，如有疑问，请礼貌提问，并感谢解答。

（4）自觉遵守参观场所的相关要求。

（5）爱护场馆内的公共设施，不随意刻画、毁坏公物。

（6）在景区严格听从讲解员的要求，尊重他人。

（三）就餐守则

（1）自助用餐，请排队取餐；按需拿餐，做到不浪费。

（2）就餐结束后应有序离开，爱护公共环境。

二、物品准备清单

同学们，独立生活就要开始啦，快来准备你的旅行箱吧！

建议：在要带的物品名称上打"√"。

研学旅行学生个人物品准备清单如表3-7所示。

表3-7　研学旅行学生个人物品准备清单

物品类别	物品名称	出发时清点	返回时清点
证件类	学生证		
箱包类	双肩包、行李箱、手提包		
洗漱用品类	洗面奶、毛巾、牙刷、牙膏、沐浴液、洗发水、浴巾		
日常用品类	口罩、钱包、纸巾		
衣物类	外套、内衣、睡衣		
学习用品类	研学手册、中性笔		
电子产品类	笔记本电脑、手机、耳机、iPad、充电宝		
药品类	感冒药、晕车药、止泻药、创可贴、防过敏药物		
鞋帽类	鞋、户外帽		
你还想到的物品			

三、研学活动分工表

研学活动分工如表3-8所示。

表3-8　研学活动分工表（学生小组讨论完成）

项目		方案提示
小组成员及分工	组长（姓名及分工）：＿＿＿＿＿ 组员（姓名及分工）： 组员1：＿＿＿＿＿ 组员2：＿＿＿＿＿ 组员3：＿＿＿＿＿ 组员4：＿＿＿＿＿ 组员5：＿＿＿＿＿ 组员6：＿＿＿＿＿ 组员7：＿＿＿＿＿	1. 组长职责：全面负责课题研究，协调小组成员的研究活动。 2. 小组成员的工作可以兼职
需要研究的问题	根据小组分工，在何时何地由谁去完成什么任务，采用什么方法完成任务？ 1. ＿＿＿＿＿ 2. ＿＿＿＿＿ 3. ＿＿＿＿＿ 4. ＿＿＿＿＿ 5. ＿＿＿＿＿ 6. ＿＿＿＿＿ 7. ＿＿＿＿＿	你可以从以下两个方面进行设计安排。 1. 将你们的研究问题分配给个人。 2. 采用上网、去图书馆、实地考察、采访等方法查阅资料
研学后成果汇报形式	1. 作文　　　2. 手抄报 3. 故事集　　4. 采访实录 5. 幻灯片　　6. 摄影展示 7. 实物展示　8. 书法展 9. 朗诵展示　10. VR（虚拟现实技术） 11. 情景剧　12. 其他	你们的成果汇报形式可以是多种多样的，可以采用电子小报、板报、作文、新闻发布等形式

第三部分　研学中课程

第一单元　我是小小地质家

研学地点：善卷洞风景区溶洞景点、研学教室

研学时长：3小时

过程性研学任务：

（1）游览善卷洞风景区溶洞景点，通过讲解员的讲解以及自身观察和触摸钟乳石，感受大自然的鬼斧神工；

（2）完成模拟钟乳石的形成实验；

（3）将自己在溶洞所见所感整理成一首诗歌或者一篇作文；

（4）填写研学活动实践记录表，如表3-9所示。

表3-9　研学活动实践记录表（学生填写）

研学过程记录：

组长评价记录：

诗歌或作文：

第二单元　我是小小梁祝迷（略）

第三单元　我是小小竹艺家（略）

第四单元　我是小小茶艺师（略）

第五单元　我是小小陶艺师（略）

第四部分　研学评价

"探寻梁祝遗迹·传承非遗文化"研学旅行学生评价

研学旅行课程学生评价表如表3-10所示。

表3-10　研学旅行课程学生评价表（学生填写）

评价维度	评价指标	具体内容	自我评价 ☆☆☆☆☆	小组评价 ☆☆☆☆☆
自我管理	文明素养	使用文明用语，不喧哗，不推挤，遵守秩序；爱护环境；爱护公共财物，保护古迹，文明参观		
	遵规守纪	守时，不影响活动行程；遵纪守法，不擅自离队，服从带队教师管理		
	自理能力	保管好个人物品；注意个人饮食卫生；合理消费		
实践探究	参与意识	积极参与活动，乐于表达个人见解；能认真对待小组分工，勇于面对困难，善始善终		
	探究能力	能根据活动主题选择恰当的活动方式开展探究活动；能通过多种方式收集、处理信息及相关活动资料；能够运用所学知识解决实际问题		
团队合作	合作态度	互相尊重，能倾听他人的观点和意见；主动承担小组工作，互帮互助，有责任意识		
	分工协作	发挥各自优势，合理分工；能互相学习，共同进步		
总结成果	总结反思	活动结束能自我总结、反思，积极参与小组、班级的总结交流，用多种方式展示、分享收获和经验		

评价维度	评价指标	具体内容	自我评价 ☆ ☆ ☆ ☆ ☆	小组评价 ☆ ☆ ☆ ☆ ☆
总结成果	成果物化	能够认真完成研学手册，形成形式多样的研学成果（研学报告、图文设计、影像资料、实物作品）；研学成果关注现实问题的解决，具备创新精神		

研学旅行指导师评价：（优、良、合格）

第五部分　研学成果

研学旅行课程成果统计表如表 3-11 所示。

表 3-11　研学旅行课程成果统计表（教师填写）

学习成果	项目名称
文本成果	
影像成果	
制作成果	
其他成果	

第六部分　附件

一、安全应急预案

（一）火灾应急避险

（1）发生火灾时要迅速逃生，不要贪恋财物。

（2）将衣服、被褥等浸湿，披在身上，从安全出口冲出去。

（3）已有浓烟时要捂鼻、蹲下、手扶墙。

（4）如果身上着火，千万不要奔跑，可就地打滚或用厚重衣物压灭火苗。

（5）发生火灾时，不可乘坐电梯，要从安全出口逃出。

（二）集体踩踏性事件应急避险

（1）在拥挤的人群中，尽量走在人流边缘。

（2）发觉拥挤的人群向自己走来时，应立即避到一旁，不要慌乱，避免摔倒。

（3）顺着人流走，切不可逆着人流方向前进，否则很容易被人流推倒。

（4）如果陷入拥挤的人流，一定要先站稳，身体不要倾斜，即使鞋子被踩掉，也不要弯着身子去捡。

（5）在人群骚动时，注意脚下，千万不能被绊倒，避免自己成为踩踏事件的诱发因素。

（6）发现自己面前的人突然摔倒时，要马上停下脚步，同时大声呼救，告知后面的人不要向前靠近，及时分流疏散拥挤人群。

（三）防溺水安全知识

（1）严禁私自下海游泳，严禁跨越护栏捕捉鱼虾蟹贝。

（2）乘船时必须要坐好，不要在船上乱跑，或在船舷边洗手、洗脸，尤其是乘小船时不要摇晃，也不要超重，以免小船被掀翻或下沉。

（3）乘船时，一旦遇到特殊情况，一定要保持镇静，听从船上工作人员的指挥，不要轻易跳水。如果发现有人溺水更不要贸然下水营救。

（4）如果不慎滑落水中，应吸足气，拍打着水，大声地呼救，当有人来救助的时候应该将身体放松，让救助的人托住腰部。

（5）随身物品掉入水中时不要急着去捞，应找专业人员帮忙。

二、相关负责人及学生联系方式统计表

相关负责人及学生联系方式统计表如表 3-12 所示。

表3-12 相关负责人及学生联系方式统计表

（一）相关负责人联系方式

职务	姓名	联系电话
带队教师		
研学旅行指导师		
司机		
紧急联系人		

（二）学生联系方式

姓名	联系电话

"探寻梁祝遗迹·传承非遗文化"善卷洞风景区研学旅行指导师手册
第一单元 我是小小地质家·探秘溶洞

◆ 研学目标

1. 知识与技能

（1）能够用自己的语言解释钟乳石、石笋及石柱的成因。

（2）掌握简单的实验技能。

2. 过程与方法

（1）通过观察钟乳石，能够提出关于钟乳石的各种假设。

（2）能够设计模拟实验验证自己的假设。

3．情感态度与价值观

（1）了解家乡的地质地貌，从而更加热爱自己的家乡。

（2）能够用文字赞美钟乳石构成的千奇百怪、扑朔迷离的景象。

（3）能够积极与小组同学交流讨论，代表小组陈述观点。

◆ **重点、难点、安全隐患点**

重点：通过关于钟乳石的形成原因的猜想和模拟实验等探究活动，初步认识流水的侵蚀作用对地表的影响。

难点：猜测钟乳石的形成原因并通过模拟实验验证猜测。

安全隐患点：溶洞景点内部地面湿滑，防止参观过程中摔倒；在实验过程中，防止玻璃器皿摔碎。

◆ **适宜季节**

全年均适宜。

◆ **活动时长**

3 小时。

◆ **授课对象**

小学 4 年级～6 年级学生。

◆ **授课师生比**

1∶1∶30（研学旅行指导师∶助教老师∶学生）。

◆ **授课地点**

研学教室和善卷洞风景区溶洞景点。

◆ **教具自检清单**

投影仪、丰富的钟乳石图片、视频资料、石灰石、稀盐酸、滴管、盘子、烧杯、玻璃杯、碟子、曲别针、线绳、苏打晶体、蒸馏水。

活动流程提要

1．情境导入

宜兴市在"2021 年全国县域旅游综合实力百强县"位居第 13 名，是全国闻名的旅游城市，其中尤其是以全省乃至全国闻名的善卷洞吸引了全国各地的游人。今天，老师就带领大家游览宜兴善卷洞并共同探究溶洞形成的原因。

（组织学生跟随导游游览溶洞）

宜兴素有"竹的海洋""陶的古都""茶的绿洲""洞的世界"之称。据史志记载，宜兴已被人们发现并命名的溶洞有近 90 个，真可谓"荆溪步步皆胜地，阳羡处处有洞天"。（向学生提问宜兴有哪些溶洞）今天带领同学们参观的是宜兴"三奇"（善卷洞、张公洞、灵谷洞）之首，是神秘莫测而又兼古、大、美、奇于一体的"万古灵迹"，与比利时的汉人洞、法兰西的里昂洞并称为"世界三大奇洞"的善卷洞。溶洞中的钟乳石随处可见，它们形成了奇妙无比的溶洞景观，更体现了大自然的巧夺天工。

2．明确主题

参观溶洞，了解钟乳石的形成原因，掌握钟乳石形成实验。

3．确认方案

本课程主要分为溶洞参观及实验两部分，4～6 人为一个学习小组，采用现场教学法、参观教学法、讲授法、讨论法、演示法、体验法等，鼓励学生发现问题、解决问题。

第一步，对教师进行分工，研学旅行指导师负责教学任务分配和现场教学，带队教师配合研学旅行指导师维持秩序，确保安全，分配教具及辅助教学。

第二步，研学旅行指导师将学生按照4~6人一组分组，选出组长。

第三步，导游带领学生参观溶洞。

第四步，学生用语言描述溶洞景观。

第五步，学生猜测钟乳石的形成原因。

第六步，研学旅行指导师指导学生做实验。

第七步，学生汇报实验结果。

第八步，学生自制钟乳石。

4. 体验探究

研学旅行课程教学实施简表如表3-13所示。

表3-13　研学旅行课程教学实施简表（研学旅行指导师填写）

课程环节	教学方法	教学目标	实施过程	说明
钟乳石的形成	讲授法、演示法	能够根据模拟实验的结果推测钟乳石的形成原因与过程	（1）选择一块石灰岩。 （2）用滴管将稀盐酸滴在石灰岩上。 （3）认真观察实验现象。 （4）滴稀盐酸时要注意安全。 （5）观察石灰岩滴酸后的变化时，不要用手去摸	该部分由研学旅行指导师进行演示教学
自制钟乳石	讲授法、演示法、体验法	能够通过模拟实验的方式进一步完善关于钟乳石的形成原因	（1）自然界中钟乳石的形成需要一个漫长的过程，人类很难看到钟乳石的形成过程，但我们可以通过模拟实验来观察钟乳石是怎样形成的。 （2）提示实验过程（视频展示或者示范讲解）。 （3）研学旅行指导师展示提前一周准备好的实验装置，让学生观察实验现象	—

5. 展示交流

（1）参观溶洞景点后，每组派代表分享溶洞观后感。

（2）观察实验现象，小组内部讨论，并随时做好记录。

6. 反思评价

本单元的教学重点是指导学生通过关于钟乳石形成原因的猜测和模拟实验等探究活动，初步认识流水的侵蚀作用对地表的影响。

活动一"参观溶洞"是在参观的过程中让学生学会欣赏祖国美丽的大好河山，惊叹大自然的鬼斧神工。

活动二"猜测钟乳石的形成原因"是一个比较开放的思维活动，学生在这个活动中要始终遵循"猜测要有根据"的原则。

活动三"自制钟乳石"是延续上一活动的动手活动，希望通过模拟实验的方式进一步完善关于钟乳石的形成原因。

7. 拓展延伸

写一首小诗或短文，表达自己的感受。

第二单元　我是小小梁祝迷·优秀文化传承研学旅行指导师手册（略）

第三单元　我是小小竹艺家·爱竹乐创研学旅行指导师手册（略）

第四单元　我是小小茶艺师·走进宜兴研学旅行指导师手册（略）
第五单元　我是小小陶艺师·当紫砂遇上梁祝研学旅行指导师手册（略）

案例分析

本案例详细展示了研学旅行课程设计的思路、步骤和方案，是初次独立设计课程并实施教学的研学旅行指导师非常实用的借鉴样本。

整个课程设计思路分为研学前——告知学生行前须知，确定研学线路、研学特色、研学内容，准备研学活动守则、物品准备清单、研学活动分工表；研学中——依据研学项目明确地点、时长、任务，制作研学活动实践记录表；研学评价及成果——准备学生、研学旅行指导师、家长三方的研学效果评价表，并设计以适合项目的载体呈现教学和学习成果。

《研学旅行指导师手册》可以被视作研学旅行课程的教案，其中包含课程的研学目标、教学重点、教学难点、课程环节、教学方法、实施过程等要素，需要结合项目具体呈现。与校内理论课程不同的是，研学旅行课程关注实践的操作及学生从中得到的体会和感悟，所以《研学旅行指导师手册》中不可或缺的是"情境导入""体验探究""展示交流""反思评价""拓展延伸"等动手动脑、实践反思的环节。这些环节的呈现方式和文案要求不一定要拘泥于统一的形式，但是这些核心内容一定要体现在课程设计之中。

模块四
研学旅行的教学实施

　　研学旅行课程是课本教育和旅行相结合的新型教育模式，是新时代教育改革的亮点，是学科类教育的教学模式的有益补充。研学旅行不是简单的"研学"＋"旅行"，而是"研""学""旅""行"的有机融合，对学生的动手能力、实践能力、认知能力、总结归纳能力等的综合提升，对学生的创新意识、合作意识、责任意识的培养都有很重要的作用。

　　与以放松身心、亲近大自然为目的的春游、秋游不同，研学旅行的特点在于它以对知识和能力的体验性学习和实践为主，因此研学旅行实施过程中安全要求高、活动方式多样灵活、场所不固定，管理难度较大，这决定了研学旅行的教学实施具有特殊性、实践性、多样性等特点。本模块将对研学旅行的教学实施内容、过程及特点进行系统的阐述。

项目一　研学旅行教学各参与方的任务

　　实施好符合教学要求的研学旅行课程，需要学校、承办方、学生三方的共同努力。下面总结三方在研学旅行课程实施中的任务。

▶▶▶ 任务一　研学旅行教学中学校的任务

一、学校对研学旅行的认识误区

　　根据教育部要求，每个中小学校都应结合本校的办学理念、教育目标、教学内容等，将研学旅行课程纳入学校总体课程设置安排。自 2016 年教育部等 11 部门发布《关于推进中小学生研学旅行的意见》以来，很多中小学校已经逐步设置和开展了研学旅行课程，山东、浙江、福建等省基础教育阶段的研学旅行教育教学体系已经比较完整，但人们对中小学校研学旅行的认识仍然存在误区。

　　一种误区是认为研学旅行就是换个名头的春游、秋游。这种误区导致了一些学校的研学旅行项目流于形式，打着研学旅行课程教学的名义，却仍然以春游、秋游的方式执行。校方、旅行社方、景区方都以带队出游、维持秩序、安全带回为要求，过程中没有教学、体验、实践、讨论等活动，完全起不到研学旅行课程的作用。

　　另一种误区是认为课堂教育才是最安稳的，最好不要让学生走出校园，带来安全隐患。这种误区导致一些学校和教师因为在旅行过程中需要避免安全隐患，需要承担较大的管理责任，就刻意回避组织相关活动及进行相关的课程教学，这种做法虽然规避了一些风险，但事实上是将学生培养成了温室里的花朵，放弃了一个对于学生身心健康成长、实践能力锻炼、全面的世界观和价值观的形成都有着积极促进作用的教育渠道。

在研学旅行过程中，学生的责任担当意识、吃苦耐劳意志、集体观念、抗压能力、动手能力等都能得到很好地培养和锻炼。因此，上述的学校对研学旅行的认识误区首先应该被纠正，研学旅行作为中小学教育中不可或缺的一门实践课程，必须得到不打折扣的执行。

二、学校在研学旅行中的主要任务

中小学校需要在重视研学旅行课程建设的基础上，结合本校的办学理念和目标，为研学旅行课程在课时、师资、专业培训等方面提供制度和管理保障，并对承办方的旅行服务项目、安全防控措施、教育培训计划等提出具体要求。学校要与有资质、有经验的研学旅行项目开发机构和基地（营地）合作，加强研究与交流，让更多的学生、家长、教师等真正全面了解研学旅行，从而更好地为研学旅行的顺利实施创造良好的条件。在研学旅行中学校的权责和工作执行标准，见本书模块二"参与研学旅行的各运营方"的项目一"研学旅行主办方（学校）"。

▶▶▶ 任务二　研学旅行教学中承办方的任务

研学旅行的承办方主要由两部分人员组成。一是各中小学有相应资质和经验的管理者和教师，由他们代表校方自行组织部分研学旅行项目。由于研学旅行项目涉及面广，对安全、专业等因素要求多，目前在我国，由本校教师组织项目和实施课程的研学旅行为数不多。第二是承接各中小学校研学旅行服务的企业或机构，包括有相应资质的旅行社、教育培训机构、研学旅行公司、基地（营地）等，这些企业或机构是目前研学旅行课程教学的主力军。这些旅行社、教育培训机构、研学旅行公司、基地（营地）等企业或机构中负责研学旅行项目管理和课程教学的人员，统称为研学旅行指导师。

研学旅行指导师，顾名思义，就是指导中小学生进行研学旅行的老师，是负责策划、制定或实施研学旅行课程方案，在研学旅行过程中组织和指导中小学生开展各类研究学习和体验活动的专业人员。研学旅行指导师是保证研学旅行质量和育人效果的关键组成要素之一。下面从 4 个方面来探讨研学旅行指导师的素质能力构成要素。

一、参考学校常规教材知识

中小学的常规课内知识是研学旅行必须参照的基本知识体系。虽然研学旅行主张走出户外，利用大自然和社会的有效资源增进学生的自主式互动，但其前提是要将学生的研学课程知识和实践与校内学习的学科知识进行有机结合。研学旅行指导师要以中小学教材为主线，以外部因素为辅线，通过引导与指导，促使学生加深对课本知识的全面理解，并在此基础上进行知识和能力的延伸与拓展。

例如，苏教版小学语文一年级上第六单元的课文《怀素写字》，讲的是古代著名书法家怀素练字的故事。这篇课文的设置是为了鼓励刚开始进入小学学习的同学们认真写字，也鼓励同学们向怀素学习把木板写穿的刻苦精神。研学旅行指导师可以根据课文中的内容寻找有价值的主题项目，开发研学旅行课程，如"中华书法研学旅行课程"。

在江苏省无锡市市中心的崇安寺广场里面，有一堵墙，墙上写着"书圣王羲之洗砚池"。历史上王羲之曾在无锡短暂为官，并且苦练书法，故有此池。在此地研学，研学旅行指导师就可以从《怀素写字》的课文出发，让同学们从课文联系到眼前的洗砚池，还可以把关于王羲之的故事延伸到绍兴兰亭，和他的名帖——《兰亭集序》相衔接。另外，无锡市博物馆有着历代名人的书法绘画展览，研学旅行指导师可以此为研学主题，让同学们知道我国书法的发展历史和欣赏要领，还可以让同学们拿起毛笔，试着写下自己的"墨宝"，提高他们的兴趣。此类研学课程可以让同学们认识到写一手好字有多么重要，也可以让同学们知道中国书法的悠久历史和汉字之美。

策划和实施这个研学课程的前提，是研学旅行指导师必须对我国书法的发展与种类等有较为详细的认知，所以研学旅行指导师要准备如下内容：①我国书法的起源；②书法的发展过程；③主要的书法种类及其代表人物；④中国书法在世界文化史上的地位。研学旅行指导师要结合研学的情景，讲解与校内课程相关的知识和故事，让学生由浅入深、慢慢认识到中国书法的魅力，认识到写一手好字的重要性，这样才是真正的"研"与"学"一体，使研究有法，学习有效。

因此，研学旅行指导师既要注重知识积累，也要注意培养自己灵活的策划能力、丰富的想象力、细致的观察力，以及启发、引导学生学习的能力。

二、了解地方文化风俗

研学旅行的课程除了可以与中小学课本内容联系外，还可以与地方文化风俗相融合。地方文化风俗指的是特定社会文化区域内，历代人们共同遵守的行为模式和习惯，包括个人或者集体的传统风尚、礼节、习性等待人接物的传统文化礼仪等。

研学旅行与地方文化风俗的融合，是合理利用社会资源，培养学生正确的审美观、世界观，把中华优秀传统文化和基础学科教育相结合的一种创新教育，研学旅行指导师在教学中要引导学生从实践中认知更多中华文化的内容，并通过项目学习和实践学会明辨是非、识别美丑，进而在文化认同中传承与发扬优良传统，增强社会责任感和民族自豪感。例如，小学一年级语文课本中有一首汉代的乐府民歌《江南》，其内容如下。

江南可采莲，莲叶何田田，鱼戏莲叶间。鱼戏莲叶东，鱼戏莲叶西，鱼戏莲叶南，鱼戏莲叶北。

这是一首非常形象的描写江南水乡荷塘美景的古诗，生字不多，但活灵活现地展现了江南夏季人们采莲和水中鱼儿欢快嬉戏的场景。如果设计一个研学旅行课题——你印象中的江南，就完全可以和这篇课文联系起来。无论是江南地区还是其他地域的学生，面对这个课题时都会有自己关于江南的解读。地处江南的学校可以组织学生去周庄、同里、木渎、乌镇、南浔、西塘等江南古镇开展研学旅行。研学旅行指导师要让学生们真正认识和理解什么是江南。江南除了诗中写的荷塘，还有白墙黑瓦、糕点糖丸，研学旅行指导师可以让学生参与采莲蓬、制作糕点、制作扇面等活动，帮助学生们认识江南的特殊性、文化特点等，这样既拓宽了学生的视野和发散性思维，又培养了学生独立理解和思考的能力。研学旅行指导师可以通过每个学生的总结，为他们做好归纳与提升。在条件允许的情况下，还可以让学生进行一些命题创作，如手工制作、绘画等。

为了能够圆满完成与地方文化融合的研学旅行教学，研学旅行指导师要在备课时对课程中相关的地方文化风俗及研学旅行基地（营地）中相关的项目进行深入的了解。

三、掌握综合实践能力教学要求

教育部发布的《中小学综合实践活动课程指导纲要》（以下简称《指导纲要》）把活动方式分为考察探究、社会服务、设计制作、职业体验。其中，考察探究下面列举了野外考察、社会调查、研学旅行等活动形式。研学旅行是考察探究的主要形式之一，是让学生在大自然与社会的接触中去研究、去学习，以提高学生各种综合实践能力的重要渠道。

研学旅行必须按照中小学课程的基本要素进行校本化设计和实施，这也是提升研学旅行质量的根本保证。研学旅行是一种校外的教育活动，但是它是《指导纲要》提出的活动方式的重要组成部分，所以应该进一步加强和推广。要将研学旅行进行课程化，真正纳入学校的课程体系，培养更加注重实践、更加亲近自然、更加了解世界、知识和能力更加全面的中小学生。

研学旅行指导师不应全程为学生们代办或者完全操作研学的实践过程，但应创建真实的情境，为学生提供亲身实践或观察体验的机会，让学生通过多样化的活动和实践经历来设计制作、探索研究、发现问题、解决问题，达到培养学生的综合实践能力的目的。

中小学生综合实践能力主要体现在 4 个方面：一是了解认识自然的情感和能力；二是了解认识社会的基本品质和能力；三是对生活的积极态度；四是探索与创新的能力。因为研学旅行着重体现了"实践"与"探究"，所以它是提高中小学生综合实践能力极好的方法，是"读万卷书，行万里路"的具体体现，是我国素质教育的新内容和新方式，为提升中小学生的自理能力、认知能力、创新能力等提供了实践的渠道。

四、关注安全防范与应急管理

研学旅行是校外集体性综合实践活动，无论是交通、餐饮、住宿，还是基地（营地）和自然环境，都可能存在着各种安全隐患。研学旅行指导师在为学生做研学旅行指导和教学的同时，通常也扮演着安全员的角色，需要秉持"安全第一、预防为主"的首要活动宗旨进行教学。我国教育部也明确要求，研学旅行要坚持安全第一，建立安全保障机制，明确安全保障责任，落实安全保障措施，确保学生安全。研学旅行相关机构必须做好各种突发事件应急预案，明确每个人的责任。研学旅行指导师必须提前对学生做好安全教育与提示，为学生提供安全知识读本。在旅行途中，研学旅行指导师要与学校教师配合好，监督学生服从领导、遵守规则，也要做好交通、餐饮、住宿、基地（营地）等相关方面的安全管理工作，将安全放在首位，这样才能将风险降到最低，同时也可以在风险发生时及时执行预案，将损失降到最低。

总结起来，在安全管理方面，研学旅行指导师要做到：明确安全责任到人；做好师生的安全教育；熟悉各项应急预案；不断改进服务，提升服务质量。（关于研学旅行安全管理的内容详见本书模块七。）

⫸⫸⫸ 任务三　研学旅行教学中学生的任务

一、全面发展核心素养

在中小学德育教育方面，国家的要求是，提高中华民族良好的思想道德素质，培养学生树立正确的人生观和价值观，具有自力更生、艰苦奋斗的精神，具有爱祖国、爱人民、爱劳动、爱科学、爱社会主义的思想感情和良好品质，遵守社会公德和文明行为习惯，培养自己管理自己、帮助别人、热爱集体、明辨是非的能力，使其成为有理想、有道德、有文化、有纪律的社会主义小公民。

研学旅行课程的教育对象是中小学生，小学和中学阶段，是人的一生中形成和发展个性、品德和价值观的重要阶段。教育部提出的中小学各学段学生发展的核心素养体系，明确了学生应具备的适应终身发展和社会发展的必备品格和关键能力。学生的核心素养，以

"全面发展的人"为核心，分为文化基础、自主发展和社会参与 3 个方面。在研学旅行教学中，学生要以这 3 个方面的核心素养要求为学习目标，认真准备、积极参与、多思多做、创新实践。

所以，研学旅行课程是以"爱祖国、爱人民、爱劳动、爱科学、爱社会主义"为基本教育内容，以德、智、体、美、劳全面发展为目标，适应时代的要求，强调学生的个性发展，培养学生的创新精神和实践能力的。中小学生的研学旅行课程设置和教学实践要有所区别，小学生在研学旅行课程中主要是为了增强自己对大自然的感受能力，培养和锻炼团队精神和协作能力；中学生在研学旅行课程中则要通过实践和体验等活动，加深或拓展对课堂知识的理解及运用，加强对社会环境的了解，提升自己对人与自然、人与社会的认知与适应能力。

二、认真实践，乐于创新

中小学生研学旅行是由教育部门和学校有计划地组织安排，通过集体旅行、集中食宿的方式将研究性学习和旅行体验相结合的校外教育活动，是学校教育和校外教育相融合的创新形式，是教育改革的重要内容，是综合实践育人的有效途径之一，是教育个性化、多样化和以学生为本的教育理念的体现。通过研学旅行中的实践，学生可以调动自主性和积极性，通过实践探索，在大自然和社会环境中学习从书本上得不到的知识，摒弃死记硬背和机械化、程式化的解题思路，在老师的引导之下主动参与、认真实践、乐于创新、动手动脑，培养自己搜集和处理信息、归纳和分析问题、创新解决问题及沟通协作的能力。

教育部在《指导纲要》中对小学、初中、高中各学段的综合实践活动课程提出要求，主要为培养学生价值体认、责任担当、问题解决、创意物化 4 个方面的意识和能力，目标是使学生能从个体生活、社会生活及与大自然的接触中获得丰富的实践经验，形成并逐步提升对自然、社会和自我之内在联系的整体认识。这也应该是研学旅行教学中学生应自我追求和完成的目标和任务。学生要根据自己的兴趣、能力、特长，有意识地在考察探究、社会服务、设计制作、职业体验等方面积极参与实践活动课程，其中就包括研学旅行课程。

项目二　研学旅行课程的实施过程

研学旅行教育教学的核心是通过研究性学习和旅行体验进行实践育人，它的实施是以课程为主线，以实践为载体的。如前所述，参与研学旅行的各运营方包括研学旅行主办方（学校）、研学旅行承办方（旅行社）及研学旅行供应方（第三方）。

对于作为组织者的学校来说，研学旅行既是机遇又是挑战：一方面，研学旅行把旅行变成课堂，把社会当成教材，把大自然当成老师，给了学校更大的教育空间、更全面的教育环境；另一方面，由于学生走出了课堂和学校，直接面对社会和大自然，也将面对安全隐患和一些突发问题。学校要全面统筹，和承办方、供应方共同细致策划、认真实施、总结归纳，将研学旅行项目顺利推进。学校在规划研学旅行项目、遴选研学旅行承办方、确定教育教学范围与责任后，将研学旅行的课程交给承办方和供应方实施，并在此过程中进行工作过程监督和结果评价。

因此，研学旅行课程的实施，是以研学旅行承办方（旅行社）和研学旅行供应方（第三方）为主体进行的。

▶▶▶ 任务一　研学旅行承办方的教学实施

一、行前准备阶段

作为一门课程，研学旅行首先要确定课程目标，即课程本身要实现的具体目标和意图，学生完成此门课后应该达到的知识、能力、素质等方面的基本标准和要求。研学旅行课程目标设立的依据主要有 3 个：一是要契合中小学生的年龄特点，以满足学生的发展需要为核心；二是要契合学校学科教育内容的范围和需要，以学科教材的知识体系为基础进行延伸拓展；三是要契合社会科学发展现状，使学生了解社会时代和科学技术的最新发展状况。课程目标通常由主办方提出，然后由承办方进行细化落实。

出行前，根据课程目标和课程教学实施的步骤要求，承办方必须制定一份详细缜密的研学旅行项目计划手册，手册应该包括研学旅行组织架构、联系网络、课程简介、行程安排、研学课题等方面，力求做到明确具体、操作性强。手册必须包含严格有效的安全管理制度及预案。

承办方要召集师生开一个"行前说明会"，对行程中的时间、交通、基地（营地）、餐饮、住宿、活动安排顺序等做详细的说明，特别是要强调安全意识，提醒师生对出行风险及安全隐患进行防范和评估。承办方要对为本次研学旅行服务的交通、基地（营地）、餐饮、住宿等单位进行安全检查与评估，要确保参与的单位和工作人员资质合格、经验丰富。只有提前做好各种安全预案，建立完整的安全管理机制，才能保障学生的人身与财产安全，保障研学旅行的顺利进行。

承办方也要在出行前对本机构的相关工作人员进行培训，做好详细的分工表格[包括负责班级、教师、基地（营地）对接人、活动明细等]，明确每个人的工作与责任，将详细计划和负责人安排交与学校，同时做好向上级行政管理部门的报备工作。

上述是行前的计划安排、流程检查和动员会议，这些步骤均由主办方和承办方的工作人员组织和实施。对于参加研学旅行的主体即学生来说，此阶段的一个重要任务是出行物品的准备。无论是出去一天还是多天，旅行必备物品都务必要带好，以免引起麻烦。

（一）证件准备

出行两日及两日以上，请携带身份证或户口本，以便乘车（飞机）及入住时检查，请学生交给教师妥善保管。

（二）常用药品

学生根据自身状况，准备适当的日常用药，如消炎药、感冒药等，请家长标明用量。如学生在旅行期间生病，相关负责人必须安排其到当地的医院就医。

（三）日常用品

一般酒店均有牙刷、牙膏等一次性洗漱用品，毛巾、拖鞋为消毒后重复使用。研学旅行指导师要提醒酒店不得在房间放置不适合学生使用和购买的物品。随身小包、雨伞、手帕纸等需学生自行准备；行李箱建议用轻便装，携带的日常用品须摆放整齐。

（四）随身零钱

研学旅行目的地城市的吃住行等费用均已包含，建议学生携带零花钱 200～500 元，不宜过多。

（五）零食

中小学生出行，零食和饮用水必不可少，但是一般研学旅行费用也包含了餐饮费用，不建议带过多。

（六）联络工具

中学生可随身携带手机，便于记录研学过程、查找网络资料、联络及定位。小学生可带有通话和定位功能的电话手表。

（七）学习用具

学生须带好记录本、笔等学习用具，便于记录研学旅行的学习内容。

最后，出发前一天，承办方必须与学校再次确认出发时间、地点、人数、分车、线路、活动节目等内容；也必须和交通、基地（营地）、餐饮、住宿等方面的单位再次确认接待时间、规模、活动场地及安全隐患排查；同时还要和承担接待工作的内部工作人员（特别是研学旅行指导师）强调安全细节，核对详细行程与活动内容，做到万无一失。

二、行中实施阶段

整个研学旅行最重要的是行中实施阶段，这个阶段也是学生们最直接的实践过程，是检验整个研学计划是否成功的最重要的阶段。行中实施阶段主要包括乘车管理、食宿管理、活动管理3项核心内容。乘车管理包括往返途中、通往旅行目的地过程中、活动过程中的交通设计与管理，涉及乘车秩序、座位安排、文明要求等内容；食宿管理属于生活管理，也是安全管理的重要内容之一。食宿管理较好的方式是提前安排好餐桌人员分配、餐桌号、餐桌长，以及住宿人员房间分配、住宿管理制度、查岗查房等内容，以便实现食宿管理的有效、有序及学生自治。活动管理主要是指研学旅行的实施过程，可以采取以学校、年级、班级为单位的统一管理方式，也可以设计模块化、个性化、微型化的选择性、探究性、合作性管理模式。下面以一个一日行程的研学旅行课题进行举例，具体分析研学旅行的行中实施阶段应注意的问题。

案例

研学旅行课题：拈花湾奇妙的诗词之旅

【设计理念】

（1）以国家方针政策、教育理论为依据，以立德树人为根本任务，以发展学生核心素养为目标设计课程。

（2）新课标中弘扬传统优秀文化的重心不断下沉，国学经典是重点之一，在遵循教育性、实践性、因地制宜、开放性等原则的基础上，以极具知识拓展性的诗词作为课程主题的切入点。

了解拈花湾

（3）在课程内容编排上，充分考虑系统性、完整性、科学性、规范性。

（4）以学生为主，采用新方法激发学生的学习兴趣，通过创设情境对知识拓展进行意义建构。

【主要活动特色】

本课程以情景剧的方式展开，学生"穿越"到古代后跟着古人（研学旅行指导师饰演）展开诗词之旅，每个研学点植入诗词课程目标。研学旅行指导师在参观过程中引导学生探究自然、人文、建筑等。学生在参观过程中与诗仙李白、苏轼（研学旅行指导师饰演）以对诗的方式对话，此过程巧妙地植入诗词。学生与古人在溪头攀谈，此过程巧妙地植入民俗文化。实践课则采用跟"书圣"学写字、跟工匠学工艺的方式，并且"创作手办"让学生在玩的过程中不知不觉达成研学目标。课程主线前后一致，游中有学、学中有游、课前有疑、课后有思。

【研学对象】

3～9 年级学生

【研学时间】

一天（行程安排表如表 4-1 所示）

表 4-1 "拈花湾奇妙的诗词之旅"研学旅行课程行程安排表

地点	时间	行程安排	行程内容	涉及学科	责任人
无锡市××小学	8:00	集合上车	无锡市××小学门口统一集合		带队教师、导游
	8:30—9:20	大巴车上	介绍研学活动安排，明确研学目标（25分钟）及研学注意事项	安全教育	导游
拈花湾小镇	9:30—11:00	研学参观	1. 由安全员进行参观游览安全防控说明（10分钟）。 2. 研学点游览顺序：涧水禅音—半山衔日—梵天花海—拈花塔—五灯湖—禅铃街—云树帆影—三味桥—拈花手作体验馆。 3. 研学旅行指导师穿汉服模拟时空穿越的情境，带领学生学习中国古典诗词、文化、艺术	语文、历史	研学旅行指导师、安全员
研学餐厅	11:15—12:00	午餐	提前准备桌牌号码，10人一桌，核对菜单； 学生餐前背诵《悯农诗》（45分钟）	德育、思想	研学旅行指导师、带队教师
拈花湾手作处	12:15—13:15	研学参观	1. "王羲之"（书画技师饰）讲解中国传统美学并传授中国传统书画绘画技巧（30分钟）。 2. "鲁班"（民间工艺师饰）展示制作的灯笼、团扇等传统手工艺品（30分钟）	美术、手工	书画技师、外聘工艺师
拈花湾研学教室	13:30—15:30	研学课堂	分组进行"诗画拈花湾"主题活动，自行选择方案并制作展示作品（120分钟）。"拈花诗文手作"设计制作课说明：学生分组后采取团队协作方式，创作一首诗歌/美文（体裁不限，内容为拈花湾所见的景物），每组可任选一种道具进行诗、书、画创作表达（道具由基地提供：①灯笼；②团扇；③宣纸）	语文、美术、绘画、书法、劳动与技能	工艺师、研学旅行指导师
	15:30—16:15	总结	1. 反思：在现代生活中还有必要花精力学习中国古诗吗？ 2. 总结、表彰，结束后乘坐大巴车返程		导游、带队教师

【研学参观各教学点注意事项】

（1）主题为"诗词之旅"，所有研学旅行指导师需要全程穿汉服。

（2）拈花湖造雨喷泉有固定展示时间，请提前与基地核实。

（3）参与情景演出的工作人员需要确保自身安全。

（4）研学旅行指导师应熟悉教材知识点，在学生互动的过程中注意教学目标、话题的引导。

上面这个案例虽然简单，但是它包含了研学旅行的基本环节。接下来我们以这个案例来分析课程实施阶段要注意的问题。

（一）安全问题提醒到位

研学旅行指导师必须在出发前和在车上一再强调安全问题，要坚持"安全第一、预防为主"，对司机、带队教师、基地（营地）等都要严格执行安全管理制度，熟悉每个进程中要注意的问题，如提醒司机行车安全、告诉学生行车时系好安全带、提醒学生不要在水边嬉戏等。与基地（营地）联络好后，研学旅行指导师要多排查基地（营地）内的安全隐患，提醒学生注意安全，一旦发生落水、摔伤等意外事故，必须立即与基地（营地）沟通，启动应急预案，快速解决问题，将损失降到最低。

（二）教学内容配合研学现场

研学旅行指导师必须对活动的内容了如指掌，并且熟悉、掌握学校课本中与中华诗词相关的内容，与研学基地沟通必须顺畅，扮演诗人的人员应有代入感，让学生们身临其境，这样学生才能更感兴趣，学习的氛围才更浓。基地要积极配合活动的开展，提供相应的场地和道具，注意做好安全保障工作，积极消除安全隐患，保障师生的生命与财产安全。

（三）参与教学各方的协调配合

参与教学的各方有司机、餐饮供应方、带队教师等，他们都要做好沟通和准备工作，这样才不会忙乱。研学旅行指导师、带队教师、基地（营地）工作人员之间要互相配合，按照研学课程计划有条不紊地展开工作，细化研学活动中的具体执行方法，让学生们能够获得更多的知识和感悟，做好研学课程的过程性评价，完成在基地（营地）中进行的所有课程内容。

即使各方都做好了各种准备，研学旅行项目完全按照规定执行，在旅行中仍然可能会有一些意外情况的发生。为避免出现意外情况，以下是研学旅行过程中一些需要特别注意的问题。

（一）关于住宿

两日及以上的研学旅行项目会涉及住宿问题。当团队抵达住宿酒店后，研学旅行指导师和带队教师负责分房并下发房卡，提醒学生要记住自己房号及室友的联系电话、房卡丢失要赔偿等；学生回房休息前，务必落实集合的准确时间与地点，记住研学旅行指导师和带队教师的房号与电话；入房后，学生应检查房间内的设施是否可以正常使用，床单被褥是否干净；在研学旅行指导师与带队教师查房后，学生尽量不要乱串门，不要影响其他人休息；退房时，学生应检查自己所有的物品，防止遗忘。

（二）关于乘车

学生要记住所乘车辆的公司名称、颜色、车牌号；在车内不要乱扔垃圾，保持车厢整洁；在车辆行驶中，不允许站立走动，要系好安全带。

（三）人身安全

出发前讲解外出安全培训，全员要认真学习，了解安全注意事项；任何时间，未经带队教师许可，学生不得擅自离队；解散前要了解清楚下一个项目的集合时间和集合地点，并按时返回；水边、台阶上安全隐患多，不乱跑、不打闹；如果暂时找不到团队，学生应致电研学旅行指导师或带队教师。

（四）财产安全

出发时，学生应注意不要将行李和随身携带的包落在车上；晚上休息时，学生应锁好房门，保管好房卡；学生外出时，贵重物品要随身携带，把背包放到胸前。

（五）生病就医

一旦学生生病，研学旅行指导师或者带队教师应带学生去附近的医院就医；就医完毕，找医生索要诊断证明、病历本、处方、发票等。

（六）禁带物品

禁带物品主要为危险品、不符合卫生要求的食品以及电子游戏产品，包括易燃易爆物品、刀具、易变质食品、游戏机等。

三、行后总结阶段

在行程结束后，承办方应该督促和指导总结阶段的工作，具体包括以下 3 个方面。

（一）收集各类评价表

（1）收集整理学生的评价表（研学旅行指导师评价、研学课程评价、对自身收获的评价）。

（2）收集整理学校的评价表（研学旅行指导师评价、研学课程评价、对整体落实情况的评价）。

（3）收集整理研学旅行指导师的评价表（对学生体验的评价、研学课程评价、对自身收获的评价）。

（二）归类课程形成性资料

承办方可以将研学旅行中的资料、视频、问卷进行归类整理，还可以将这些材料做成 PPT、视频或者宣传海报。这样，既可以在学校里分享成果，进一步加深学生对研学旅行知识的理解，也可以将其作为今后的宣传材料。

（三）撰写课程总结

承办方应撰写研学课程总结，归纳总结此次行程的成功之处、不足之处、改进措施等，以便以后更好地进行同类课程的教学。

▶▶▶ 任务二　研学旅行基地（营地）的课程实施

研学旅行基地（营地）需要由国家、省、自治区、直辖市相关部门按照相关文件审核后评定挂牌。截至 2021 年，目前全国经审核合格的研学旅行基地（营地）有 400 多家。相比承办方来说，研学旅行基地（营地）在课程实施中的工作相对简单，基本可分为以下 3 个阶段。

第一，行前准备阶段。在学校或承办方与研学旅行基地（营地）联系后，研学旅行基地（营地）确认课程目标与基地（营地）提供的项目服务是否契合。确定研学主题后，研学旅行基地（营地）按照课程目标和承办方的课程内容，进行课程执行准备，同时进行安全排查。

第二，行程实施阶段。研学旅行基地（营地）安排专门工作人员与承办方和学校做好沟通工作，按照研学课程内容安排研学旅行指导师指导学生的实践活动，同时安排安全管理人员配合，确保课程顺利进行。如有突发情况，研学旅行基地（营地）须立即启动安全应急预案，配合承办方和学校积极处理。

第三，行程结束阶段。搜集学生与学校的反馈意见，搜集承办方提出的改进意见，填写评分表，自查研学旅行基地（营地）的环境与设施设备及安全管理制度有无需要改进之处，拾遗补阙，确保研学旅行基地（营地）正常运转，促进服务质量提升。

研学旅行基地（营地）是研学旅行课程的资源，根据资源属性的不同，一般可分为自然类、科普类、人文类、历史类、国情类、国防类等。研学旅行基地（营地）要注重把自身的资源转化为课程活动内容，并且要始终坚持"安全第一、寓教于乐、学旅并重"的原则，确保研学旅行课程从设计到实施都能达到预定要求，并能在现有的项目基础上不断开发符合中小学需要的新的研学旅行项目。

一、研学旅行课程的评价与反馈

研学旅行课程作为学校综合实践活动课程之一，需要建立与校内课程教学评价相符合的科学的评价体系。各方对研学旅行课程实施情况的评价，既是对研学旅行指导师教学能力的评价，也是对研学旅行承办方的管理水平和研学基地的项目效果的评价，将科学系统的评价结果反馈给研学旅行课程实施中的各方，可以促使其有效地改进与提高研学旅行项目的质量。

教学评价是指依据一定的客观标准，对教学活动及结果进行测量、分析和评定的过程。教育评价是对教育质量的价值判断，不仅诊断现实情况、反映问题、评定等级，而且启发思考、激励进步，具有诊断、评定、激励、导向功能。研学旅行课程是综合性课程，其实施需要实施各方的紧密配合，上至教育主管部门的监管协助，中至学校教师的组织配合，下至承办方和研学旅行基地（营地）的落实安排，各方通力协作才能确保研学旅行课程顺利完成。研学旅行课程的评价方案需要以中华人民共和国教育部发布的《关于推进中小学生研学旅行的意见》等文件精神作为主要依据，确保研学旅行课程评价的方向性、客观性和科学性。从研学旅行项目是一种教育服务产品的角度出发，代表研学主体的学生、代表主办方的带队教师、学生家长，都可以作为该产品的用户提出反馈意见，而研学旅行项目的承办方（旅行社）和研学旅行基地（营地）则应详细分析反馈意见，对评价中的共性问题进行整改，以提升服务质量和教学水平。

（一）学生对课程的评价

学生是参与研学旅行课程的主体，研学旅行课程的内容必须适合学生的身心发展状况，在聚焦学生兴趣和需求的基础之上，把知识转化为学生的直接体验或经验，引导学生主动运用各学科知识分析解决实际问题，使学生真正做到"学会认知、学会做事、学会生存、学会合作"。当课程契合学生的学习目标和兴趣时，学生会愉快地参与学习、获得身心的发展。所以，学生对研学旅行课程的评价是最直接的，也是最有参考价值的。

学生的评价分两种：学生的自我评价和学生小组的评价。

学生的自我评价是对研学旅行课程中的感受、成果及不足的记录，是学生正确认识研学旅行课程内容与目标的体现，是增强自身判断力和责任心的重要方式。学生自我评价表如表 4-2 所示。

表 4-2　学生自我评价表

研学旅行 课程名称			学生姓名	
			班级	
日期			人数	
小组名称			带队教师	
评价内容			评价标准	评价结果
1. 你认为自己在此次活动前准备得如何？			A. 很好	
2. 你认为自己此次是否服从管理？			B. 一般	
3. 你认为自己完成任务的态度如何？			C. 较差	
4. 你是否在活动中提出些建议？			D. 很差	
5. 你在活动中是否遇到困难？				
6. 你感觉此次活动有无收获？				
7. 如有建议可在此页背面写出。				
8. 请给此次研学活动打一个综合分。			满分 100	

　　学生的自我评价是对研学旅行课程的直接感受，是学生对自我的直观分析，也是对研学旅行成功与否的直接评价，所以承办方应该认真统计学生的自我评价表，做好分析和回访工作，这对于提升研学旅行课程的设计和实施水平，以及提升研学旅行机构的服务质量，都将起到很重要的参考作用。

　　学生小组的评价是小组活动的总结，是学生之间的相互评价或者小组整体的总结。小组评价执行的前提是研学旅行的活动项目是分好组的，而且各组之间在参与活动时最好是有竞争环节的，这样会提升学生的参与积极性和集体荣誉感。评价表格中要体现小组合作情况、对小组成员的评价和自己在小组中的表现如何等方面的评价标准。研学旅行指导师和带队教师也要对学生做出相应的评价，让学生知道自己的长处与有待提高的方面。

（二）带队教师对课程的评价

　　带队教师通常是学校的教师，他们不仅是研学旅行的参与者，更是研学旅行的策划者和实施监督者，他们对研学旅行课程的评价就是对教育的探究、对提升学生各种能力的方法的发现和总结。通过评价和总结，带队教师能更加了解学生，以便在日常教学中更好地激发学生学习和创新的积极主动性。通常带队教师在研学旅行课程实施过程中起到很重要的作用，他们对课程的评价也是非常客观、非常值得归纳总结的。带队教师的评价表如表 4-3 和表 4-4 所示。

表 4-3　带队教师的评价表 1

学校研学组长			教师代表			
学生代表			班级			
观察 记录	观察内容		评价效果			
			优秀	良好	一般	差
	研学课程	内容丰富				
		目标明确				
		科学性				
	研学旅行指导师	表达能力				
		引导能力				
		完成研学目标				

模块四　研学旅行的教学实施

99

观察内容		评价效果			
		优秀	良好	一般	差
观察记录	研学基地　基地环境及设施				
	实验用具				
	酒店和餐厅　周边环境				
	安全设施				
	用餐卫生				
	全程用车　车况及安全				
	司机服务				
	保险　研学旅行保险				
备注说明					

表 4-4　带队教师的评价表 2

研学课程题目		教师姓名	
研学时间		带班人数	
评价项目	评价标准	评价分数	备注
1. 纪律意识	是否守时、有无缺勤	20	
2. 学习态度	是否认真参与、有无准备和交流	20	
3. 团队合作	是否服从领导、有无有效合作	20	
4. 文明礼仪	公共场所是否文明参观、保护环境	20	
5. 学习效果	是否积极主动、有无见解与获得	20	
总分（每项 20 分，满分 100 分）		100	

学校带队教师对研学旅行课程的评价应是客观、准确的，既要肯定课程实施过程中承办方和研学旅行基地（营地）所做的到位的准备、精细化的管理和研学旅行指导师的精彩指导，也要指出课程实施中各方出现的偏差、疏漏和隐患，因为各方只有不断地发现问题和解决问题，项目和课程才能做得越来越好。另外，带队教师还要对学生的实践活动做出客观评价，这些评价也可以从研学主体的角度反映对项目的满意程度，值得研学机构和校方参考。

（三）家长对课程的评价

家长主要是通过观察和听取孩子的反馈，对研学旅行课程进行评价。虽然家长的评价一般会比较简单，但是因为家长的评价往往包含了从孩子处得到的综合信息，这些评价对研学旅行的质量提升也将具有很好的参考价值。家长的研学评价表如表 4-5 所示。

表 4-5　家长的研学评价表

研学课程题目		学生姓名	
研学时间		家长姓名	
1. 学生在研学旅行前是否知道主题内容？		A. 是　　B. 否	
2. 学生在研学旅行出发前是否做过相关准备？		A. 是　　B. 否	

3. 学生参加完活动回来后个人感受如何?	A. 很好　　B. 一般　　C. 不好
4. 学生个人感觉有无收获?	A. 有　　　B. 无
5. 您对研学课程有何建议?	
备注	

（四）旅行社、研学机构、研学旅行基地（营地）、餐厅、酒店等服务方的评价

旅行社或研学机构的主要参与者和实施者就是研学旅行指导师，他们是整个活动的策划者、执行者和归纳者，他们通过活动的实施发现和总结问题，他们的评价更为细致，也具有很高的参考价值。研学旅行指导师评价表如表 4-6 所示。

表 4-6　研学旅行指导师评价表

项目		内容	评价			
			太棒了	优秀	还不错	加油
参与积极性		热情开朗，积极参与尝试，敢于展现自己				
健康的心态		自信、坚强、乐观				
团队意识	规则意识	遵守时间及研学过程中的纪律、景区景点的规定等				
	团结协作	相互尊重、团结互助、真诚相待，有责任心，协作完成小组任务				
	交往能力	尊重他人，讲话主动礼貌，诚实守信，言行一致				
良好的行为习惯	文明礼貌	热爱祖国、热爱家乡				
		举止文明，爱护景区公物				
		言语文明				
	学习习惯	主动学习、积极学习、善于学习				
		善于总结经验，会选择或调整学习策略和方法				
		认真听讲、勇于提出见解				

除上述评价外，研学旅行基地（营地）、餐厅、酒店等服务单位都是重要的参与者，他们也会根据每次活动提出相关的建议或者意见。无论是学校、旅行社、研学旅行基地（营地）还是师生，都应该多方听取意见和建议，通过完善的评价机制，不断提高研学旅行的质量，让参与研学旅行的学生真正"行有所获、研有所得"。

二、研学旅行课程的改进机制

各方在评价表中会提出一些问题、建议和意见，反映策划和组织各方工作中的不足。学校、旅行社、研学机构、研学旅行基地（营地）等各方都应正确面对这些问题、建议和意见，及时进行分析、反思，不断解决组织和策划等方面的具体问题，以提升管理和执行水平，让研学旅行项目越做越好。为做好评价反馈，各方要注意以下几个方面的工作。

首先，要在每一次研学旅行活动中仔细分析各方的评价表，多问几个为什么，思考问题的原因，找到解决问题的答案。

其次，要在策划和组织活动时，事先了解此前同类活动中出现的问题，看看此项活动中有无与之前相似的问题存在，提前发现并且用合理合法的方式解决这些问题，以提高研学旅行的质量。

最后，参与研学旅行项目的各方应多进行交流，以参观学习、研讨会等方式互通有无，积极改进课程中的策划、组织和实施的方式方法，共同提高课程质量。

项目三　案例分析：研学旅行课程

一次标准的研学旅行课程，应该能够做到主题准确、策划完善、考虑周到、操作细致、安全为先、各方周全。本节以承办方为代表，以一个详细案例来展示一次标准的课程是如何实施安排的。

首先是承办方向学校确认研学主题、课程标准、日期、人数、班级等内容，而后做出一个简单的方案给学校参考，也可以给学生和家长参考；其次在搜集各方意见后，根据学校的要求、学生和家长的兴趣及对研学主题的认知情况做出一份较详细的方案；最后确定研学旅行基地（营地），详细制定整个操作流程并与相关单位联系确认，上报上级教育主管部门进行备案，同时配套安全防范机制。以下是 3 个完整的研学旅行课程教案，从中我们可以比较全面地了解到研学旅行课程的教学实施过程以及各参与方的任务。

案例一　"柔情太湖水、二泉再映月"——江南水文化研学二日游

【研学地点】无锡蠡湖风景区（蠡湖展示馆）、太湖鼋头渚风景区、锡惠风景名胜区
【研学对象】七年级至八年级学生
【设计单位】××研学旅行有限公司
【研学课时】两天一夜
【课程背景】

蠡湖风景区

蠡湖又名五里湖，是太湖伸入无锡的内湖，传说是西施、范蠡功成身退的隐居之地。在城市工业发展初期，这里曾是无锡水污染最为严重的地区之一，蓝藻暴发时整个湖里犹如覆盖了一层"绿漆"，蠡湖水环境整治成为城市变革的重中之重。自 2002 年开始，无锡市人民政府相继对蠡湖实施了生态清淤、退渔还湖、截污、生态修复、动力换水等一系列综合整治工程。经过两年多的精心治理，蠡湖不仅换回了湖光山色，还在创新投融资机制等方面给国家治理水污染提供了成功经验，也为城市化进程中其他城市的环境建设提供了"模本"。

蠡湖展示馆一览

蠡湖展示馆以水为主线，充分展示了"一方水土养一方人"的主旨。蠡湖展示馆展区共分山水篇、人水篇、理水篇、亲水篇、未来篇 5 个篇章，运用图文展板、实物模型、多媒体展示等方式充分展示蠡湖的人文资源、生态资源和建设成果，生动展示了无锡蠡湖地区的人文历史、生态资源。

太湖鼋头渚风景区

太湖面积 2400 多平方千米，是我国第三大淡水湖。太湖风光，融淡雅清秀与雄奇壮阔于一体，鼋头渚为太湖西北岸无锡境内的一个半岛，独占太湖风景最美一角，有着"太湖佳绝处，毕竟在鼋头"的美誉，其内大小园林是中国近代造园艺术的代表。然而，2007 年的太湖水污染事件一棒敲醒人们，既要"金山银山，又要绿水青山"不能仅仅停留在口号上。随着各项环保条例的制定，科学化治理的推进，人们环保意识的提升，太湖

太湖鼋头渚风景区一览

再次展现了"青山伴绿水、湖鸥款款飞"的动人景象。

锡惠风景名胜区

锡惠公园位于无锡市区,占地90公顷,被誉为"无锡露天历史博物馆",其内的天下第二泉为唐代茶圣陆羽品评,水质清澈甘洌,是典型的石英砂岩泉,为历代文人雅士所推崇。中国十大古典名园之一的寄畅园则在造园艺术"理水"方面引二泉水构"八音洞"成为古典园林理水艺术巅峰。公园内映山湖、金莲池、惠山古镇水乡风貌及公园门口的京杭大运河共同构成了江南水文化的独特魅力。

锡惠公园一览

【研学目标】

价值体认:通过了解水污染危害和蠡湖、太湖治理前后的对比,增强环保意识,树立和践行"绿水青山就是金山银山"的理念,加强节约水资源和环境保护的意识;考察探究江南传统水文化和水资源的艺术呈现形式,理解和尊重文化艺术的多样性,形成健康的审美价值取向,增强文化自信,形成热爱家乡、热爱祖国的情感。

责任担当:尊重自然,具备可持续发展理念和对社会的责任感;在研学活动中具有团队协作意识、合作精神,拥有个人与团队的责任感和荣誉感。

问题解决:在观察参观中围绕研学点的小目标能提出有价值的问题,并将问题转化成学习探究的动力;运用自己所学的知识对研学中的主课题展开研究并做出逻辑推理。

创意物化:通过"净化一杯太湖水"创意实践活动,利用所学知识(含操作技能)将一定的想法和创意科学地运用到活动中,并通过特定工具分析和解决问题。

【研学内容】

(1)参观蠡湖展示馆了解无锡的水文化发展史,修复生态、尊重自然、环境优先的理念,以及退渔还湖、生态清淤、挡污截流、生态修复、动力换水的科学手段和流程,并思考"先发展经济再治理?"的做法是否值得提倡。

(2)游览太湖鼋头渚,欣赏祖国大好河山,从古人"逐水而居"到先人"逐水造园",再到太湖在吴越文化精神上的引领进行学习理解。

思考:江南传统水文化与当今环保理念的共通点有哪些?

(3)了解水污染的几大原因并动手做净化水质的实验,然后采取小组讨论的方式对生活中如何控制水污染提出合理建议并做出报告说明。

(4)参观锡惠公园(惠山古镇水乡风貌、寄畅园八音洞、天下第二泉、映山湖)和京杭大运河,全面理解水文化在中国传统文学、园林艺术、政治、经济、现实生活方面的影响,就如何利用水资源做设想并阐述理由。

"天下第二泉"的水

(5)通过实验体验天下第二泉"盈而不溢"的特色,并用科学知识来解释软水与硬水的特性,最后以《二泉映月》为背景音乐观看影视资料,体验历史上著名的"惠山茶会",并学会正确泡茶,从精神层面理解水文化在传统文化中的重要地位。

【研学方式】

(1)考察探究　　(2)设计制作　　(3)参观博物馆　　(4)艺术审美

【研学方法】

(1)参观游览法　(2)问题探究法　(3)训练与实践法

(4)课堂讲授法　(5)讲解法　　　(6)现代信息技术法

【研学工具】

学　生:背包(生活用品)、日记本、笔、研学手册。

组织者：研学旅行旗、条幅、研学手册、教学道具（pH 试纸、PP 棉、TDS 笔、余氯试剂、漏斗、烧杯、酒精灯）、扩音器、急救用品、摄影机、对讲机、奖状及奖品。

【信息技术应用】

蠡湖展示馆：声、光、电高科技环幕影视展现水生态保护建设成果。

水文专家学术报告：PPT 讲演。

惠山古镇二泉水文化：影视播放。

【研学链接】

语文	八年级（下）	第二单元	5. 大自然的语言
		第二单元	14. 应有的格物致知精神
地理	七年级（上）	第二章第二节	海陆的变迁
	八年级（上）	第二章第二节	河流
		第二章第三节	水资源
	（下）	第七章第二节	鱼米之乡——长江三角洲地区
历史	七年级（上）	第十八课	东晋南朝时期江南的开发
	（下）	第十二课	宋元时期的都市和文化
		第十六课	明朝的建筑科技和文学
数学	七年级（下）	第十二章	分类想象找规律
	八年级（下）	第七章	7.1 普查与抽样调查
生物	八年级（下）	第二十六章	留住碧水蓝天
物理	八年级（下）	第二章	五、水循环

【研学重点】

（1）通过蠡湖展示馆的多种方式引导学生多角度对比水污染治理前后的太湖，深入思考并导出研学课题。

（2）让学生在游览太湖过程中亲身体验大好河山，让学生树立和践行"绿水青山就是金山银山"的理念。在鼋头渚游览过程中结合具体研学点穿插太湖对江南文化的影响。

（3）在游览锡惠公园的过程中重点展现江南传统水文化的继承及发扬。

【研学难点】

如何运用所学的知识进行水质改善的探索性实验。

如何理解中国人对水文化从物质利用到精神追求的升华。

【研学过程】

研学前准备

（1）制定研学旅行路线及课程实施方案。

（2）召开研学旅行课程部署会。

（3）公布研学旅行课程方案。

（4）向教育部门进行行前报备工作。

（5）建立研学习小组组织机构（带队教师、小组组长、小组成员名单及角色、责任分工）。

（6）召开带队教师培训会和学生培训会，确定临行前注意事项、分组情况，明确带队老师分工及职责。

（7）提前一天发放《学生研学手册》，布置预习内容并提出几个思考问题。

① 有人说水资源先污染再治理是社会经济发展的必然规律，你觉得这句话对不对，为什么？

② 水资源是人类赖以生存的基础，不仅体现在生理方面，也体现在精神方面，请举例说明。

③ 从个人角度出发，对于减少水污染和节约水资源，你有什么好点子？

研学中行程安排

1. 研学主题教学内容推进次序

水的特性及作用
↓
人类与水的关系
↓
人类与水的冲突与反思
↓
中华传统文化中的水
↓
中国哲学、精神上的水
↓
欣赏水、敬畏水、亲水、保护水、节约水

2. 行程安排

研学旅行项目行程安排表如表4-7所示。

表4-7 研学旅行项目行程安排表

地点/负责人	时间	行程安排	行程内容和实施过程
		第一天	
无锡市××中学/带队教师、导游、研学小组工作人员	8:00	集合上车	无锡市××中学门口统一由带队教师带领列队集合上车，车前车侧贴编号、车前导游举引导标牌
	8:30—9:00	大巴车上	1. 介绍研学内容、活动行程安排、课程纪律（20分钟）。 2. 研学安全注意事项（10分钟）
蠡湖展示馆（勃公岛）/研学旅行指导师、导游、安全员	9:15—11:20	开营仪式	1. 委托方主持，学校代表发言，学生代表发言。 2. 欣赏无锡市歌《太湖美》（15分钟）
		博物馆参观	1. 序厅：讲解路线以水为主线，山水篇—人水篇—理水篇—亲水篇—未来篇，展示"一方水土养一方人"的主旨，让学生理解人和水的依存关系（15分钟）。 2. 展示厅：图文展板、实物模型、多媒体展示蠡湖人文资源、生态资源和水污染治理成果，导入问题：先发展经济再治理的做法是否值得提倡（20分钟）。 3. 地下厅：参观声、光、电环幕影视等高科技手段展示的蠡湖建设成果和未来展望，引导学生根据水污染后果做出反思并给未来提出建议（15分钟）
鼋头渚樱花山庄/导游、研学旅行指导师、带队教师、研学小组工作人员	11:20—13:30	大巴车上	介绍下午的行程安排、午餐安排情况，午餐后办理入住事项（10分钟）
		午餐（樱花山庄）	提前准备桌牌号码，10人一桌，核对菜单，安排就餐（30分钟）
		办理入住（樱花山庄）	统一办理入住手续，学生午休，工作人员查房（30分钟）
鼋头渚景区/导游、研学旅行指导师、安全员	13:30—15:00	景点研学	路线：太湖别墅—横云山庄—长春桥（古帆船）—鼋头渚—濯足处—摩崖石刻 1. 古人逐水而居、逐水造园的思想（太湖别墅、横云山庄）（15分钟）。 2. 美育引导：中国山水审美（长春桥、鼋头渚）（15分钟）。 3. 水孕育的吴越文化和人文精神（濯足处、摩崖石刻）（20分钟）

地点/负责人	时间	行程安排	行程内容和实施过程
樱花山庄研学教室/特聘专家、带队教师、研学小组工作人员	15:00—17:00	学术报告	1. 由特聘专家讲解"太湖蓝藻治理成功经验"（15分钟）。 2. 关于水的知识科普（15分钟）。 3. 现场与专家进行交流（20分钟）
		实践活动	1. 学习水质的分类标准，区分太湖水质属于哪一类。 2. 学习科学净水的方式，4人一组，通过物理和化学知识来净化一杯太湖水。 3. 使用pH试纸测量水的酸碱度，使用TDS笔测试纯净水的PPM值，撰写水质报告。 4. 思考：什么是软水、硬水？如何快速区分
鼋头渚樱花山庄/导游、研学旅行指导师、研学小组工作人员	17:00—17:30	晚餐（樱花山庄）	提前准备桌牌号码，10人一桌，核对菜单，安排就餐（30分钟）
		住宿（总结）	1. 写日记。 2. 洗漱、睡觉（睡前查房）
第二天			
鼋头渚樱花山庄/导游、研学小组工作人员	7:30—9:00	早餐（樱花山庄）	1. 7:30用餐，10人一桌。 2. 餐后退房
锡惠公园/导游、研学小组工作人员	9:00—9:30	大巴车上	1. 介绍当天研学内容、活动行程安排、课程纪律（15分钟）。 2. 车游京杭大运河（介绍京杭大运河在古今政治、经济、文化中的作用）（15分钟）
锡惠公园/导游、研学旅行指导师、安全员	9:30—11:30	景点研学	路线：惠山古镇—寄畅园—第二泉—映山湖。 1. 参观水乡风貌、了解水乡民俗（惠山古镇）（20分钟）。 2. 了解水在园林艺术中的作用，寄畅园的理水成就（寄畅园八音涧）（20分钟）。 3. 了解二泉的历史文化、音乐文化（天下第二泉）（25分钟）。 4. 了解大型人造园林水景代表（映山湖）（10分钟）
惠山古镇研学餐厅	11:30—12:00	午餐（惠山古镇）	提前准备桌牌号码，10人一桌，核对菜单，安排就餐（30分钟）
惠山古镇研学课堂/特聘指导师、带队教师、研学小组工作人员	12:00—14:00	实践活动	1. 学习软、硬水的区分标准，并通过实验判断二泉水属于哪一种（30分钟）。 2. 通过影视资料了解二泉的茶文化，惠山茶会的故事，并亲手泡上一杯茶（背景音乐——《二泉映月》）（35分钟）。 3. 小组讨论：从欣赏水、敬畏水、保护水、节约水等方面提出自己的想法（35分钟）
无锡市××中学/导游、带队教师、研学小组工作人员	14:00—15:30	总结、返程	总结、表彰。结束后乘坐大巴车返程

研学旅行后

1. 收集各类评价表

（1）收集整理学生的评价表（研学旅行指导师评价、研学课程评价、对自身收获的评价）。

（2）收集整理学校的评价表（研学旅行指导师评价、研学课程评价、对整体落实情况的评价）。

（3）收集整理研学旅行指导师的评价表（对学生体验的评价、研学课程评价、对自身收获的评价）。

2. 将研学旅行中的资料、视频、问卷进行归类整理

3. 撰写研学反思报告（成功之处、不足之处、改进措施等）

【安全保障】《研学旅行安全手册》（详见附录 A）

1. 线路设计

实地考察研学基地，对研学范围内所有的地方进行安全隐患排查，并划定研学活动范围，确保远离河道。制定合理的线路，避免学生多次过桥，并在活动中配备安全员。

2. 交通保障

选择本市资质齐全的车队，安排车况良好的车辆及经验丰富、素质高的专业司机。

3. 餐饮保障

研学旅行指导师要提醒师生不在小摊上购买食物，如遇食物有异味、变质的情况，应及时更换食物，并向学校汇报。研学旅行过程中的餐饮将由具有国家卫生许可的专业餐厅提供并保证质量，并有专人负责。

4. 保险

所有师生将统一购买人身意外保险。

［以上案例由行创研学旅行（江苏）有限公司提供］

案例分析

本案例呈现了一次较为优秀而完整的研学旅行课程，详细列出了研学地点、研学对象、设计单位、研学课时、课程背景、研学目标、研学重点、研学难点、研学内容、研学方式、研学方法、研学工具、信息技术应用、研学链接及安全保障；在具体实施过程中，精确到了详细的时间长短、负责人员、相关细节，事无巨细。同时，学生通过参观当地与水有关的景区，了解了水的污染、水的分类、水的文化等，通过参观、讲解和实验，对水的文化有了一个比较全面的了解。研学过程中，由于"安全第一"是非常必要的，所以要制定一份安全手册。

案例二　无锡太湖鼋头渚"动植物多样性探究"研学课程

太湖鼋头渚"动植物多样性探究"研学课程教案

一、课程简介

植物构成了地球绿色生态系统的支架，同时对人类的生存有重大的意义。植物提供给我们食物以果腹，药物以治病，衣物以蔽体，甚至提供给我们每天呼吸的空气，装点我们的生活。许多孩子天然喜欢动物，对其喜欢的动物都好奇，许多孩子把自己"拟动物化"，把动物"拟人化"，自设情景深入了解动物、增进对动物习性的了解，从而增强了实践能力。同时，友善的动物关系对塑造孩子健全的人格及个体的发展，也有意想不到的良好作用，能够在一定程度上提升孩子观察、分析、解决问题的能力。课程以贴近现实生活为特点，带领学生走进形形色色的动植物世界，使学生通过聆听知识讲堂和体验动手动脑实践活动，学会探索自然、发现自然、体验自然、倾听自然，将所学所感转化成个人的自然体验，提高对自然的观察力和感知力，培养热爱自然和尊重自然的情感。

二、课程目标

（一）知识目标

（1）了解鼋头渚景区内的主要资源及文化底蕴。

（2）了解景区内主要动物的名称、生活习性、特点。

（3）了解景区内主要植物的名称、生长特点。

（二）能力目标

（1）在开展研学旅行前，能在网络上对景区进行简单了解。

（2）提高动手能力和审美能力，进行标本制作。

（3）通过有效表达与他人交流自己的探究结果和观点，能运用科学探究方法解决问题。

（4）了解分析、综合、比较等思维方法，培养学习能力、思维能力、实践能力和创新能力。

（三）情感价值观目标

（1）对自然现象保持好奇心和探究热情，乐于参加观察、实验、制作、调查等科学活动。

（2）敢于发表自己的见解；乐于倾听不同的意见，不迷信权威；实事求是，勇于修正与完善自己的观点。

（3）善于从不同角度思考问题，追求创新。

（4）主动与他人合作，积极参与交流和讨论，尊重他人的情感和态度。

三、行程安排

太湖鼋头渚"动植物多样性探究"研学课程行程安排表如表4-8所示。

表4-8　太湖鼋头渚"动植物多样性探究"研学课程行程安排表

	时间	行程安排	行程内容	责任人
第一天	8:00	集合上车	无锡市××酒店门口统一集合	带队教师、研学旅行指导师
	8:20—9:00	大巴车上	介绍研学活动安排，明确研学目标及研学注意事项	研学旅行指导师
	9:10—11:50	分组参观鼋头渚景区	1. 由安全员/研学旅行指导师进行安全防控说明。2. 在研学旅行指导师和导游的带领下分组游览太湖鼋头渚景区	研学旅行指导师、导游、安全员
	12:00—13:00	午餐、休息	提前准备桌牌号码，10人一桌，核对菜单，安排就餐	带队教师、研学旅行指导师
	13:30—17:00	研学探究与实验	研学课堂：动物多样性研究。1. 景区内动物种类调查。2. 昆虫标本制作	研学旅行指导师
	17:00—19:50	晚餐、景区内文娱活动	景区××广场开展野营、文娱活动，讲述与鼋头渚相关的经典故事	导游、研学旅行指导师、安全员
第二天	8:00	集合上车	无锡市××酒店门口统一集合	带队教师、研学旅行指导师
	8:20—9:00	大巴车上	介绍第二天的研学活动安排，明确研学目标及研学注意事项	研学旅行指导师、安全员
	9:10—11:30	研学课堂	植物课堂：植物种类识别，拓印画制作	研学旅行指导师、带队教师
	12:00—13:00	午餐、休息	提前准备桌牌号码，10人一桌，核对菜单，安排就餐	研学旅行指导师、带队教师
	13:30—16:00	研学课堂	植物课堂：植物生长状况调查；微景观制作	研学旅行指导师、外聘设计师
	16:00—16:30	总结、返程	总结、表彰。结束后乘坐大巴车返回	研学旅行指导师

四、课程学时

12 学时。

五、课程总结

活动结束后，学生完成研学任务，提交研学手册，选择合适的展示方式，对研学过程的所见所得进行成果展示。

六、课程评价

（1）通过自评、同学互评、教师点评、呈现点评 4 个方面开展研学旅行整体评价。

（2）从知识、能力、情感态度价值观 3 个角度进行评价，包括具体知识的掌握程度、不同能力的提升程度、情感态度价值观的达成等。

研学前准备

参考模块三的案例三"善卷洞风景区研学旅行课程设计"第二部分"研学前准备"。

研学活动手册

亲爱的同学们，欢迎你们来到无锡太湖鼋头渚景区！

古人常说"读万卷书，行万里路"，行路和读书同样重要，常年遨游在课本中的你们，是否认真观察过身边的景色、祖国的风光？我们在通过课堂学习对世界有了一定的认知后，需要通过户外实践亲历躬行以获得真实的认知、心灵的洗涤，我们相信最好的教育在路上。

景区简介

鼋头渚是横卧无锡太湖西北岸的一个半岛，因巨石突入湖中形状酷似神龟昂首而得名。明末清初无锡人王永积编著的《锡山景物略·卷之五》所列"独山门·鼋头渚"条目称："更有一巨石，直瞰湖中，如鼋头然，因呼为鼋头渚。"

鼋头渚风景区是一个著名的近代园林，始建于 1916 年，自 20 世纪以来，无锡涌现了一大批吸收西洋文化的私家园林，鼋头渚就是其中规模最大的一个。它由清末举人无锡商会会长杨翰西建造，他巧妙利

太湖鼋头渚风景区一览

用真山真水建园，把这私家园林建得三分人意七分自然。这里是欣赏太湖的绝佳处。1958 年，郭沫若畅游太湖留下了"太湖佳绝处，毕竟在鼋头"的诗句。

鼋头渚作为天然景观与人工群落共存的景区，景观疏密有致，季相多样，有着丰富的动植物景观，是探究动植物多样性的绝佳研学点。

这里有一脉青峰，从充山逶迤而下，直伸入太湖的波涛之中。

那块被神化了的巨石，被三面湖水环抱，犹如一只神鼋昂立于碧波之中，鼋头渚由此得名。

不识鼋头真面目，只缘身在此鼋中。景区内虽无法亲眼见到"鼋"，但我们却深处"鼋"中。

鼋老师动物课堂

鼋头渚

渚：《尔雅》曰"小洲曰渚"，指水中的小块陆地。

鼋：龟鳖科中的一属，特点是体形大，体重可达100千克，属于世界濒危保护动物和中国国家一级重点保护野生动物。

危鼋渡河

《西游记》故事之九

黑天鹅：鸭科天鹅属的一种大型游禽，体长110～140厘米，翼展160～200厘米；具有天鹅种类中最长的脖子，脖子通常呈"S"形拱起或直立；全身羽毛卷曲，主要呈黑灰色或黑褐色，腹部为灰白色，飞羽为白色，虹膜为红色或白色，跗跖和蹼为黑色。

黑天鹅原产于澳大利亚，是天鹅家族中的重要一员，为世界著名观赏珍禽，栖息于海岸、海湾、湖泊等水域，成对或结群活动，食物是各种水生植物和藻类。

红嘴鸥：俗称"水鸽子"，体形和毛色都与鸽子相似，体长37～43厘米，翼展94～105厘米，寿命32年。嘴和脚皆呈红色，身体大部分的羽毛是白色，尾羽为黑色，脚和趾为赤红色，冬时转为橙黄色，爪为黑色。

红嘴鸥数量多，喜集群，在世界的许多沿海港口、湖泊都可看到，一般生活在江河、湖泊、水库、海湾，主食鱼、虾、昆虫、水生植物等。

红嘴鸥的繁殖范围广泛，从格陵兰岛的南端和冰岛一直延伸到欧洲和中亚地区，堪察加半岛东部，俄罗斯的乌苏里兰和中国东北的黑龙江。

鼋老师小任务

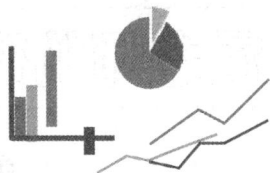

1. 对比鼋和龟的区别，完成表4-9。

表4-9　鼋龟异同对比表

对比项目	鼋	龟
体形		
饮食		
生活习性		
其他		

2. 在田字格内正确写出"鼋"字。

3. 鼋头渚景区内动物种类丰富，动物的活动具有不固定性，需要同学们具备敏锐的观察能力才能观察到，请将你观察到的太湖标志性动物以速写的形式记录下来，这也是对形象的记忆能力及绘画能力的考验噢！

鼋老师的研学实践课堂

昆虫标本的采集、制作及保存

研学任务

学会昆虫标本的采集、制作及保存方法等技术。

分组

一般每组4~6人，设组长1名，副组长1名，成员若干。成员可设安全委员、救助委员、生活委员、纪律委员等，保证个个有岗位，人人有职责，事事有人管。

活动安全守则

（1）自觉排队进入场馆，不拥挤打闹。

（2）认真倾听讲解员的讲解，如有疑问，请礼貌提问，并感谢解答。

（3）自觉遵守参观景点的相关要求。

（4）爱护景区内设施，不随意刻画、毁坏公物。

（5）在景区内严格听从讲解员的要求，做好记录和摄影工作。

需掌握的内容

一、昆虫标本的采集

采集昆虫，必须了解它们的栖息环境和生活习性，抓住各种虫态的发生季节，同时善于运用各种采集工具并使用正确的采集方法，才能取得预期效果。

（一）采集用具

捕虫网、毒瓶、吸虫管、指形管、活虫采集盒、采集箱（盒）、诱虫灯、放大镜、三角纸包。

（二）采集方法

1. 网捕：对于飞行迅速的昆虫，可用捕虫网迎头捕捉。

2. 振落：对于高大树木上的假死性的昆虫，可用振落的方法进行捕捉。

3. 诱集：利用昆虫的某些特殊习性而采取的一种招引昆虫的方法。

4. 搜索和观察。

（1）在昆虫的栖息场所寻找昆虫；

（2）根据植物被害状寻找昆虫。

二、昆虫标本的制作

昆虫标本的常见制作方式有以下几种。

（一）干制标本的制作

1. 制作用具

昆虫针、三级台、展翅板、三角台纸、黏虫胶、三角形或方形软木板、标签。

2. 制作方法

（1）针插：用于制作和保存各种成虫。

注意：针插部位随昆虫种类而异，一方面是为了插得牢固，另一方面是为了不因插针破坏虫体的鉴定特征；插针后，用三级台调整虫体在针上的高度，针的顶端与虫体之间应留有8毫米的高度。

（2）展翅：蛾、蝶等昆虫进行针插后还需要展翅。

注意：鳞翅目昆虫以两前翅后缘左右成一直线为准；脉翅目和蜻蜓目昆虫则以后翅前缘

左右成一直线为准；蝇类昆虫和蜂类昆虫要以前翅的尖端和头相齐为准。

（3）整姿：鞘翅目昆虫和大多数半翅目昆虫针插后需整姿，即使前足向前、中足向两侧、后足向后，短的触角伸向前方，长的触角伸向背两侧，使之保持自然姿态。

（4）胶黏法：一些小型昆虫标本可用胶黏法，即先将三角台纸底部插在昆虫针上，然后用黏虫胶将小虫黏在三角台纸的尖端（纸尖黏在昆虫的前足与中足间），三角台纸的尖端向左，虫的前端向前。

注意：切勿黏住腹面及足的任何部分。

（5）二重针插法：适用于只能用微针（00号短针）针插的小型昆虫，即将针尖插在虫体的后胸中央之后，再把针头插在三角形或方形软木板上，附上标签即成。

（二）浸制标本的制作

对于卵和细小昆虫，可以直接放入指形管中，加入保存液保存。对于体型较大的幼虫和蛹，要先在开水中煮沸5～10分钟，直到虫体硬直，再放入指形管中加保存液保存。标本经过这样处理，不易变色和收缩。对于其中的幼虫，体内水分较多，应在浸制过程中，更换几次保存液，以防虫体腐烂。

保存液在容器内的加入量一般以容器容积的2/3左右为宜，昆虫放入量以标本不露出液面为限，然后加盖，用蜡、火漆或封口胶封口，便可长期保存。

（三）玻片标本的制作

微小昆虫和螨类需制成玻片标本，一般采用阿拉伯胶封片法。

（四）生活史标本的制作

生活史标本是将一种昆虫的各个虫期以及其被害状和天敌等集中起来装在一个盒内。通过生活史标本，人们能够认识害虫的各个虫态，了解它的危害情况。制作时，先要通过收集或饲养得到昆虫的各个虫态（卵，各龄幼虫，蛹，雌、雄性成虫）、植物被害状、天敌等，然后综合运用干制、展翅、浸渍、吹胀及玻片等标本制作法制作而成。

三、标本标签的制作

标本制成后，必须附有正确记录的标签。标本的价值很大程度上取决于标签的有无和记录质量的好坏。没有标签或标签书写不清的标本，均会失去科学的价值和用途。标本通常附有两个标签：采集签和定名签。采集签记载采集日期、地点、寄主、采集者等；定名签记载昆虫的种名和学名。标签上的记录要简要明确，一般用绘图墨水或软铅笔书写，力求清晰端正，使人一目了然，标签要和标本连在一起。

四、昆虫标本的保存

（一）临时保存

成虫一般会经毒瓶毒死，可暂时放在三角纸包里。卵、幼虫、蛹及小型标本，放在装有保存液的标本瓶、小试管等器皿中，封盖严密。

（二）长期保存

1. 标本盒。针插标本必须插在有盖的标本盒内。标本在标本盒中可按分类系统或寄主植物排列整齐。标本盒要求制作精细，密封性强，并定期放入樟脑球纸包或对二氯苯。

2. 标本橱。为防止灰尘、日晒、虫鼠蛀蚀和菌类的侵害，应将标本盒分类收藏在标本橱里。每年都要全面检查两次，若标本发霉，应在橱中添加吸湿剂，并用二甲苯杀死霉菌。

3. 浸渍标本最好按分类系统放置，瓶口要严密，除封口外，还可以在浸渍液表面加一层液体石蜡，以防保存液蒸发。

鼋老师植物课堂

鼋头渚的樱花

樱花（花期3～4月）

樱花原产自北半球温带环喜马拉雅山地区，在世界各地都有生长。花每枝3到5朵，成伞状花序，花瓣先端缺刻，花色多为白色、粉红色。花常与叶同放或叶后开花，樱花花色随季节变化，幽香艳丽，常用于园林观赏。

樱花最佳观赏点

长春桥、樱花谷、赏樱楼、充山隐秀游步小道为太湖风景的精华所在，素有"太湖第一名胜，中华赏樱胜地"的美誉。作为"世界三大赏樱胜地"之一，无锡鼋头渚樱花谷内有3万多株、100个品种的樱花树。樱花节期间，樱花如云似霞、满树烂漫，春风轻拂、落樱飞舞，美不胜收。樱花盛开的日子，不用再远赴日本，樱花天堂就在身旁。每年3月开始，景区为期近两个月的国际樱花节已成为国内著名的旅游节庆活动。

荷花（花期6～9月）

荷花又名莲花、水芙蓉等，是莲属多年生水生草本花卉，地下茎长而肥厚，有长节，叶盾圆形，单生于花梗顶端，花瓣多数嵌生在花托穴内，有红、粉红、白、紫等色，或有彩纹、镶边。坚果椭圆形，种子卵形。荷花种类很多，分观赏和食用两大类。荷花原产亚洲热带和温带地区，中国早在周朝就有栽培记载。荷花全身皆宝，大多部位都可食用或入药。其出淤泥而不染之品格恒为世人称颂。

荷花最佳观赏点

"藕花深处""十里芳径""大觉湾"等每到夏日，荷花盛开，在塘边站定，迎面吹来的是带有淡淡花香的清风。塘中遍植红白荷花，夏日凉风动水，清香四溢。夏日是观赏荷花的好季节，荷叶飘香诱人醉，可谓是"一夏胜景正此时"。鼋头渚内以樱花而闻名的"长春桥"畔，种植的满塘青莲粉荷更是深得游人的喜爱。

茶梅（花期11月～次年2月）

茶梅属于山茶科、山茶属的小乔木，嫩枝有毛。叶革质，椭圆形，上面发亮，下面为褐绿色，边缘有细锯齿，叶柄稍被残毛。花大小不一，苞片及萼片被柔毛；花瓣阔倒卵形，种子褐色，无毛。树形娇小、枝条开放、分枝低、易修剪造型。该种因叶似茶、花如梅而得名。

茶梅最佳观赏点

雪影山房旁。挹秀桥在充山和鹿顶山之间，凌空架一桥接通。桥洞拱圆形，像雄关耸峙在深谷中。桥上接连建3座亭子，顶端是碧色琉璃瓦。由此穿林登山，前有陈仲言所建的小屋三楣，名"雪影山房"，后有洞池，名"甘泉"，旁有百年茶梅，上坡有新辟的照影池，建有西子轩、浮望亭等纪念西施的建筑。

鼋头渚景区内植物种类丰富，其中观赏植物园分为兰苑、竹类区、樱花区、山茶区、水生植物区、温室引种区、天然植被保护区、岛屿植物区、梅园、杜鹃园、吟苑盆景区、花卉园艺中心12个部分，总面积达400公顷。目前杜鹃园已收集园艺珍贵品种200余种，兰苑已收集兰科植物400种。此外，樱花品种已超过40种，已建的中日樱花友谊林在日本影响较大。梅花已达70多种，水生植物区内的景观更加丰富。

想一想，你看到了哪些植物？写一写吧！

我们来鼋头渚是_____月，我能识别_____等____种植物。

小活动：拓印画

1. 工具及材料准备

手持数码显微镜、各种树叶和花朵、颜料、画纸、学生科研套装（两个小试管及配套支架）、水、墨水或食用色素。

2. 活动场景

学生分组，每组一个手持数码显微镜，准备观察各种树叶。

3. 活动过程

（1）观察树叶

研学旅行指导师请学生用手持数码显微镜仔细观察树叶，并说明这些树叶有什么相同或不同的地方。

（2）了解树叶的组成部分及叶脉的作用

研学旅行指导师简单介绍树叶的组成部分及叶脉的作用，带领学生用手持数码显微镜来找找刚才所说的叶子的组成部分。

（3）用树叶或花朵来做拓印画

研学旅行指导师分发画纸，每组分配一盘颜料，利用树叶的形、色、美，巧妙组成有趣的图案。学生发挥想象力，看看哪一组最有特色。

鼋老师小任务

任务目标

1. 认识样方地区常见的园林植物，认知鼋头渚植物资源的丰富多样，感受大自然的神奇和脆弱，领悟植物保护、生态保护的重要性。

2. 掌握植被调查的基本方法，初步分析植被与环境之间的关系。

（1）分组完成每组30～50种植物种类的识别。

（2）根据小组植物样方调查，完成表4-10。

表 4-10　植物特征记录表

调查者：　　　　　样方地点：　　　　　日期：　　　　　样地面积（平方米）：

植物名称	平均高度（米）	多度	优势度	物候相	生活力	其他发现

注：因景区特殊性暂不采取专业性取样考察方式，仅进行景区片区植物特征考察。

指标填写小贴士如表 4-11 所示。

表 4-11　指标填写小贴士

指标	定义及填写方式
识别	了解识别植物的科属、生长习性及环境条件
多度	该物种在样地出现的个体数量
	1：稀少，2：少见，3：常见，4：多，5：很多
优势度	该物种在群落内所起的作用和所处的地位，如对其他物种的影响等
	+：稀少或者非常稀少，盖度非常小
	1：很多，但覆盖的面积小
	2：大量或至少覆盖 5%的面积
	3：任何数目，覆盖 6%～25%的面积
	4：任何数目，覆盖 26%～50%的面积。
	5：任何数目，覆盖 51%～75%的面积。
	6：覆盖面积超过 75%
物候相	该植物在群落中出现的物候特征现象
	发芽、生叶、现蕾、开花、果熟、落叶
生活力	该植物在群落中生命活动的能力和强度
	强：植物发育良好，枝干发达，叶子大小和色泽正常，能结实或有良好的营养繁殖
	中：植物枝叶的发展和繁殖能力都不强，或者营养、生长虽然较好但不能正常结实繁殖
	弱：植物达不到正常的生长状态，甚至不能结实

课后思考：植物的生长与其身处的环境有什么关系？

💡 **注意**

在考察统计过程中一定不能采摘、伤害植物哦！

3. 中国园林景区是时空融合的艺术，是流动的空间，其中的植物、水系等都具有生命力，在了解过鼋头渚景区的动植物资源并收集部分资源后，动手制作微型景观瓶，将属于你的"太湖"带回家吧！

我收集到的景观有：

景观瓶内还需设置的景观由你设计与安排的有：

☆简要步骤

1. 铺一层轻石；
2. 铺一层浸湿的水苔；
3. 铺一层厚厚的营养土，注意前低后高；
4. 种植较高的植物；
5. 将用于装饰的大块石头定位；
6. 种植低矮的植物，同时铺苔藓，遮盖营养土；
7. 用蓝色的小颗粒铺湖泊/河流；
8. 放一些玩偶进行装饰；
9. 往景观瓶里加水保湿。

💡 **注意**

　　动植物多样性是维持生态平衡、促进人与自然和谐发展的重要成分，每个物种都具有独特的作用，保护生物的多样性是人类共同的责任！

电老师的研学评价

参考模块三的表3-10"研学旅行课程学生评价表"。

研学感悟（学生填写）：

（研学活动手册完）

✍ **案例分析**

　　本案例的重点在于《研学活动手册》，它是研学旅行课程执行前发给学生的学习材料，其中包含背景知识、教学要求、实践作业等，是学生在研学旅行课程学习中很好的参考书和实践练习册。本课程的主题是"太湖鼋头渚动植物多样性探究"，而鼋头渚是横卧无锡太湖西北岸的一个半岛，面积达539公顷，水陆相交、动植物繁杂。寻找具有代表性的、易于在该区域找到的动植物，是课程最基本和核心的要求。这份设计精细、呈现精美的《研学活动手册》就很好地体现了课程设计的思路和实施的具体方法。

　　手册首先介绍了太湖鼋头渚风景区，将"鼋"字的讲解与《西游记》里的故事情节结合起来，能很好地引发学生的兴趣；选择了在该景区常见的黑天鹅、红嘴鸥作为可观察的动物的代表，樱花、荷花、茶梅作为可观察的植物的代表，并讲解昆虫采集、标本制作和植物拓印画的制作方法，可以让学生在动手的过程中更具体地接触、了解动植物。"植物特征记录表"和微型景观瓶的制作，更是将理论和实践有机地结合起来，通过成果展示呈现所学知识，也让亲手收集到标本和制作出景观瓶的学生更有成就感。

案例三 "畅游梦里水乡，传承传统文化，歌唱伟大祖国"荡口古镇研学之旅

设计理念

（1）课程设计以立德树人、培养学生文化自信、热爱伟大祖国为根本目的，以安全性、教育性、体验性、公益性为基本原则。

（2）研学课程采用"一课三环"法（即一个课程三个环节：学案导学、交流展示、巩固提升）设计，结合水乡特色、基地资源，重点开展传统文化教育、爱国主义教育和国情乡情教育。

荡口古镇一览

（3）课程设计注重连接课本知识，助力校内课程完善。

① 研学课程设置连接学生校内教材知识，把校内教材与研学课程进行有效结合，涉及语文、体育、美术、音乐、科学、思想与道德等科目。

② 在研学旅行课程中，强调学生自主探究学习，提炼实践知识，以助力校内课程完善。

（4）课程设计特别加强研学前后课程设置，重视研学目标与研学成果。

① 行前课导入，让学生清晰了解研学目标与研学意义。

② 研学课程中采取多种研学性学习方式，激发学生的自主学习性与开放性思维。

③ 运用思维导图进行研学成果汇报及分享，对研学旅行过程中的闻、见、学、行进行梳理和总结，让每位学生研有所学、学有所获。

（5）将江南的古镇文化与锡绣文化、漫画、汉字印刷历史以及爱国主义教育等元素融合到一起。通过两天的研学，学生可以了解江南古镇的历史变迁、发展脉络等，清楚江南古镇文化兼蓄并存、多元博采、独立创新的价值理念与鲜明特色，增强文化自信和对社会主义核心价值观的理解。

研学课程

【研学地点】无锡荡口古镇

【研学对象】一年级至六年级学生

【设计单位】江阴职业技术学院

【专题课时】10课时

【课程背景】略

【研学目标】

知识与技能

（1）通过研学实践，学生可以加深对书本相关知识的认识，提高对江南水乡文化及中国传统文化的认识，有助于树立正确的人生观、世界观和价值观。

（2）学生在参观考察中能够围绕研学中的小目标提出有价值的问题，并将问题转化为深入学习探究的动力，提高思考探究能力。

（3）通过积极与小组同学交流讨论，代表小组陈述观点，学生可以提高语言表达能力。

（4）学生积极运用自己所学知识对研学中的相关主题进行研究，能够做出逻辑推理，提高逻辑推理能力。

（5）研学中很多项目和任务需要团队协作完成，这使学生在研学过程中可以有效锻炼团队协作意识，提高团队协作能力。

过程与方法

1. 研学前

学生通过查阅互联网、课本资料等方式收集与主题相关的资料，通过主动学习，了解本次研学旅行目的地，将自己对目的地感兴趣的点或者产生的疑惑记录下来，按照《研学活动手册》中的一些前置问题，提前思考并记录。

2. 研学中

（1）参观水乡古镇，多看、多听、多思、多参与，让学生了解江南水乡文化和江南人文精神。

（2）参观名人故居（旧居）、古迹名胜，通过讲解名人故事、红色故事、传统文化故事，让学生了解中国传统文化、古代科技文化和近代革命历史。运用课堂讲授法梳理植入问题，运用分组讨论法讲述文化自信和近现代中华民族是如何崛起的。

（3）参观华君武漫画馆，运用课堂讲授法来传授漫画创作的相关知识，培养学生的文化素养与审美情趣。

（4）参观华君武漫画馆和会通馆，运用各种科技手段，提供沉浸式体验感受，让学生亲身体验雕版刻字和印刷的乐趣，感受中国汉字的博大精深。

3. 研学后

进行反思拓展，将主题内容与学校信息课结合，考查学生的技能迁移水平。

情感态度与价值观

（1）通过畅游江南著名的水乡古镇——荡口，让学生了解江南水乡文化，了解国情乡情，热爱祖国山水，同时还可以培养学生树立"绿水青山就是金山银山"的环保思想。

（2）通过参观华蘅芳故居、钱伟长故居、钱穆旧居、华君武漫画馆、王莘故居、华氏义庄等景点，使学生理解与尊重科学文化艺术的多样性，形成健康的人生价值观，增强对中华文化的自信，激发学生热爱家乡、热爱祖国的情感。对水乡古镇的研学，可以让学生了解江南水文化、汉字及印刷术的发展史、我国造船工业的发展史和近代的科技成就，使学生有一种传承中国传统文化的使命感，对生活在伟大中国有一种自豪感。

（3）课程设计了讲古镇故事、锡绣观摩与制作、漫画构图与制作、江南古镇的水文化探究、印刷术体验、汉字演化互动游戏等一系列参与性活动，不仅可以让学生在行走的课堂中理解和吸收课本知识，还能培养学生的综合实践能力、创新能力和爱国热情，使学生养成科学思维和严谨求实的学习态度，拥有团队协作意识、责任担当意识和对集体的荣誉感，从而真正落实爱党爱国、立德树人的育人目标。

【研学方式】

（1）团队教育活动　　（2）水乡游船体验　　（3）名人故居、名胜古迹参观

（4）纪念品设计制作　　（5）艺术审美感悟

【研学方法】

（1）课堂讲授法　　（2）分类讨论法　　（3）问题探究法　　（4）现代信息技术法

（5）参观游览法　　（6）实地讲解法　　（7）情景感悟法

【研学链接】

课程充分考虑小学生的学情，连接了小学科学、语文、音乐、历史、物理等课程，如：

语文（人教版）四年级上册　　第25课　　为中华之崛起而读书

五年级上册　　第13课　　中国少年说

　　　下册　　第3课　　月是故乡明　　第4课——梅花魂

六年级上册　　第7课　　开国大典　　第27课——有的人

　　　下册　　第12课　　为人民服务

【教学模式】

讲授式、合作学习式、跨学科学习式

【研学重点】

（1）了解江南水乡古镇文化和中国的国情乡情。

（2）理解"四个自信"中"文化自信"的内涵，让学生对伟大的祖国产生更强烈的热爱之情，明白中国古代文化中的忠义孝等文化内涵。

（3）通过各种参观体验、综合实践，让学生养成科学思维和严谨求实的学习态度，拥有创新意识和团队协作意识、责任担当意识和对集体的荣誉感。

【研学难点】

（1）通过参观体验，如何更好地激发学生在弘扬中华优秀传统文化、热爱伟大祖国等思想方面产生强烈的情感，并影响学生未来的学习和生活，影响学生人生观价值观的养成。

（2）研学活动中如何实现家庭教育和学校教育的无缝衔接。

【研学工具】

学生：研学旅行前的资料整理内容、绘画笔（类型不限）、笔、日记本。

组织者：研学旅行旗、条幅、研学手册（研学旅行指导师手册、学生手册）、教具（漫画用纸、团扇、印章等）、扩音器、急救用品、摄影机、对讲机、奖状及奖品。

【信息技术应用】

（1）使用互联网收集资料（行前家长协助）。

（2）多媒体触摸设施、纪录片播放、全息演示（行中参观过程）。

（3）PPT、影视片段演示（行中教学授课）。

（4）电子海报制作（学校教学）。

【研学过程】

研学前准备

（1）制定研学行程路线及课程实施方案。

（2）召开研学旅行课程部署会。

（3）公布研学旅行课程方案。

（4）向教育部门进行行前报备工作。

（5）建立研学学习小组组织机构（带队教师、小组组长、小组成员名单及角色、责任分工）。

（6）召开带队教师培训会和学生培训会（开展安全、文明教育，确定临行前注意事项、分组情况，明确带队教师分工及职责）。

（7）提前一天发放《学生研学手册》，并布置任务，完成表4-12。

表4-12　研学旅行课程任务表（家长指导学生按照表格完成学习任务）

布置任务	执行内容	要求	目标
收集资料	1. 观看纪录片《觅江南——江南古镇》，对其中你认为非常重要的知识点做好笔记。 2. 查阅相关古代名著，如找出有关孝义的著名诗句、名句，重点阅读《全相二十四孝诗选集》（郭居业撰），了解二十四孝具体指什么。 3. 收集有关钱伟长、钱穆、王莘、华君武等名人的故事	记录下来，便于在研学互动中展示	培养学生的信息收集能力、自主学习能力
课前思考	1. 江南水乡古镇形成与保存下来的地理与历史因素有哪些？ 2. 江南地区为何容易出才子佳人	写下来	培养学生的思考探究意识

研学中行程安排（如表 4-13 和表 4-14 所示）

表 4-13　研学旅行第一天行程安排表

分钟	时间	行程安排	行程内容	涉及学科	责任人
××小学	8:30	集合上车	小学门口统一集合		带队教师、研学旅行指导师
	8:30—9:00	大巴车上	1. 简单介绍研学活动安排，明确研学目标（15 分钟）及研学注意事项。 2. 沿途景观讲解		研学旅行指导师、带队教师
荡口古镇会通馆	9:30—10:30	开营仪式	1. 研学概要：研学注意事项、研学课程概述、研学手册内容讲解。 2. 开营仪式热场小活动：体验历奇活动，让学生快速破冰，提高团队凝聚力。 3. 特色开营团建建设：通过自我展示与团队展示来发现自我、认知自我、改变自我	语文、体育、思想与道德	研学旅行指导师、安全员、带队教师
游船	10:40—11:30	船游水乡	1. 安全员/研学旅行指导师进行安全防控说明（10 分钟）。 2. 在研学旅行指导师的带领下，乘坐荡口古镇的游船，荡漾在古镇纵横交错的河网上，观看古镇全貌，了解古镇的水文化。 3. 聆听研学旅行指导师讲述荡口古镇的有趣传说与江南流传千古的动人故事，感受江南水乡的人文风情。 拓展问题：水乡古镇应该怎样做才能解决包括水污染在内的环境污染问题	语文、历史、科学、地理、思想与道德	研学旅行指导师、导游、安全员
无锡心悦雅集柏佳度假酒店	11:40—14:00	午餐及午休	1. 提前准备桌牌号码，10 人一桌，核对菜单，安排就餐（30 分钟）。 2. 午休（50 分钟）		研学旅行指导师、带队教师
古镇名人故居（旧居）、名胜古迹	14:20—17:00	参观游览	1. 走一走"千虑桥"，看一看"一得榭"，理解名言"智者千虑必有一失，愚者千虑必有一得"的内涵。参观"春晖桥"，了解桥名的来历，理解我国传统文化中的孝道思想。参观文昌路和文昌桥，了解文昌文化，理解荡口古镇的崇文重教、精英荟萃的历史背景。参观耕读桥，了解"耕读传家，诗书继世"的传统人文思想。 2. 参观关帝庙，这里是古镇孝义文化中"义"文化的重要表现场所之一。 3. 参观华蘅芳故居。了解华蘅芳对我国近代科学的进步所做的贡献； 4. 参观"江南第一义庄"——华氏义庄。华氏义庄是荡口古镇的核心景区，也是我们研学课程的重点内容之一。义庄就是以宗族为单位，对族内"四穷"进行救助的慈善机构。参观华氏义庄，让学生正确理解"穷则独善其身，达则兼济天下"的朴素价值观，理解华氏义庄被称为古代物质、文明两手抓的极好典范的原因。 5. 参观钱穆旧居。了解钱穆对弘扬我国传统文化、传递文化薪火的杰出贡献，增强学生对我国传统文化的理解与热爱。 拓展问题，小组讨论： （1）我国的传统文化应该包括哪些内容，我们应该怎样传承我国优秀的传统文化? （2）钱穆旧居大厅中间有一副抱柱联："几百年人家无非积善，第一等事业还是读书。"这副对联对我们有什么启发	语文、历史、科学	导游、研学旅行指导师、安全员

分钟	时间	行程安排	行程内容	涉及学科	责任人
无锡心悦雅集柏佳度假酒店	17:30—18:00	晚餐	提前准备桌牌号码，10人一桌，核对菜单，安排就餐		研学旅行指导师、带队教师
酒店研学课堂	19:00—20:30	晚上活动	1. 观看纪录片《钱伟长：一代科学大家》（40分钟）。了解钱伟长伟大而不平凡的一生，并写出一份观后感。 2. 完成《学生研学手册》中第一天要完成的所有作业	语文、科学、历史、思想与道德	研学旅行指导师、带队教师
酒店	21:30	就寝	就寝，带队教师查房		带队教师

表 4-14 研学旅行第二天行程安排表

地点	时间	行程安排	行程内容	涉及学科	责任人
钱伟长旧居、王莘故居	8:30—10:00	参观体验	1. 参观钱伟长旧居，了解钱伟长在力学和运用数学方面追求真理的过程，以及放弃国外优厚条件毅然回国报效祖国的爱国事迹，培养学生努力学习、报效祖国的爱国主义精神。 2. 参观王莘故居，了解被誉为"第二国歌"的《歌唱祖国》的创作背景和过程。学习歌曲创作的相关知识，培养学生的文化素养与审美情趣。 沉浸式体验： 在王莘纪念馆大厅，我们怀着对祖国的无限热爱，一起高唱《歌唱祖国》，向伟大的祖国、伟大的人民音乐家王莘致敬。 小组讨论： 怎样理解钱伟长院士说的这段话："一个人也许很聪明，也许可以拥有许多知识，可如果没有高尚的品德和强烈的社会责任感，他不仅不能对社会有益，反而可能危害社会。"	科学、音乐、思想与道德	研学旅行指导师、带队教师
华君武漫画馆、会通馆	10:00—12:00	参观体验	1. 安全员/研学旅行指导师进行安全防控说明（10分钟）。 2. 参观华君武漫画馆，了解华君武的成长过程和他的漫画创作历程。学习漫画创作的相关知识，培养学生的文化素养与审美情趣。 3. 参观会通馆，了解我国印刷技术的发展历史，感受印刷技术的发展给阅读与文化传承带来的便利。通过参观与体验会通馆的设施设备，让学生对我国古代四大发明之一的印刷术有一个全面的了解。 动手制作： （1）在华君武漫画馆，学生根据研学旅行指导师讲解的华君武的漫画风格，画一张漫画，主题自拟，制作属于自己的DIY漫画作品（可带走留作纪念）； （2）在会通馆里，听取研学旅行指导师对于雕版刻字基本技法的讲解，然后制作一个刻有自己名字的印章（可带走留作纪念）。 互动游戏： 在会通馆的汉字文化展示馆里，学生分组进行诗词大比拼，每个小组以"江南佳句"为题，运用多媒体进行抢答	语文、美术、思想与道德	研学旅行指导师、导游、安全员

地点	时间	行程安排	行程内容	涉及学科	责任人
无锡心悦雅集柏佳度假酒店	12:20—14:20	午餐及午休	1. 提前准备桌牌号码，10人一桌，核对菜单，安排就餐（60分钟）。 2. 午休（60分钟）		研学旅行指导师、带队教师
古镇会通馆	14:20—15:00	结业仪式	1. 研学两天课程回顾。 2. 评选优秀学员若干名。 3. 优秀学员代表发言。 4. 学生为荡口古镇研学基地留言（祝福语）。 5. 颁发结业证书		研学旅行指导师、带队教师
	15:10	返校	乘坐大巴车返校		带队教师

研学旅行后（详见研学旅行指导师手册和学生手册，此处略）

研学资料汇总：视频、照片等资料。

研学成果分享：对研学成果做总结分享。

研学意见反馈：回访与建议。

【安全保障】《研学旅行安全手册》（详见附录A）

（1）配备资深研学旅行指导师和安全员，全方位保障学生的安全。

（2）所有研学旅行指导师要经过全方位培训上岗。学生入营前，相关人员对消防设施、电力供派系统、生活设施、安保管控、床单被罩、餐饮标准等进行检查，确保正常运行，消除安全隐患。

（3）研学旅行期间24小时安保管控，防止外人恶意闯入，避免学生无故外出，确保学生安全。

（4）学生就寝后，生活导师轮流值守，保证学生优质的休息与安全。

（5）研学旅行期间，相关人员密切关注天气变化情况，检查学生身体状况，确保万无一失。

（6）课程中配备详细的安全预案，详见《研学手册》，全面保障学生安全。

（7）研学旅行期间，为每位学生购买旅行社责任险和意外伤害险。

【问题研讨】

（1）你认为个人与团队是什么样的关系？结合自己本次的研学表现，能否找出自己的一些缺点和优点？本次研学旅行给你带来哪些改变？

（2）印刷术的发明对中国文化的发展与传承起到了怎样的作用？如果世界上没有印刷术，现在的世界会是什么样子？

（3）作为一名学生，我们应该怎么做才能表达我们的爱国心和对长辈的孝心？

案例分析

本案例中的课程是典型的集"文化类""参观类""思政教育类"项目为一身的研学旅行课程。由于在执行过程中讲授内容多、参观项目多、动手环节少，就更加需要研学旅行指导师在备课时全面了解背景材料，将研学项目的研学元素与校内课程的知识点有机融合，同时创设更多互动环节和研讨环节，激发学生思考、讨论、研究的主动性，还要适时关注学生的情感交流，以鲜活生动的名人事迹、激昂向上的歌曲和幽默风趣的漫画，潜移默化地激发同学们的爱国热情。

本案例中设计的"多媒体诗词文化抢答""DIY 漫画作品"等环节，能有效地增强项目的互动性和实践性。需要注意的是，不要在这两个环节中给学生的表现和作品打分或进行优劣的评价，以保护学生参与的积极性，鼓励学生展现所学成果。

由于此类研学项目的背景知识、参观讲解和思政宣讲等内容均较多，研学旅行指导师需要密切关注学生参与项目的专注程度，避免学生随大流、走马观花地学习。另外，研学旅行指导师也要把握好思政教育的尺度，一是不能照本宣科，讲解抽象空洞，使学生不能对文化自信和爱国热情产生共情；二是对传统文化要取其精华，去其糟粕，如讲解"二十四孝"时要有赞许也有扬弃，不能宣扬封建社会的愚忠愚孝。

模块五
研学旅行指导师的培育

研学旅行是近年来蓬勃发展的新兴行业。研学旅行指导是面向研学旅行、综合实践、劳动教育等社会实践领域，落实立德树人的根本任务，涵盖项目策划、安全管理、实施服务、课程管理、运营管理等方面的职业技能。那么，研学旅行指导师的队伍，应该是由学校教师、旅行社导游组成，还是由营地教练来组成呢？研学旅行指导师的内涵是什么？对研学旅行指导师的基础素养和能力要求有哪些？本模块将就这些问题展开讨论。

项目一　研学旅行指导师的概念和分类

▶▶▶任务一　研学旅行指导师的定义及内涵

一、研学旅行指导师的定义

目前，研学旅行项目中研学旅行指导师的工作主要由来自中小学的教师队伍兼任，或者由中高职及应用型本科院校相关专业的在校生或毕业生以实习实训的方式承担，又或者由旅行社、研学机构、研学旅行基地（营地）的相关工作人员兼任。由此可见，由于上述人员大部分是随团出行而担任的临时教学角色，会导致研学旅行的课程教学质量难以保证。研学旅行课程本身是跨学科的生成式课程，专职师资的水平高低是决定一次研学旅行能否成功的关键。

一分钟了解研学
旅行指导师

2019 年，中国旅行社协会与高校毕业生就业协会联合发布了《研学旅行指导师（中小学）专业标准》（T/CATS 001—2019），该标准作为目前全国唯一的研学旅行团体标准，明确了研学旅行指导师的定义，即"研学旅行指导师（study travel tutor）是指策划、制定或实施研学旅行课程方案，在研学旅行过程中组织和指导中小学学生开展各类研究学习和体验活动的专业人员。"同年，文化和旅游部人才中心制定的《研学旅行指导师职业技能等级评价标准》也采用了该定义。该定义一方面明确了研学旅行指导师不是一个传统职业，而是一种新兴的职业，需要既懂教育、又懂旅游的跨行业复合型专业人才；另一方面，研学旅行的内容包括了行前工作（策划和制定课程）、行中工作（实施课程）、行后工作（评价总结），明确了研学旅行指导师是研学课程的策划者、制定者和组织实施者。

二、研学旅行指导师的内涵

（一）师资构成

研学旅行指导师的师资构成是多样的。研学师资主要负责研学旅行日常生活保障和课程活动的顺利开展，由辅导人员和专业教师组成。辅导人员主要负责学生日常作息及活动的组织管理，专业教师主要负责学生专业活动的知识讲解、活动安排、课题指导等工作。从师资来源角度看，研学师资包括学校教师、第三方机构领队教师、聘请的专业教师、研学活动地的教师等。在有些活动中还会有家长参与，他们通常是作为专家指导或者服务支持人员的角色出现的。从无边界课堂的角度来看，学生在研学活动中接触到的辅导教师、专业教师、支持人员、参访对象等，都可归属于研学师资。因此，广义的研学师资应该是上述人员的群体概念，即研学旅行指导师是由一群密切配合、各尽其职的教师组成的。

《研学旅行服务规范》（LB/T 054—2016）中规定，"应至少为每个研学旅行团队配置一名研学导师，研学导师负责制定研学旅行教育工作计划，在带队教师、导游员等工作人员的配合下提供研学旅行教育服务"。可见，"研学导师"是研学旅行服务中的一个独立岗位，研学导师是区别于主办方的带队教师、承办方的项目组长、安全员和导游的。

（二）研学导师和研学旅行指导师

"导师"与"指导师"虽只有一字之差，但准确性却不同。《现代汉语词典》中对"导师"的解释有两种：一是高等学校或研究机关中指导人学习、进修、写作论文的教师或研究人员；二是在大事业、大运动中指示方向、掌握政策的人。其对"指导"的解释是指示教导，指点引导。因此，从研学旅行教育活动的客观实践出发，用"指导"会更加切合和准确，结合文件规定的"研学旅行"这一专有名词，新岗位的名称则可确定为"研学旅行指导师"。如果再根据接待对象来细分，还可以称为"中小学研学旅行指导师"，简称为"研学旅行指导师"或"指导师"。

➤➤➤ 任务二　研学旅行指导师的分类

我国的研学旅行指导师正处于专业岗位形成阶段，由于其涉及面广、服务范围大、专业要求高，可采用以下不同维度进行分类。

一、按业务范围划分

按照委派主体和业务范围，研学旅行指导师可分为以下4种类型。

（一）学校研学旅行指导师

学校研学旅行指导师指按照规定取得研学旅行指导师证书，接受学校委派，代表学校实施研学旅行课程方案，为研学活动提供专业服务并具备教师资格的人员。

（二）旅行社研学旅行指导师

旅行社研学旅行指导师指按照规定取得研学旅行指导师证书，接受符合《研学旅行服务规范》（LB/T 054—2016）的旅行社委派，代表旅行社实施研学旅行课程方案，为研学活动提供专业服务的人员，若同时履行导游职责，应同时具备导游资格。

（三）基地（营地）研学旅行指导师

基地（营地）研学旅行指导师指按照规定取得研学旅行指导师证，接受研学旅行基地（营地）委派，代表基地（营地）实施研学旅行课程方案，为研学活动提供专业服务的人员。

（四）其他类研学旅行指导师

其他类研学旅行指导师指接受第三方研学服务单位的聘用和委派，代表第三方研学服务单位实施研学旅行课程方案，为研学活动提供专业教学服务的人员。

二、按劳动就业方式划分

（一）专职研学旅行指导师

专职研学旅行指导师指按照规定取得研学旅行指导师证书，被学校或研学企业固定聘用，以研学旅行教育工作为其主要职业的工作人员。这类人员受过高等教育和专门训练，大部分具有导游资格证书、教师资格证书等专业证书，是旅行社、研学旅行基地（营地）、研学服务机构、学校的正式员工，专职履行研学旅行教育任务，并与聘用单位签订正式劳动合同，由聘用单位支付劳动报酬、缴纳社会保险费用。

（二）兼职研学旅行指导师

兼职研学旅行指导师指被学校或研学企业临时聘用，不以研学旅行教育工作为主要职业，而是被临时委派或利用业余时间从事研学旅行教育工作的人员。目前这类人员可细分为两种：一种是指被学校或旅行社、研学服务机构、研学旅行基地（营地）等临时聘用，按照规定取得研学旅行指导师证书，但只是兼职从事研学旅行教育工作，他们一般有其他职业和工作，只是被临时委派或在业余时间从事研学旅行教育工作；另一种是指被学校、旅行社、研学旅行基地（营地）等临时聘用，没有取得研学旅行指导师证书，但具有特定知识或技能，临时从事研学旅行教育工作的人员，如科研机构专家学者、文化遗产地专家技师传人、民间民俗艺人等，他们是研学旅行师资队伍的重要补充，他们对研学课程的深入讲授和指导，能够使研学旅行项目的品质得到保证。

三、按技能等级划分

随着研学旅行教育活动在全国各地不断深化开展，为规范研学旅行指导师职业的发展，根据国家职业技能等级要求和《研学旅行指导师（中小学）专业标准》（T/CATS 01—2019）的规定，文化和旅游部人才中心从专业技能水平角度将研学旅行指导师由低到高分成"四级（初级）、三级（中级）、二级（高级）、一级（特级）"这 4 个级别。

项目二　研学旅行指导师的基础素养

如果把研学旅行课程比喻成一艘航行的船，而学生是船上的乘客，那么研学旅行指导师就是船长，在指引航船前进方向的同时，还能告诉乘客航行的路线、目的地，并解说沿岸的风景。因此，研学旅行指导师作为既具有导游服务能力又具有教育教学实践水平的新兴职业人员，应该具有多方面的素养。从职业的角度，我们可以将研学旅行指导师的基础素养分为思想素养、科学素养和人文素养。

▶▶▶ 任务一　研学旅行指导师的思想素养

一、价值观

价值观是人基于一定的思维感官而做出的认知、理解、判断或抉择，也就是人认定事物、辨定是非的一种思维或取向，可体现人、事、物一定的价值或作用。由于教师个人的价值观会体现在授课过程中，所以研学旅行指导师首先应该具有正确的价值观。研学旅行指导师作为教育工作者群体的一部分，应该以谦虚好学的态度对待工作，把工作当作事业，坚信教育在整个国家和民族发展进步中的重要意义，坚信研学旅行教育广阔的职业前景。研学旅行指导师要始终怀有厚重的历史责任感，用自己的学识、阅历、经验点燃学生对真善美的向往，增强学生的价值判断能力、价值选择能力、价值塑造能力，引领学生健康成长。

开展研学旅行有利于激发学生对党、对国家、对人民的热爱之情；有利于推动全面实施素质教育，创新人才培养模式，引导学生主动适应社会，促进书本知识和生活经验的深度融合；有利于提高人民生活质量，满足学生日益增长的旅游需求，帮助学生养成文明旅游的行为习惯。在这些对学生价值观形成的培养教育中，研学旅行指导师都要起到积极正向的作用，特别是到了富有教育意义的革命传统基地和文化基地，更是要把文化的内涵、革命的精神讲出来，让学生受到感染和教育。研学旅行指导师要把社会主义核心价值观中以"富强、民主、文明、和谐"为核心的国家价值目标，以"自由、平等、公正、法治"为主体的社会价值取向，以"爱国、敬业、诚信、友善"为遵守的公民价值准则融入教学，体现工作的专业化、规范化，深入浅出、潜移默化地让学生喜欢听、听得懂、听得进。

二、文化自信

中华民族5000多年文明历史所孕育的中华优秀传统文化需要教育工作者在实践教学中传递给青少年。研学旅行指导师通过研学旅行的实践教学，让学生不忘本来、吸收外来、面向未来，更好地构筑中国精神、中国价值、中国力量，为人民提供精神指引。

清醒的文化自信还表现为不畏强权主义和文化威逼，不受他国侵入性文化和非法文化的利诱。因为工作的特性，研学旅行指导师在工作过程中可能会在不同场合、不同主题的教学中涉及文化对比的内容，这就要求研学旅行指导师要时刻保持清醒的文化自信意识，既不夜郎自大，也不妄自菲薄，真正将中国博大精深的文化传授给学生。

中华文化博大精深，现代科技日新月异，所有的研学基地作为研学教育的载体和平台，都是文化的一个缩影和亮点，也是一个探索科学世界的窗口。研学旅行指导师需要对每一处研学基地的古今历史、传习习俗等知识准确牢记、生动传达；对所教的科学知识理解透彻、讲解严谨；对教学中学生提出的问题认真倾听、耐心解答；在教学操作过程中做到一丝不苟、全面规范。这些都是研学旅行指导师建立在文化自信基础上的职业素养的直接体现。

三、爱岗敬业

爱岗敬业是研学旅行指导师应有的思想素养。研学旅行指导师的核心工作是教育，教育的本质是培养人才，使学生能够健康成长。要做到爱岗敬业，研学旅行指导师首先要对自己从事的职业的意义有深入的了解。作为一种新兴的教育形式，研学旅行具有以下重要意义。

（一）研学旅行关乎人才培养的改革方向

实践教育环节的薄弱甚至缺失，制约着我国中小学实施素质教育、改革人才培养模式的进程。学生成长的过程应该是人的社会化的过程，学生对于知识的获取、能力的提升不能单纯依靠课堂，仅有书本知识的教育不是真正的、完整的教育。建立在知识和技能基础上的创新精神和实践能力，是推动社会进步和国家发展的原动力，研学旅行恰恰顺应了这一改革方向。

（二）研学旅行顺应人才成长的基本规律

学生成长的过程有两个显著特点：一是体验性，二是群体性。所谓体验性，是指学生需要亲身参加许多亲近社会与自然的实践活动，在体验中逐渐成长；所谓群体性，是指学生完成社会化离不开群体性交往，父母和老师无法代替伙伴的作用。研学旅行是学生之间互帮互助的群体出行，是学生与自然和社会之间零距离的观察体验，兼顾了学生成长过程的这两大特点。

（三）研学旅行开拓学生求知的可能领域

"纸上得来终觉浅，绝知此事要躬行"和"读万卷书，行万里路"，强调知行合一的重要性，这与研学旅行的根本目的也是完全契合的。研学旅行就是"路"和"书"的融合，在旅行中学习，实现历史、地理、人文各大学科的融合，用生活教会学生理解课本上那些被精选的源自生活的文化。

（四）研学旅行让家长和老师更全面地了解学生

研学旅行可以促进校内教育和校外教育之间的有效衔接，使家庭、学校和社会之间实现更多交流。家庭教育、学校教育和社会教育，是助推学生素质教育全面实施、核心素养全面发展、引导学生主动适应未来社会的三大领域。这三大领域不是孤立的。在过去，家校之间的交流沟通往往只依赖于家长会，研学旅行的实施将提供更多的机会让老师、学生和家长之间讨论学习之外的问题，有利于家长和老师发现学生的性格、爱好、社会责任、探索能力、交友能力、自理能力、创新精神和实践能力等方面的特点。

（五）研学旅行承载着中小学生发展的多元使命

研学旅行作为综合实践育人的有效途径，还有效承载着道德养成教育、社会教育、国情教育、爱国主义教育、优秀传统文化教育、创新精神及实践能力培养等任务。研学旅行致力于学生的自我认知、服务他人、服务社会，以实际的生活和社区问题为脚本进行专业化的课程研发，其在本质上将有利于良好的社会生态环境的建立。

研学是旅行的目的，旅行是研学的载体。研学旅行的意义在于，为中小学生搭建理论通向实践的桥梁，为其了解中华文化提供交流交往的平台，为旅游经济可持续发展增添新动力。所以，研学旅行指导师作为教育工作者，担负着新时期以新形式育人的重要职责，爱岗敬业也是研学旅行指导师的基本的职业道德。

▶▶▶任务二　研学旅行指导师的科学素养

一、正确的科学观

研学旅行指导师首先应具备正确的科学观，也就是身处某种环境时将所处境界提升到科学的角度，去除对环境的错误认识以及对环境表面现象的迷失与执着，以理性的心态对科学现象进行分析、归纳、总结。

通过实践来进行探究式学习是研学旅行课程的最基本的特色，研学旅行指导师要培养学生科学的探究方法和严谨的科学态度，重视学习方法和对问题的探究，提升学生的学习能力，为学生的未来发展奠定基础，同时要建立有利于学生发展的科学评价体系，更好地挖掘研学旅行课程的人文内涵和情感内涵，帮助学生形成正确的学习观、人生观、世界观。

二、知识与技能

研学旅行指导师应了解现代科学技术史，能够在教学中以史为鉴，引导学生认识科技发展的规律，掌握科学技术在发展过程中的成功经验和失败教训。根据不同课程的需要，研学旅行指导师对相关门类学科的专业知识和前沿知识也要有所了解，以便能在工作中拓宽学生视野、激发学生学习热情、引导深入思考。

研学旅行指导师要做到掌握丰富的科学知识和技能。除参加培训和系统自学外，研学旅行指导师还要掌握科学研究的方法，如网络信息检索、基础数据分析等手段，以及走访、调研、访谈、考察、参观、宣传、实验、表演、展示、交流、总结等学习交流形式，一方面在此过程中不断丰富充实自己，另一方面也可在研学活动的实践中带领学生对相关问题进行研究探索、辩证思考。

三、提升科学素养的途径

（一）科学理论学习

研学指导活动的科学教育涉及社会生活常识、科技基础知识、科学精神培养等教育目标，研学旅行指导师在研学活动中引导学生进行研究学习的职责包括：制订教学计划、准备材料、设置情境、进行引导、提出问题、提供信息、讲解，为学生在实践活动中动手做科学探究活动进行各项准备。在科学研究活动指导中，研学旅行指导师只有掌握多元化的学科知识与科学方法，加强自身科研意识，才能设计出科学合理且富有教育意义的科学类研学活动。

（二）科学方法实践

研学活动除了让学生来亲身验证所学科学知识外，更主要的是培养学生的科学精神，帮助学生掌握正确的研究方法和分析、归纳、总结、创新的能力。研学旅行指导师应当加强研学活动中相关研究项目的亲身实践，提高自己的科研实验能力；在平时的教学设计中注意实验演示和实验创新设计环节；掌握相应的科学方法，收集相关研究数据与资料，对实验结果加以分析、比较、归类总结和检验验证，帮助学生逐步形成严谨的科学态度，提高科研能力等相关科学素养。

（三）辩证思维训练

辩证思维方法是现代科学思维方法的方法论前提，在现代科学研究中被广泛应用。辩证思维是实践经验向理论转化的工具和跨学科研究的桥梁，现代科学研究方法及其成果与辩证思维方法的广泛运用密不可分。在研学教育中，熟练掌握并灵活使用辩证思维的归纳与演绎、分析与综合、抽象与具体、逻辑与历史4种基本方法，有助于研学旅行指导师形成科学思维规则、程序和手段，建立起对科学体系的认知，正确开展研学指导工作。

▶▶▶ 任务三　研学旅行指导师的人文素养

人文素养是指人文科学的研究能力、知识水平和人文科学体现出来的以人为对象、以人为中心的精神，即人的内在品质。人文素养关注人的生命历程、人的价值和生命的意义，强调对精神的追求。研学旅行课程中的人文素养教育教学目标包括人文精神培育、人文情感养成、人文知识传播、人文素养提高等。

"师者，所以传道授业解惑也。"研学旅行指导师在教书育人方面担负着教授知识与培育人才的双重责任。合格的研学旅行指导师需要有正确的教育理念，要不断提升自身修养、超越自我，才能真正在教学中做到弘扬正气、传承文明、培养品格、因材施教，通过言传身教影响学生的人格品性。

培根说："读史使人明智，读诗使人灵秀，数学使人周密，科学使人深刻，伦理使人庄重，逻辑修辞之学使人善辩。"研学旅行指导师要成为学生的榜样，就需要具备广博的专业知识，力争能博古通今、贯通中西，追求高远的精神境界，摒弃平庸浮躁的生活状态。在日常生活中，研学旅行指导师应当通过培训、调研和专家讲座等方式学习提升；通过自我学习，在书本中和各类网络信息学习平台汲取知识；通过阅读和思考，从中西方经典著述与前人积累的丰富经验中获取灵感；通过观摩专家同行教学、开展交流研讨，不断开拓创新，学以致用地将新理念贯彻实施在教育教学中。

项目三　研学旅行指导师的能力要求

▶▶▶任务一　创意策划能力

研学旅行指导师的创意策划能力是指根据研学旅行活动目标的要求，分析现有条件并进行谋划、设计与确定最佳活动方案的能力。研学旅行指导师要带领学生走出校园，走进社会，触摸历史文化，在游览感悟中、在游戏体验中加深对中华优秀文化的深刻认知，增强对历经磨难却延绵不息的中华民族的自豪感，帮助学生形成完善的人格、性格、品格及正确的"三观"。在此过程开始前，研学旅行指导师的创意策划能力是决定课程方向的正确性及实施顺利的基础。研学旅行指导师的创意策划能力包括学习调研、开拓性思维和创意实施等方面的能力。

一、学习调研

学习能力往往决定了研学旅行指导师的现实职业水准和发展潜力。善于学习者能够在准备和实施研学课程时更好地优化理念、统筹策略。研学旅行指导师的策划能力来自对于丰富信息快速、准确地选择，并在整合信息的基础上萌生创意。

（一）捕捉准确信息

在网络信息技术发展迅猛的今天，人们获得信息的渠道更加多样，信息量更加庞杂。海量信息带来的弊端使得对有用信息的捕捉难度增加。只有通过长期的学习积累、大量的调查研究，才能获得丰富、准确的信息。研学旅行指导师要广泛采集信息，挖掘积累知识素材，对书籍报刊、广播电视、网络平台中蕴藏的大量信息进行充分的调查研究，捕捉到具有启发意义的、有助于课程策划和教学的信息，然后运用创意思维方法，对这些已收集的素材进行分析、筛选、整合，联系活动背景、活动主题、活动对象，通过整合资源、换位思考，寻求差异性，转变思路，最终提炼出活动的创意主题。

（二）训练创意能力

研学旅行指导师训练自己养成创意习惯是提高创意能力的重要前提。"文章本天成，妙手偶得之"，这里的"天成"并非指大自然的恩赐，而是基于长期积累起来的感性印象和深入的思考，由于偶然触发而捕捉到灵感。灵感的产生并非信手拈来、一蹴而就的，而是需要积累、联想、整合的。学习调研及前期对知识的积累和有效信息的搜索，是获得创新思路、新颖点子的有效途径。在搜索信息中学习，在学习中积累，能够非常有效地提高创意能力。要组织好一场研学活动，契合主题而又大胆创新的创意至关重要。新颖超前的创意习惯，常常会使看似天马行空的创意与实际活动需求不谋而合，而侧向与逆向思维训练，则会更好地使创意得到更全面的分析考量，使创意不因某项元素的缺失而有遗憾。就一次研学旅行活动来说，研学旅行指导师要先想好整个活动的主题和要达到的效果，然后根据主题和效果列出必需的活动元素，以保证筹备工作有条不紊地进行。

二、开拓性思维

创意可以天马行空，但不能凭空捏造，而要在已有材料、信息的基础上分析研究、筛减添加，选取符合活动主旨的内容进行重新组合。原本也许没有联系的东西，在资源整合之后，就可能形成一个极佳的创意雏形。在做研学旅行活动创意的过程中，思维方式非常重要。要破除思维定式和旧的思维框架，变革思维方式——变封闭式思维为开放式思维，变单向思维为多向思维，变守成式思维为创造性思维。

在开拓性思维的基础上，研学旅行指导师要勇于开拓、善于创新，不仅要在教学模式上创新，更要在研学内容上创新；不仅要在活动组织安排上创新，更要在教育理念上创新。创新要贯彻课程设计的方方面面，如对移动互联网技术、VR 技术的运用，对传统文化的活用，对中央提倡的文化建设的热点如"工匠精神"的诠释和实践等，都可以成为某一专项研学旅行课程设计的核心理念。设计离不开创新，唯有创新才能紧跟时代的变化，因时因地制宜，最大限度地发挥设计能力，让研学旅行课程主题更鲜明、内容更精彩，更加有利于中小学生的素质教育和身心发展。

三、创意实施

一个好的创意要结合研学旅行项目参与各方的软、硬件和人员配置等基础条件来进行综合研判、修正，最终落地实施。创意是否可行需要通过活动策划来验证和实施。活动策划由活动主题、活动内容、活动形式 3 个要素组成。在策划的过程中，研学旅行指导师首先要保证这 3 个要素的统一与完整，然后根据活动创意，选择恰当的表现手法来完成策划。活动主题引领全局，活动内容体现活动主题，活动形式表现活动内容，研学旅行指导师要将这三者完美结合，才能做出一份好的研学旅行活动策划。

创意必须围绕活动的主题进行。在构思活动的创意之前，研学旅行指导师要对本次活动的目的、宗旨进行深入思考，确定活动主题的大方向。活动主题是统领研学旅行各个环节的主线，将贯穿始终，同时它也在一定程度上影响着研学旅行教学的呈现方式。

研学旅行指导师在策划活动内容时，可以先规划活动最终呈现出来的效果、规模以及形式，再运用逆向思维的方式将活动过程倒过来逐步充实整个策划案。简单地说，就是把最终出现在研学旅行项目中的场景、人物、史实、知识点、互动活动、预期效果等做一个详细的策划，再从这些策划的细节入手，逐步进行逆向思考，将所需的活动要素逐一罗列出来，在写策划案时应重点考虑这些活动要素。

活动形式要以突出主题为原则，成功的研学旅行活动是通过新颖而又恰如其分的活动形式来表现的。活动形式的策划必须考虑多种因素，如学校对项目预期目的的要求、现有场地条件、必要设备效果、达成教育效果的最佳途径、受众群体的感受等。虽然策划活动形式时需要考虑的因素有很多，但是所有形式的设计都必须围绕研学旅行活动主题展开。

▶▶▶ 任务二　教学能力

一、知识融合能力

知识融合能力是指研学旅行指导师应具备将中小学生在校内所学的学科知识与研学课程知识有机结合的能力。把学生已有的知识与现实的社会文化生活相连接，让学生在整合的基础上进行分析与反思，以获得真实感悟，习得知识与能力，进而自主生成综合化、总结性、更深化的知识信息。研学旅行指导师应当能充分认识学科结构和学生认知特点之间的关系，根据学生的认知特点和校内学科课程的逻辑结构分析其与研学旅行课程的关联度和融合点，确保学生掌握知识、训练技能、培养情感态度等各种教学目标与校内相关课程和知识的衔接无阻碍；通过研学旅行过程中的规范的、多元的课程实现教学目标，对学生综合素养和学科关键能力的培养产生重要的作用。

二、观察能力

观察能力是指研学旅行指导师在观察的基础上了解学生特点，进而进行因材施教的能力。在研学旅行项目实施的过程中，由于活动形式多样，研学旅行指导师应发挥自己观察了解学生的能力，深入细致地与学生接触和交流，最大限度地使研学活动能够适应不同类型学生的特点，做到因材施教。对学生的观察包括对学生的学习情况和个性特征的观察。对学生学习情况的观察，不仅是根据学生的答案来判断他们对知识的掌握情况，更重要的是观察和了解他们掌握知识的过程、提出的问题、思维的方式、解题的习惯及自我评价等，只有这样才能找到他们学习中的困难所在，提出有效的解决措施。学生的个性特征是他们在研学旅行活动中经常表现得较为稳定的行为特征，了解学生的个性特征对研学旅行课程教学非常重要。中小学教育提倡关注每一位学生的发展，要求培养学生独立的个性和完整的人格。通过细心观察，分析判断学生的个性特征，有助于研学旅行指导师引导学生在学习探究过程中发挥主观能动性，通过自主感悟、领会的方式来理解和建构自己的学习及实践心得。

三、组织管理能力

研学旅行指导师对研学过程的组织管理和调控能力，是通过自觉地运用教育学和心理学原理，并经过个人实践逐步提高的。

研学旅行指导师在组织研学旅行过程中的主导作用在于能够控制和调节各种因素与变量，最大限度地调动学生学习的积极性。因此，研学旅行指导师对研学过程的组织管理和调控能力对于取得最佳的研学效果是极为重要的。

在研学旅行项目的实施过程中，研学旅行指导师的组织管理贯穿始终。首先，研学旅行指导师要制订研学活动计划，包括研学的内容和研学所用的时间、教学方法、组织形式和工具的使用等，以保证研学活动有条不紊地进行。其次，研学旅行指导师要针对学生的特点，随时观察学生的注意力、兴趣和学习积极性的变化，以此调节研学活动的节奏和各个环节的变换，创造性地发挥主导作用。研学活动受各种因素的制约，研学过程中随时都可能发生难以预料、必须特殊处理的问题，研学旅行指导师应对这种偶发事件及时做出正确的判断，并采取有效的措施解决问题，避免项目中断或造成不良的影响。最后，研学旅行指导师应能够从研学的各个环节和阶段中得到有效的反馈信息，根据这些信息及时调整教学工作。例如，研学过程中学生的精神状态、学生对课程的态度等都是研学旅行指导师改进研学旅行项目和进行教学管理的依据。

四、终身学习能力

成为一名优秀的研学旅行指导师是一个长期积累和变化的过程，不是仅凭参加几次培训活动、到研学教育实践基地观摩几次研学实践活动就能够做到的。原因有二：一是教师专业素质的提升不是一蹴而就的事情，需要日积月累的过程；二是教师在不同的发展阶段的关注重心是不尽相同的，需要经过不同的发展阶段才能获得多方面的成长。因此，研学旅行指导师要把握好自己的每一个发展阶段，使自己的专业素质不断得到提升。研学旅行作为新生事物，会随着市场、国家政策导向的变化而变化，研学旅行指导师要不断了解其变化，不断学习研学旅行行业中的新技术、新标准、新流程等，还要不断学习和使用教学中的新媒体技术，让课程的呈现方式高效、多样、有趣。总之，研学旅行指导师要始终具备终身学习的能力。

项目四　研学旅行指导师的职业形象

研学旅行指导师在整个研学过程中承担着启发引导、言传身教的育人职责。从职业形象上来看，研学旅行指导师的行为举止、衣着发式等方面都会在无形中对学生产生影响。在以体验式教育为主的研学旅行中，亲切友善的职业形象能有效地拉近师生间的距离，使研学旅行课程的实施更加顺畅；落落大方、真诚有礼的职业形象也能在潜移默化中使学生学到人际交往的常识。因此，研学旅行指导师应时刻注意自己的职业形象和行为规范，主要通过外在形象和语言表达来体现。

▶▶▶任务一　研学旅行指导师的形象要求

一、仪表服饰

在研学旅行活动中，研学旅行指导师的仪表不仅体现其文化修养，也反映其审美情趣和精神面貌。仪表中最重要的组成部分是服饰，研学旅行指导师得体的穿着不仅能赢得学生的信赖，给学生留下良好的第一印象，而且能为研学旅行活动的顺利开展打下基础。若研学旅行指导师衣冠不整、穿着不当、举止不雅，往往会降低学生对研学旅行指导师的信任感，严重者甚至影响其在学生心目中的形象。研学旅行指导师的着装要端庄、大方、整洁、美观、和谐，切忌过露、过透、过紧；夏天男士忌穿背心、短裤，女士忌穿吊带衫、超短裙和拖鞋；在室外场地开展活动时禁止佩戴墨镜、变色镜，确保与学生进行眼神的有效交流。在达到以上基本着装要求的基础上，研学旅行指导师可以选择与研学主题和课程内容有一致性或相关性的服饰，如在历史文化类研学场所着传统服装，在民风民俗类研学场所着民族服装，以很好地融入研学场景，收到更好的教学效果。

二、行为举止

在研学旅行课程实施的过程中，研学旅行指导师不仅是科学文化知识的传播者，而且是学生思想道德的教育者，时刻在以自己的行为举止潜移默化地影响着学生。一个人的气质、自信、涵养往往能从他的姿态中表现出来。研学旅行指导师要注意自己在各种场合的行为举止，需要在如下方面表现得体。

（一）站姿

研学旅行指导师站着讲课，既是对学生的重视，更有利于用身体语言强化教学效果。研学旅行指导师站着讲课时，应站稳站直，胸膛自然挺起，不要耸肩或过于昂头。挺拔的站姿能为研学旅行指导师带来自信，也能给学生以信任感。

（二）手势

研学旅行指导师在讲解研学内容时，一般都需要配以适度的手势来强化讲课效果。研学旅行指导师的手势要得体、自然、恰如其分，要随着相关内容进行。讲课时，研学旅行指导师切忌敲击讲台，要避免做出过于有针对性的激烈动作，也要避免双手插在口袋里或交叉在胸前的散漫状态。

（三）语音语调

研学旅行指导师的讲课音量要适中，声音不宜大到给人以声嘶力竭之感，也不可低到难以听清，影响教学效果。在讲课的过程中随着讲解内容的变化，研学旅行指导师的语调要有相应的起伏，以便把学生带入课程内容之中。

三、表情神态

表情这种形体语言形式最能表现人的真情实感，在人与人之间的沟通中有重要作用。健康的表情是自然诚恳、和蔼可亲的，也是研学旅行指导师体现个人气质和风度的重要组成部分。构成表情的主要元素是眼神和笑容。

（一）眼神

眼神是面部表情的核心。有人认为，在人的各种感觉器官获得的信息总量中，眼睛获得的信息量占 80%。心理学家认为，最能准确表达人的感情和内心活动的是眼睛。眼睛不仅是"眼神"这种情态的主体器官，而且也是一切形体语言最主要的接收器官。眼睛把接收的信息输送到人脑从而使人迅速做出反应。也就是说，在形体语言交际中，眼睛具有"施事"和"受事"的双重功能。

人们交往时，目光接触是常见的沟通方式，但眼神表达的含义可以大相径庭。在授课和与学生交流时，研学旅行指导师要善用眼神沟通中的正面、积极的方式，避免采用负面沟通方式。

（二）笑容

能引起人们肯定的情绪，如满意、愉悦、喜爱等情绪通常会带来笑容。笑属于肯定性的情绪，这正体现了笑的社会性。微笑是一种特殊的欢迎方式，能代替语言上的欢迎并且表现的情感更深刻、细腻；微笑是一种礼节，见面时点头微笑，人们会意识到这是尊重和欢喜的表示。微笑作为一种表情，不仅是形象的外在表现，也是人内在精神的反映。要微笑得好，必须发自内心，亲切自然。硬挤出的笑，会给人以虚伪、机械、呆板、冷漠的感觉。一个善于通过目光和笑容表达美好感情的人，可以使自己富有魅力，也会给他人以更多的美感。

对于研学旅行指导师来说，面露平和欢愉的微笑，既能表现乐观向上的良好心境，也能表现充分的自信，还能反映坦荡真诚的友善态度和敬业乐业的职业操守。

▶▶▶任务二　研学旅行指导师的语言表达要求

语言表达是教学艺术的一个基本且重要的组成部分。研学旅行指导师向学生传递知识、信息和交流情感，都离不开运用教学语言这一有力的工具。在研学活动中，研学旅行指导师通过情趣盎然的表述、鞭辟入里的分析、恰到好处的点拨，把学生带进知识的海洋。对于一名合格的研学旅行指导师来说，讲解语言不但要力求简练清晰、准确严谨、生动形象，而且还应该符合学生的接受心理，能激起学生的求知欲，调动学生的学习积极性。

一、准确严谨

讲解语言的准确严谨是指正确地引用科学术语来表达事物的现象和本质，避免含糊不清的概念和模棱两可的表述。在研学旅行讲解过程中，研学旅行指导师必须做到确切地使用概念，科学地进行判断，严密地进行推理，用语准确，用词严谨，只有这样才能帮助学生理解正确概念，进而进行思考和判断，最终形成观点。这就要求研学旅行指导师备课充分，对所讲的问题理解透彻、分析清楚、表达流利。词不达意、似是而非、废话连篇、语无伦次的讲解语言会严重影响教学效果。

讲解语言的严谨还表现在"言之有序、条理清楚"上。在教学中，研学旅行指导师应该对讲授的内容做深入钻研和细致分析，弄清知识点，掌握其确切含义，精心组织语言，使讲解层次分明、条理清楚、前后连贯、推导有致、言之成理。

二、简练清晰

简练，即语言表达简洁清楚、干净利落、恰到好处。研学旅行指导师要在研学活动中尽量使用简洁的语言表述，让学生容易把握住每句话的重点，更好地领会研学旅行指导师的意图，在最短的时间内听进去、听得懂、有反馈。

清晰，即语言通俗易懂、深入浅出，使学生能明确地听懂研学旅行指导师所要表达的内容。教学过程主要是师生之间传授科学文化知识的双向互动过程，研学旅行指导师所使用的教学语言须力戒晦涩难懂、词不达意，避免使学生听得糊里糊涂、莫名其妙，从而减弱学生的学习积极性，使教学目的无法实现。

三、生动形象

生动形象的讲解语言能吸引学生的注意力，也能唤起学生的求知欲，为此，研学旅行指导师在讲解时应当讲出色彩、讲出感情、讲出意境。古人云"感人心者，莫先乎情"，研学旅行指导师在讲解过程中应根据不同的内容，时而轻言细语，时而慷慨激昂，时而滔滔如激流，时而沙沙如春雨，这样不仅可以牢牢吸引学生的注意力，而且特定的教学氛围还会使研学旅行指导师发挥更好的授课水平，使其对研学内容的讲解分析更加生动、透彻且充满意趣。

项目五　案例分析：研学旅行指导师的应变能力要求

研学旅行指导师应该是整个研学旅行过程中最重要的执行者，他直接面对广大的学生群体，他是调动学生的兴趣去主动参加整个活动的关键，他是既熟悉旅游又熟悉教育的综合性人才，必须具备较高的政治素养、文化素质、道德修养和社会认知。我国的研学旅行指导师团队由学校、旅行社、研学旅行基地及其他研学机构四大部分组成。目前，由于相关部门还没有规定研学旅行指导师必须拿到某个部门考核后颁发的证书，所以市面上出现了多证的局面，但是，优秀的研学旅行指导师必须具备导游的应变能力、教师的教育授课能力、拓展培训教师的控场能力、产品设计成课化的能力、知识体系化的能力。

下面，我们以一个详细的案例来看一下一个优秀的研学旅行指导师是怎么带队活动及处理问题的。

2018 年 5 月，无锡某旅行社接到安徽某艺术类专科学校一个班 35 人来无锡、苏州、杭州采风考察，旅行社委派高级导游徐某接待此团。经过前两天的带团安排与服务，徐某丰富的知识、较高的拍摄水平和丰富的经验已经基本征服了这批学生。但是接待的第二天晚上，徐某看天气预报得知杭州将有大暴雨，预估隔天杭州的行程将受影响，便打电话给旅行社说明了情况，并和即将住宿的杭州酒店说明了可能提前入住和租用会议室的费用等情况。果然，第三天出发时，苏州已经开始下雨。前往杭州的路上，雨越下越大，徐某一边再三提醒司机注意安全行车，一边联系了杭州相关景区。得知由于暴雨原因，前往景区的道路已经被淹，而景区内也已大水弥漫，徐某便和带队教师进行了沟通。经过讨论，出于安全考虑，下午杭州的行程取消，中餐后直接去酒店入住，下午可以组织学生们做一个"印象江南"的研讨活动。会场费用也已经问清楚，两个小时仅500元，并且还提供茶水和其他设备。下午的景点换到第四天景点参观结束后时间充足的情况下去参观，带队教师和同学们商议后同意了这一安排。安排好中餐后，汽车安全抵达了杭州的酒店，因为徐某事先和酒店联系过，所以房间和会议室很快都准备好了。趁着同学们进入房间放东西和休息的一个小时，徐某用酒店的计算机做了一个关于江南印象的PPT，并且提前进入会场调试。同学们进入会场后，开始还以为是要上课，没想到徐某以一首林俊杰的《江南》为开头，引起了大家的兴趣。接着，徐某的PPT中的精美图片和柳永的《望海潮》词句，更是让大家感受到了江南的美。而后徐某担任主持人，让同学们说一下对江南的印象，或者分享一下前两天在无锡、苏州的感受或者照片，一时间，大家踊跃发言。当有人还不大敢站起来发言的时候，徐某用自己的歌声或者经典的诗句进行鼓励。后来，带队教师都上场来演讲了一段。活动结束后，同学们异常兴奋，感觉这个活动比采风还有意思，并且学到了不少的知识，带队教师也竖起了大拇指。第四天，天气转好，早晨徐某让同学们提前一个小时起床出发，并且顺利将原来的行程都走完了。在即将送团的时候，带队教师和同学们都给了徐某很高的评价，并且写了表扬信，而师生们也只比原定的时间晚了3小时回到了学校。

案例分析

　　由于研学旅行是走出去的实践活动，受交通、天气、环境等客观因素的影响比较大，可能会发生这样那样的问题，而研学旅行活动必须秉承"安全第一"的原则，一旦遇到意外情况，就不能冒险按原计划执行，必须要考虑一些解决方案。本案例中的暴雨就是不可抗力因素，为师生安全考虑，不可能继续原定行程，需及时做出调整方案，这就是导游（或者研学旅行指导师）应变能力的一种体现。徐某通过查天气预报得知大概率的意外情况，便做好了各种准备，如提前入住酒店，租用会议室开展活动等。那为什么要开展活动呢？因为空余出来半天不仅会浪费时间，还会让学生们无事可做，而开展一个与采风相关的活动，会让学生对此次行程印象更加深刻，并且能提高学生们的积极主动性。徐某用一个小时做了个相关的PPT，并用歌曲、诗词、演讲等方式，演绎了江南印象，也给学生们开了头，做了引导，这考验的是导游（或者研学旅行指导师）的知识水平。如何激发学生们的兴趣，如何调动起学生们的积极性，考验的是导游（或者研学旅行指导师）的控场能力。最后，一旦发生一个事件，导游（或者研学旅行指导师）必须将方方面面的问题考虑周全，并且做好协调，这考验的是其协调能力。本案例中，徐某提前考虑到了暴雨的影响，于是联系了酒店、景区、旅行社、带队教师等，最后用一场别开生面的研讨活动圆满解决了问题，而且成本只需500元，这是校方能够承受的，可以说这场因为暴雨带来的研讨活动反而是一个惊喜。

　　因此，一个优秀的研学旅行指导师必须学会在各种意外和困难面前处变不惊，要有细致的观察能力、灵活的协调能力、丰富的知识和较强的沟通能力，这样才能考虑周全，才能顺利解决各种问题，为研学旅行的顺利实施保驾护航。

模块六
研学旅行基地的运营

项目一　研学旅行基地的设施管理

▶▶▶ 任务一　设施建设与管理原则

2019 年 2 月 26 日，中国旅行社协会与高校毕业生就业协会联合发布《研学旅行基地（营地）设施与服务规范》（T/CATS 002—2019），其中明确规定了研学旅行基地（营地）（以下简称"基地"）建设和管理的 4 个原则，具体如下。

一、教育性原则

基地应结合学生身心特点、接受能力和实际需要，注重系统性、知识性、科学性和趣味性，为学生全面发展提供良好的成长空间。

二、实践性原则

基地应因地制宜，呈现地域特色，引导学生走出校园，在与日常生活不同的环境中拓宽视野、丰富知识、了解社会、亲近自然、参与体验。

三、安全性原则

（1）基地应始终坚持安全第一，配备安全保障设施，建立安全保障机制，明确安全保障责任，落实安全保障措施，确保学生的安全。

（2）基地应远离地质灾害和其他危险区域，有完整的针对研学旅行的接待方案和安全应急预案。

四、公益性原则

（1）基地应把谋求社会效益放在首位。

（2）基地应对经当地相关主管部门核准为贫困家庭的学生减免费用。

▶▶▶ 任务二　区域的规划设计

研学旅行活动的开展不局限于一间教室，而是周转于多种场所，这要求研学旅行基地应当从研学活动需求出发，结合自身资源与条件，科学地规划、建设用于开展研学旅行活动及相关活动的场所。

研学旅行基地的区域规划设计可分为两个主要步骤：第一步是从师生需求、基地资源、基地课程体系等方面出发，划分基地的基本功能场所；第二步是对各个场所的布局位置、区域容量、基础设施、基础装修等各方面进行设计。一个标准的研学旅行基地应包括教学场所和配套生活区域。

一、教学场所

教学场所是研学旅行活动开展的基础物质条件。基地的绝大部分研学旅行课程都是在经过专门规划的教学场所进行的。研学旅行基地应根据自身资源条件和课程体系来规划设计教学场所。

（一）区域规划

研学旅行基地应规划建设由室内、室外教学场地构成的教学场所。建设应以确保学生活动安全为前提，特殊设备需具备主管单位的检测验收报告。研学旅行基地的教学场所具有多样性、丰富性和开放性的特点。很多研学旅行基地在建设教学场所时，同时建设有知识认知与探究区域、技能学习与体验区域、实践操作与活动区域等多类型的活动区域。研学旅行基地可以根据不同功能或不同研学教育主题及不同年龄段的学生规划相应的教学场所和设施。

（二）场所容量

研学旅行基地应根据活动需求确定教学场所的容量。在综合型研学旅行基地，一些大型教学场所要能容纳百人甚至千人以上的师生同时开展活动，普通教学场所至少应能容纳一个班级的学生。

（三）建筑设计

教学建筑物外观设计应以简洁大方、突出研学特色、体现基地主题为原则，建筑风格和材质需要与基地环境协调一致，内部环境的设计应以实用性为原则，以服务研学旅行教学活动的开展为前提。好的教学建筑物的内部环境设计还应能营造沉浸式的教学氛围，增加教学的参与性、趣味性。

（四）设施配置

在充分考虑安全性的前提下，研学旅行基地应根据不同研学教育主题及不同年龄段的学生为教学场所配备相应的教学设施。例如，江苏锡山古来石斛基地在建造教学场所时，为了研学团队能更好地观察石斛，专门建造了陈列石斛标本的设施；为了让学生观摩石斛生长环境和养殖技术，建造了专供研学教学的大棚，让学生可以身临其境地感受先进的科学技术。

二、配套生活区域

研学旅行课程的实施载体是旅行，所以离不开"吃""住""行"三大旅行生活要素。参加研学旅行的师生们往往要在研学旅行基地逗留一整天甚至好几天，这就要求研学旅行基地必须负责这些师生的餐饮、住宿和交通。研学旅行基地的生活区域包括餐饮、住宿及交通三大部分。

（一）餐饮区域

研学旅行基地餐饮服务管理不能完全用社会餐饮服务管理的标准来衡量，应该更多地从研学旅行基地的餐饮特点出发，结合场所选择、环境保护、便于管理等因素来综合考虑。

1. 选址原则

主要餐饮区域应该设在恰当的位置，以吸引更多的学生前来就餐，如果距离研学点太远，很难为研学旅行团队提供好的用餐服务。餐饮区域应交通便利，要有良好的外部连通性，允许车辆直达，同时还要使学生能够较为便捷地前往研学点。餐饮区域的选址和建设不能破坏景观，应该避开景观优美、环境脆弱的地方。餐饮区域的废弃物会给研学旅行基地带来一定的环境污染，研学旅行基地的餐饮区域应该设置在人流相对较多安全的地方，如基地的出入口、基地内学生集中休憩的区域、基地内的娱乐活动区域等。

2. 功能规划

根据日常研学活动的需要，研学旅行基地至少应该规划"普通食堂"和"灵活餐饮点"两类餐饮区域。

（1）普通食堂是专门为参加研学旅行活动的学生和教职员工提供普通用餐服务的场所，主要功能是提供师生的早、中、晚三餐的日常用餐服务。

（2）灵活餐饮点是为师生临时、随时补充在活动中迅速消耗的能量，而灵活提供用餐服务的区域。灵活餐饮点布局分散而灵活，是具有小卖部性质的用餐场所，经营中西餐点、冷热饮及零食等。

（3）具备资源条件的研学旅行基地，可以根据基地研学课程体系，建造"文化体验餐厅"，将餐饮服务纳入研学课程体系。文化体验餐厅不仅是师生用餐的场所，更是师生开展体验探究饮食文化的研学活动场所，在这里师生可以开展考察探究、设计制作、职业体验等研学教学活动。

3. 规模体量

主餐厅应充分考虑大规模用餐需求。研学旅行基地根据评定级别的不同，对学生的承接量和接待要求也不相同。国家级研学旅行基地要求能保证1000人以上的容量，多功能餐厅也应当保证适当容量。

4. 建筑物设计原则

研学旅行基地内的餐厅、餐饮店的设计应该符合基地的主题，建筑风格和材质应该与基地环境协调一致，不能造成视觉污染，其设计风格应该能为基地的建筑及景观设计起到锦上添花的作用。

（二）住宿区域

研学旅行基地住宿服务设施通常规模较大，并且对周围环境的影响较为明显，因此研学旅行基地建设住宿区域时要搞好规划与设计，考虑区位选址、外观景观、规模体量等因素。

1. 区位选址

住宿区域要有良好的外部连通性，能够允许汽车直接通达且可便捷到达研学旅行基地的核心区，但也不要过于靠近交通要道。住宿区域不能影响周边景观环境，不能影响研学旅行基地中的景观视线，更不应设置在生态环境较为脆弱的地段。

2. 外观景观

住宿建筑物建筑风格要与研学旅行基地生态环境景观协调一致，外观设计要保持浓郁的本地民族风格，要具有观赏性。

3. 规模体量

住宿建筑物的体量大小要根据研学旅行基地的规模大小来确定。住宿建筑物规模大，承载能力强，接纳的学生就多，经济收入就会高。研学旅行基地规划住宿建筑物的体量时要参照有关标准和要求。

4. 排污系统环保

研学旅行基地在建设住宿建筑物的排污系统时，要考虑低碳环保问题。

（三）交通区域

交通便利是研学旅行基地正常运营的基础。研学旅行基地在对交通线路进行规划和布局建设时，应遵循以下 5 个原则。

1. 环保优先

研学旅行基地应将环境保护因素放在首位进行规划，对生态环境的影响要尽量降到最低。特别是以动植物资源为特色的研学旅行基地，还要考虑动物繁殖、迁徙的情况，减少对动物生存环境的影响。研学旅行基地要以节能减排为目标，发展新能源交通，减少交通污染，以利于研学旅行基地的可持续发展。

2. 突出特色

研学旅行基地的交通规划与设计要考虑到对景观观赏效果的影响，要充分考虑研学旅行基地的自然和人文环境特征，突出研学旅行基地的个性和特色，宜采用本地特有的材质建设道路，按照本地特有的社会文化风情选用交通工具、设计沿线景观，使交通与研学旅行基地的个性文化融为一体。

3. 高效畅达

研学旅行基地要在充分调研市场的基础上进行合理的交通规划和配置，以保持较高的交通设施使用频率，较快获得资金回报；还要在保障安全的前提下，提高行驶速度和舒适度，让师生有良好的乘坐体验；在交通布局方面，应保证学生团队"进得来、散得开、出得去"，各种交通方式互相配合、相互衔接，力求交通畅通无阻。

4. 形式多样

我国大量研学旅行基地内的研学旅行景观丰富、类型多样，甚至有水、陆、空融合的景观系列。研学旅行基地布局交通时，应该遵循多种交通方式相结合的原则，让学生在观赏到不同景观的同时，体验到不同的交通方式带来的研学旅行感受。

5. 安全舒适

安全原则是研学旅行管理中最重要的原则。道路、交通工具及途经区域的安全程度都是研学旅行各方要考虑的重要环节。交通本身具有体验性的特征，学生在交通方面比一般旅行者更注重交通过程的舒适性和趣味性。交通项目的设计要充分考虑交通道路、交通工具的形式和等级，在交通服务质量标准中突出研学旅行项目所需的舒适性和趣味性等方面的要求。

》》》任务三 教学场所设施管理

研学旅行基地须建有室内或室外的专用教学场所，配以专业技术人员或专人定期清洁整理及保养维护；应在每次活动前进行检查，确保教学场所与设施功能良好，以保障日常研学活动正常进行。

一、室内教学场所

（一）研学主题与教学环境协调

研学旅行基地应根据研学主题及学生年龄段的不同，配备相应的研学场地；根据教学需求布置室内教学场所的环境及设施；室内装潢与布置应当以能够塑造教学情境为最佳；建筑物的造型与环境应当协调。

（二）教学辅助设施的配备

研学旅行基地应根据基地主题，结合研学教学服务计划，配备相应的教学辅助设施，以供参与研学旅行的师生在不同类型的研学旅行课程中进行演示、体验、实践之用。这些教学辅助设施包括实验室、多媒体教学设备、教具、学具、活动器材、网络系统、信息平台等。

（三）活动物料配备及管理

研学旅行基地应根据课程教学需求，为学生配置活动所需物料，所有物料均由正规企业提供，研学旅行基地应备存检验报告。研学旅行基地要建设一套完备的设施设备及活动物料管理制度，配备专业人员，制定管理条例，编写师生使用规范守则等，科学专业地使用、维护与保养研学旅行基地的设施设备及活动物料。

（四）教学场所基本条件

室内教学场所的通风条件、照明条件、卫生条件应达到基本要求。研学旅行基地需制定教学场所的环境卫生管理制度及师生活动的教学环境安全守则，以维持室内教学场所环境整洁卫生，运行安全有序。

二、室外教学场所

室外教学场所是为了满足无固定设施的团队进行训练类项目而设置的，对安全性和便利性有更高的要求。室外教学场所要求场地平整、排水良好、无尖石碎物等危险物体，须配有简单的基础设施，特殊设备需具备主管单位的检测验收报告。有顶活动场所是满足露天集合及开展各类活动需求，同时为能避免日晒雨淋，开展活动需要的教学活动区域，应考虑到最大容量，并以确保活动中人员的安全为前提，须配套相应的基础设施。

>>> 任务四　餐饮设施管理

研学旅行基地内的餐饮设施的形式主要有学生食堂（餐厅）、餐饮点和文化体验餐厅 3 类。

一、学生食堂（餐厅）

学生食堂（餐厅）是专门为参加研学旅行活动的学生和教职员工提供就餐服务的餐饮场所，其主要功能是为学生提供普通的用餐服务，须满足以下标准和要求。

（一）规划充足容量

学生食堂一般要能保证 200 人以上同时用餐，国家级研学旅行基地要能保证 1000 人以上同时用餐。

（二）做好区域划分

用餐区、洗涤区、餐具区、菜品制作区、垃圾倾倒区的规划可以参考中小学食堂的相关规划标准；桌椅、餐具、厨具等的配置要求可以参考中小学食堂的相关配置标准。

（三）环境及设施设备清洁卫生

学生食堂（餐厅）内外的卫生应符合《饭馆（餐厅）卫生标准》（GB 16153—1996）的要求。微小气候、空气质量、通风等卫生标准，要求执行《饭店（餐厅）卫生标准》（GB 16153—1996）的相关规定。饮食、饮具消毒卫生标准应执行《食品安全国家标准 消毒餐（饮）具》（GB 14934—2016）的相关规定。饮用水卫生标准应执行《生活饮用水卫生标准》（GB 5749—2006）的相关规定。此外，学生食堂（餐厅）的内外环境、卫生设施、工艺流程、生产用水、个人卫生、生产用具等都必须符合《食品安全法》的有关规定。同时学生食堂（餐厅）还需制定卫生管理制度，以确保日常设施的卫生安全。

（四）饭菜品质

学生食堂（餐厅）餐饮服务的基本原则、基本要求、基本程序、管理制度应符合《旅游餐馆设施与服务等级划分》（GB/T 26361—2010）的要求。

（五）污水排放

学生食堂（餐厅）的污水排放应符合《污水综合排放标准》（GB 8978—2017）的相关规定。

二、餐饮点

餐饮点指研学旅行基地内规模较小的中餐点、西餐点、果汁店、冷饮店、茶室、小吃店等辅助餐饮服务设施，其主要功能是为零星分散的学生提供餐点、零食等辅助性的餐饮服务。研学旅行基地在餐饮点的管理上要注意以下问题。

（一）餐饮点布局及设施配置

餐饮点可以分布在研学活动场地及生活场所的各个角落，形式较为灵活，因此餐饮点的规划布局和设施配置都可以因地因需求制宜，可以参考学校小卖部的建设要求。

（二）内外环境及卫生要求

餐饮点的内外环境、饮用水、个人卫生、餐具卫生等卫生要求与学生食堂（餐厅）相同。

（三）食物储存周转

餐饮点对食品储存的要求略有不同，对食材的用量、购买等更要求多次、小量、灵活，食品周转速率应比学生食堂（餐厅）高。

三、文化体验餐厅

文化体验餐厅是研学旅行基地提供的特色文化餐饮服务场所。文化体验餐厅的主题功能鲜明，把餐饮制作功能纳入研学旅行课程，为学生提供研学旅行体验。文化体验餐厅既是餐饮服务场所，又是研学旅行教学场所，需要关注以下 3 个方面。

（一）设施配置

文化体验餐厅的规划建设及设施配置，除了餐饮功能，还要考虑教学活动功能，需将教学场所的建设要求纳入文化体验餐厅的建设要求，满足学生开展研学活动的需要，建设成具备能开展餐饮文化体验研学活动的餐饮服务区域。

（二）环境卫生

文化体验餐厅的环境卫生要求应与学生食堂（餐厅）相同。由于文化体验餐厅可提供学生参与食物制作的服务，其餐饮功能应当更加齐全，规划体量应充分满足学生进行餐食制作的要求，用餐区、洗涤区、餐具区、菜品制作区、垃圾倾倒区的规划设计、环境、设施设备卫生的条件、用水质量、菜品要求等，都应首先参考学生食堂（餐厅）的标准，并考虑活动执行的安全性和可操作性。

（三）设计风格

文化体验餐厅应当注重文化体验研学功能，因此应将当地餐饮文化融入餐厅规划与设施建设。

▶▶▶ 任务五　住宿设施管理

研学旅行基地属于中小学生的生活社区，其规划、设计、运营与使用，都必须以中小学生为主体。硬件设施要符合集体住宿的基本需求，拒绝奢华，简约实用便可，应减少内部空间的约束，充分考虑天然采光与环保减排的理念，给学生创造一个安全、整洁、卫生、文明、舒适、优美的住宿环境。研学旅行基地在环境与管理上有别于普通酒店，其集体住宿的营舍设计，除了要让学生获得更安全和纯朴的生活空间外，也要让校方能放心、省心地组织大规模校外活动。为达到上述目的，研学旅行基地需要明确设施要求和管理标准。

一、设施要求

（一）基础设施

（1）住宿服务设施设备的质量和档次应与研学旅行基地的规模和等级相匹配。

（2）设施及耗材注重低碳环保。住宿设施建设涉及能源消耗和排污，研学旅行基地要考虑低碳环保问题，采用节能低耗的设施设备和用品。

（3）消防安全设施完善。研学旅行基地住宿服务设施设备需严防火灾，研学旅行基地建设规划时应该首先论证其可行性，要提前配备健全的消防设施，确保安全。

（4）管理与维护设备设施。研学旅行基地要保证住宿服务设施设备的功能完好，做好清洁卫生和日常维护工作，方便学生使用。

（二）客房

（1）客房要保持干净卫生，客房内外设施要清洁整齐，使学生产生信赖感、舒适感、安全感，能够放心使用。房间应适时通风除湿，避免床单、被褥、地毯和浴巾潮湿、产生霉味，保持客房环境舒适。

（2）客房的安全、消防设施要齐全可靠，保持无污染、无噪声的居住环境，防火、防疫、防治安事故等安全预防工作要到位。

（三）公共区域

（1）公共区域保持整洁卫生。日常公共区域应时常打扫，保证舒适、美观、整洁。

（2）环境安静轻松。设备要低碳环保、低噪甚至无噪。做好隔音措施，阻隔噪声的传入和传导。张贴"请勿喧哗"等温馨提示标志。服务人员在提供服务时，须做到"三轻"，即走路轻、说话轻、操作轻，保持环境安静轻松。

二、管理标准

基地住宿服务应规范正确，符合国家相关标准。

（一）服务标准

（1）住宿业的总体服务质量和安全管理应符合《旅游饭店星级的划分与评定》（GB/T 14308—2010）的要求。

（2）室内客房用品质量、配备要求等应符合《星级饭店客房客用品质量与配备要求》（LB/T 003—1996）的相关规定。

（3）露营地应符合《休闲露营地建设与服务规范》（GB/T 31710—2015）的要求。

（二）环境标准

（1）青少年拓展训练营地的建设要求应当符合《大型游乐设施安全规范》（GB 8408—2018）和《游乐园（场）服务质量》（GB/T 16767—2010）的规定。

（2）住宿业的环境保护要求应符合《绿色旅游饭店》（LB/T 007—2015）的要求。

（3）环境空气质量应符合《环境空气质量标准》（GB 73095—2012）的要求。

（4）声环境质量应符合《声环境质量标准》（GB 3096—2008）的要求。

（三）卫生标准

（1）污水排放质量应符合《污水综合排放标准》（GB 8978—1996）的规定。

（2）厕所质量应达到《旅游厕所质量等级的划分与评定》（GB/T 18973—2003）中 A 级及以上标准。

（3）传染性疾病预防工作应符合《商业服务业经营场所传染病预防措施》（GB 190—2003）的规定。

▶▶▶ 任务六　交通设施管理

研学旅行基地的交通是研学旅行辅助服务的重要环节，需要总体规划、合理布局、有序建设。

一、游步道规划管理

游步道也叫路侧游步道，研学旅行基地内部游步道路面狭窄，既有灵活性，又有趣味性。研学旅行基地要通过警示标识或者管理人员提醒严禁车辆进入，严禁乱扔垃圾，严禁破坏树木花草等沿途景观，以保护生态环境。路侧游步道交通应符合《风景旅游道路及其游憩服务设施要求》（LB/T 025—2013）的规定。

二、自行车道规划管理

研学旅行基地应在基地道路一侧提供宽敞的路肩作为自行车道，与机动车道以标线区隔；在条件允许地段，可划出专属自行车道，供骑自行车的研学旅行学生使用。自行车道须有良好的铺装平整的砂石路面，尽可能避免台阶路段；自行车道设计与基地道路在铺装、颜色等方面应有所区分，同时又能保持与基地道路整体风格的一致性；自行车道与基地道路和游步道之间应有良好的衔接，过渡区域自然、安全；自行车道可考虑按照实际需要设置独立的休息设施、保护设施、无障碍设施等。

三、安全标识管理

安全管理是研学旅行基地交通服务管理的重要工作。因此，研学旅行基地应建立健全基地安全标识系统。例如，在车辆禁止出入的区域，设置"严禁车辆进入"的警示标识。

四、停车场管理

研学旅行基地对停车场的规划及管理应符合《风景旅游道路及其游憩服务设施要求》（LB/T 025—2013）的规定，同时考虑以下因素。

（一）位置合理，景观协调

停车场应设置在基地入口不远处，方便学生团队车辆驶入、驶离。停车场位置要与基地的研学景观协调一致，设计应符合基地的生态化要求。停车场设施设计要考虑路面结构、绿化、照明、排水等因素，应符合相关要求。

（二）容量合理

停车场面积的大小应根据基地接待学生的容量合理建设，停车场规模应与学生承载量相适应。国家级中小学生研学实践教育基地应保证每期至少能够同时接待 1000 名学生开展活动；省级中小学生研学实践教育基地应保证每期至少能够同时接待 500 名学生。

（三）合理规划停车区

1. 设置大小车停车区

停车场应大小车分区停车，车辆上下客分区，引导标志标识清晰，有专人值班管理。大车停车区主要供大型旅游车、大公交车和卡车停放；小车停车区主要供轿车、电瓶车、中巴等小型汽车停放。

2. 设置自行车停车区

自行车也是研学旅行团队的交通工具之一。研学旅行基地要对进入基地的自行车进行统一管理，避免乱停乱放影响基地的整体形象，应设置自行车停车场。研学旅行基地可在机动车停车场内规划出一片区域供自行车停放，也可单独设置自行车停车区。因自行车的形制大致相同，研学旅行基地可根据自行车的宽度设计停车带宽度、通道宽度、单位停车面积。

3. 设置备用停车场

很多研学旅行基地都设置在旅游景区，旅游高峰时，学生来景区参加研学旅行活动，车辆拥挤，车位紧张。研学旅行高峰期间，为保证研学旅行团队车辆顺利进出，研学旅行基地必须在研学旅行基地附近设置临时备用停车场，保证研学旅行团队正常进出。

4. 标识齐全

（1）区分并标识出入口。研学旅行基地的停车场应分别设置入口和出口，以便汽车能有序地从入口驶入和从出口驶出，同时也便于停车场管理人员对进出汽车进行服务和管理。

（2）对车位进行编号。在停车场设立停车线，汽车按车位停放。要对每个车位进行编号，便于停车场管理人员服务和管理车辆，也便于学生记忆。

（3）设置回车线。为了使停车场里的车辆出入有序，不产生混乱、堵塞现象，须设立明显的回车线，使司机能根据回车线的指示有秩序地在停车场里出入。回车线主要采用地面硬化指示或灯光指示两种方式。

5. 配套完善

（1）汽车维修服务设施。大型研学旅行基地可在停车场设立一个汽车维修保养点，主要是为到研学旅行基地的汽车提供维修及保养服务；同时可在维修点提供清洗服务。

（2）配备消防设施。按消防部门的要求及规定，停车场须设立数量足够的消防设施设备，以便在发生火灾时能及时处置。另外，保安部门必须定期检查防火、灭火装置及设备，并训练停车场的员工掌握灭火装置的使用方法和灭火技能，也可以让学生参与训练。

（3）配套停车管理服务。研学旅行基地应配置专业的停车管理服务团队，制定完善的停车管理服务制度，停车管理服务应做到完备、专业、周到，以提升整体研学旅行服务质量。

项目二　研学旅行基地的服务

▶▶▶ 任务一　研学旅行基地服务概述

一、服务内涵

研学旅行基地的服务是以中小学生为服务对象，通过调动基地的人力物力资源，提供在基地进行的研学旅行实践教育服务，并协同为服务对象提供逗留于此时间段内的住宿、餐饮等配套服务，帮助他们完成一定教育目标的过程。研学旅行基地的服务必须包含3个方面：服务主体（研学旅行基地）、服务对象（学生）和服务媒介（设施设备、人力资源及管理制度等）。

二、服务对象

根据《中小学综合实践活动课程指导纲要》，研学旅行是社会综合实践活动课程，是达成基础教育素质培养目标的有效途径和手段。根据国家基础教育的培养目标和中小学生身心发展特点，并考虑避开升学学段，研学旅行基地的服务对象学段一般定位于小学三年级至五年级、初中一年级至二年级、高中一年级至二年级。

研学旅行基地应该在充分考虑服务对象的特点和需求的基础上提供服务。研学旅行基地应根据学生在不同学段、不同年龄的素质培养目标，开发建设与之相符的课程主题；即使主题内容相同，也要求在教学内容、教学目标、教学手段及评价上根据不同学段的学生分出层次来；其他配套服务的安排也同样要考虑不同年龄学生的身心发展特点。

三、服务目标

依据研学旅行基地服务的内涵，研学旅行基地的服务目标就是为服务对象提供有效的研学教育服务，让服务对象获得高质量研学旅行体验。在提供服务的过程中，研学旅行基地在每一环节都要以服务目标为准绳来要求服务质量；在提供教育服务时，应以高效达成教学目标为标准；在提供其他配套服务时，应考虑是否有效辅助了核心服务，即教育服务，或者是否提升了服务体验。

四、服务分类

（一）按照性质和功能分类

研学旅行基地服务按服务性质和功能的不同，可分为研学旅行核心服务、配套服务和辅助服务。

1. 核心服务

核心服务，即围绕研学旅行教育活动提供的课程相关服务，主要是研学旅行教育服务，包括课程开发与实施服务及教务服务。研学旅行基地所提供的服务均以研学旅行教育活动为核心。

2. 配套服务

配套服务是指为核心服务提供的配套服务。研学旅行教育活动是"旅行"中的研学。学生在研学旅行基地开展研学活动的同时，要在基地逗留一整天甚至过夜留宿，因而"吃""住""行"等生活要素也是研学旅行的要素，是研学旅行基地必须提供的配套服务内容。配套服务包括餐饮服务、住宿服务及交通服务。

3. 辅助服务

辅助服务包括卫生服务、安全服务、信息服务等。研学旅行活动的进行不可避免地需要卫生、安全等方面的服务支持，有了"吃""住""行"的配套服务和卫生服务、安全服务、信息服务等辅助服务，研学旅行基地才能提供完整的研学旅行服务产品。

（二）按照研学活动过程分类

根据研学旅行活动过程的不同，研学旅行基地服务又可分为研学旅行前、研学旅行中和研学旅行后3个环节的服务。

（三）按照运营机制分类

根据研学旅行基地运营机制的不同，研学旅行基地服务可以分为课程服务、接待服务、管理服务和市场服务。由于本书侧重阐述的是研学旅行运行方面的原理，主要按照功能分类对研学旅行基地的服务内容进行介绍，所以这部分内容将不展开介绍。

五、服务原则

研学旅行基地服务应依据 2019 年 2 月 26 日中国旅行社协会与高校毕业生就业协会联合发布的《研学旅行基地（营地）设施与服务规范》（T/CATS 002—2019）执行，遵循以下 5 个原则。

（一）教育性原则

基地应结合学生身心特点、接受能力和实际需要，注重系统性、知识性、科学性和趣味性，为学生全面发展提供良好成长空间。

（二）实践性原则

基地应因地制宜，呈现地域特色，引导学生走出校园，在与日常生活不同的环境中拓宽视野、丰富知识、了解社会、亲近自然、参与体验。

（三）安全性原则

（1）基地应始终坚持安全第一，配备安全保障设施，建立安全保障机制，明确安全保障责任，落实安全保障措施，确保学生的安全。

（2）基地应远离地质灾害和其他危险区域，有完整的针对研学旅行的接待方案和安全应急预案。

（四）公益性原则

（1）基地应把谋求社会效应放在首位。

（2）基地应对经当地相关主管部门核准为贫困家庭的学生减免费用。

（五）整体性原则

研学旅行基地的服务包括生活、学习、实践等方方面面。研学团队对基地的服务是否满意，取决于通过基地各方面的配合所呈现的整体效果和完整的体验，因此基地各部门应该秉持体验性、整体性原则，共同为研学团队做好服务。

▶▶▶ 任务二　研学旅行基地的教育服务

教育服务是研学旅行基地为服务对象提供的核心服务。研学旅行基地的教育服务是指，研学旅行基地根据自身资源特性，在不同领域，结合学生学段特点，提供的一系列研学旅行综合实践课程服务。

研学旅行基地的教育服务分为课程开发、课程实施和教务管理 3 个方面。课程开发侧重于通过调研资源，设计、开发研学旅行课程体系，提供课程服务；课程实施侧重于通过调动研学旅行基地的师资、管理力量、物资，组织开展研学旅行课程，为研学团队提供教育服务，是课程实施中的服务；教务管理侧重于搭建管理体系及管理制度实施等方面。

在课程开发方面，需要注意研学旅行是"行走的课堂"，学生的研学活动总是由若干基地行程组成，因而，基地研学课程常常作为整个课程体系的一个课程单元存在，而不能单独形成完整的课程。研学旅行基地一般不担任独立开发全部研学旅行课程的角色。为此，研学旅行基地应该与学校、旅行社、教育公司等合作，通过把自己的资源以学习单元的方式植入对方所开发的课程，或者把自己的课程资源提供给对方，由对方对资源进行整合，开发出适用的研学旅行课程。

在课程实施方面，研学课程大多由研学旅行指导师和研学旅行基地共同完成任务，研学旅行基地承担了大部分的服务功能。

课程开发与课程实施的具体内容，在本书的模块三和模块四中已分别进行了详细阐述，本模块将着重分析研学旅行基地教育服务中的教务管理部分。

教务管理是研学旅行基地为课程实施服务而建设的管理服务体系。研学旅行基地的教务管理与学校教务管理一脉相承，两者有着紧密的联系和高度的相似性；在制度体系建设与人员物料管理等方面，研学旅行基地也有很多自身独有的特点。

一、教务团队建设

研学旅行基地应注重加强教务团队建设，提升基地教务管理水平，调动基地每一位教务工作者的积极性，引导他们把能力和智慧投入到研学项目的育人目标上来。研学旅行基地教务管理团队由教务总管、教务管理人员、研学旅行指导师、安全员和医护人员等 5 类岗位人员组成。

（一）教务总管和教务管理人员

每个研学旅行基地至少应配备一名教务总管，负责基地所有的教学教务工作；教务管理人员可以按照 1：200 的比例配备，即每接待 200 名学生要配备 1 名教务管理人员。

（二）研学旅行指导师

研学旅行指导师是研学旅行基地的主要师资力量。研学旅行指导师应具备一定的研学课程开发能力，能够根据不同学校对综合实践活动的要求，挖掘基地内外的课程资源，开发具体的研学课程，并讲授相关研学课程。研学旅行指导师可以按照 1：30 的比例配备，即每接待 30 名学生需要一名研学旅行指导师。研学旅行指导师是学生综合实践教育课程的落实者，具有导游和教师的双重身份，但应更侧重教师的身份和能力。

（三）安全员

安全员主要负责学生的安全问题，既负有守护基地安全的职责，也负有对学生行为进行教育和指导的职责。研学旅行基地的安全员应该由训练有素的专职人员来担任。基地安全员的数量应与研学旅行指导师相同，即与研学旅行指导师的比例为 1：1。

（四）医护人员

医护人员一般按照 1：100 的比例配备，即每 100 名学生配备 1 名医护人员，特殊情况下可根据实际需求增加。

教学团队管理应该注重资质审核，进行严格选拔，所有人员的录用都应经过资格审查、面试、试用、录用的全面程序。研学旅行基地要不断引进骨干力量充实教学团队，经常更新活动内容，为基地发展注入活力。研学旅行基地要注重师资队伍的培养和人才梯级储备，为师资队伍的成长提供发展空间，可参考借鉴学校师资队伍的培养方法，如以老带新、组织集体备课、观摩课、评课交流提高教师队伍水平，组织外出培训交流，邀请知名专家指导从而迅速提升教学素养，等等。

二、教学质量管理

教学质量管理是研学旅行基地管理者依据一定的质量标准，运用科学的手段和方法，对基地活动过程及结果进行全面的监控、检验和评估，其目的是提高活动质量，促进基地的持续发展。

教学质量管理要树立全面管理、全过程管理和全因素管理理念，从研学活动组织和学生活动效果两个方面进行。研学旅行指导师和安全管理员要通过课程开发、组织观摩活动、检查活动组织过程、检测活动效果等方法来进行系统管理。研学旅行基地教学质量管理受人、财、物、时间、空间和信息等多种因素影响。活动经费、设施设备、活动环境、团队效能等能否满足正常活动需求，是否有利于教学质量的进一步提高，是否有利于基地长远发展，都是管理者应全面考虑的问题。研学旅行基地教学质量管理主要包括以下内容。

（一）科学制定教学质量标准

要求参考《中小学综合实践活动课程指导纲要》的多维课程目标，即从学生在活动中形成的价值体认、责任担当、问题解决、创意物化等方面的意识和能力来设计教学质量管理内容。一般可以从两个角度来设计：一是从课程开发角度进行，通过学生活动的情况来评价课程开发是否能够达到活动目的；二是从教学开展角度进行，通过教学的效果来评价师资队伍的活动落实情况。

（二）教学质量监控及检查

研学旅行基地管理者可以通过日常管理制度、信息化管理设备等手段，对基地教学项目的执行情况进行监控，也可以通过教学质量检查来了解课程总体执行情况及服务对象的满意度。教学质量检查有多种方法，可以将基地检查与学校反馈检查相结合，过程检查与效果检查相结合，全面检查与重点抽查相结合，多维度做好对检查结果的整理、统计、分析和评价。研学旅行基地管理者通过质量分析可以总结成绩、发现问题，并提出切实可行的改进办法，使基地教学质量得以提高。

三、教学文件规范化管理

完善的、成体系的教学文件是研学旅行课程高质量教学管理的必要条件，研学旅行基地的教学文件应当至少包括课程总表、教案、学案等。

（一）课程总表

课程总表是研学旅行基地的单元课程形成之后制作的文件形式，记载同一年级或学龄段学生参加研学旅行活动的课程总安排。课程总表的内容应该包括授课对象（注明所属学段）、课程名称、课程单元、时长、单元内容与教学目标等，如表 6-1 所示。

表 6-1　××市×××研学旅行基地课程总表

序号	年级	课程名称	课程单元	时长	单元内容与教学目标
1					
2					

序号	年级	课程名称	课程单元	时长	单元内容与教学目标
3					
4					

（二）教案

课程总表制好后，就要对每门课程编写内容非常详细的教案。一份完整的教案主要包括课程类型、教学对象、课时安排、教学目标、知识准备、教学环节、教学过程等，具体参考本书模块三的相关内容。

（三）学案

虽然研学旅行没有固定的教学模式与教学内容，也没有严格意义的教材，但是研学旅行基地应为学生编写每门课程的学案。系统的学案是一份很好的学习资料，可以作为教师上课辅助教材，也可以作为学生的学习手册。很多研学旅行基地设计的研学手册就是比较好的学案。

▶▶▶ 任务三　研学旅行基地的餐饮服务

餐饮服务是研学旅行基地的基础性项目，是研学旅行服务的重要组成部分。它不仅能够满足学生对餐饮产品和服务的需求，还能反映研学旅行基地的发展状况，直接影响着研学旅行基地的形象。

一、餐饮服务特点

研学旅行基地餐饮服务具有以下特点。

（一）监督管理严格

研学旅行基地的餐饮消费者绝大多数是来自异地的中小学生，他们处于身体成长期，在年龄、性情、喜好、口味、社会背景、心理需求、安全理念等方面都各有不同，这就对研学旅行基地餐饮服务中的食品品质和安全性监督管理提出了更高的要求。食品安全监督管理是研学旅行基地餐饮服务常规工作中很重要的一部分，需要时刻注意在各方面管理到位。

（二）服务规模大

研学旅行团队规模大、学生数量多，这要求研学旅行基地的餐饮服务规模能满足不同团队的需求。接待能力强、餐饮卫生有保障的大型餐饮企业有更大的竞争优势，而类似夫妻店式的家庭小摊点就很难达到研学旅行团队的严格要求。

（三）淡旺季明显

中小学研学课程在时间分布上，往往集中于某一时间段，研学旅行基地的餐饮服务呈现明显的淡旺季特征。这就要求研学旅行基地要做好餐饮服务准备工作，以应对不稳定的客源市场。

（四）经营方式灵活

研学旅行基地的餐饮经营方式灵活多样，主要有自主经营、承包经营、联合经营、托管经营等多种经营方式。

（五）可结合研学课程

研学旅行团队所享受的餐饮服务，已经突破了单纯意义上的"吃"。研学旅行基地可将餐饮服务纳入研学旅行课程体系，使学生可以通过考察探究、设计制作、职业体验等研学旅行方式参与到餐厅的管理和服务中。

二、餐饮服务要求

（一）位置环境合理

恰当的位置能够为研学旅行团队提供好的用餐服务，而环境的舒适度也将直接影响用餐者的心情和体验，因此，研学旅行基地要注意餐厅的选址与环境的设计。用餐环境应当整洁雅静、空气清新，符合相关卫生标准；餐具用品需经过严格的消毒；餐饮产品应新鲜、卫生。

（二）服务高效优质

餐饮服务首先要快速及时。研学旅行基地在提供餐饮服务时要做到：学生进餐厅，餐饮服务人员就马上主动上前为学生安排座位，斟上茶水，及时上菜上饭，或者采用自助快餐方式，为学生提供快速的服务。另外，餐饮服务人员要以友好、诚恳的态度接待学生，为学生着想，要关注学生用餐的各个环节，如微笑迎送学生、引领入座、送餐递茶、尊重学生的饮食习惯等。

（三）注重特色文化

学生对研学旅行目的地的特色食品会很感兴趣，所以研学旅行基地应提供丰富的餐饮产品，走特色化道路。特色化经营既能满足学生求新、求奇的餐饮消费心理，又能弘扬研学旅行基地的饮食文化。如果将研学旅行基地的饮食文化纳入研学旅行课程体系，那么学生在研学旅行基地就餐，不仅可以填饱肚子，更可以获得特殊的餐饮文化体验。因此，研学旅行基地餐饮还要进行饮食文化的创新，以体现特色饮食文化的教育功能。

（四）管理服务规范

研学旅行基地餐饮服务与社会其他餐饮企业服务相比更加规范，管理更加严格。研学旅行基地餐饮管理服务规范可参考《食品安全法》《学校食堂与学生集体用餐卫生管理规定》《学生集体用餐卫生监督办法》《旅游景区质量等级的划分与评定》（GB/T 17775—2017）、《研学旅行服务规范》（LB/T 054—2016）、《研学旅行基地（营地）设施与服务规范》（T/CATS 002—2019）等文件的相关规范。

三、餐饮服务工作流程示例

下面我们以某基地学生餐厅的服务工作流程作为示例，展示研学旅行基地对学生餐厅的预订、餐前准备、点餐、餐中、餐后各环节的服务要求。

××基地学生餐厅服务工作流程范例

（一）服务员预订服务

（1）以规范的礼貌用语问候客人，无论客人是到店订餐还是电话预订，预订员都应微笑服务并以亲切的声音向客人介绍情况，回答客人问题。

（2）根据客人提问进行介绍，如客人到餐厅来订餐，除了口头介绍外，还要提供实际情况的介绍，如提供菜单和陪同客人实地考察。

（3）必须问清和写清客人的姓名、房间或单位、预订日期和时间、人数、联系电话、菜肴要求等。书写要规范、清楚，要询问客人对就餐有什么特殊要求。

（4）在询问客人无其他要求后，将预订情况向客人重复一遍。如客人是前来现场订餐的，必须收取5%～10%订金，以获得客人的确认。

（5）礼貌地向客人致谢，并将客人送至大门或电梯门处。

（二）服务员餐前准备

（1）个人准备。参加餐前会，按规定着装，佩戴工作牌，仪容整齐，化妆得体。

（2）工作准备。查看餐厅门窗、桌椅、空调、餐具是否正常。确保所用餐具、玻璃器皿等干净、卫生、明亮、无缺口，桌布、餐巾干净、挺括，无破损、无污迹。

（3）卫生准备。做好餐厅内外的清洁卫生。

（三）接待员点餐服务

（1）用餐代表提前点餐时，接待主动，态度热情，面带微笑，语言亲切。询问客人用餐时间，订餐内容、座位要求准确；复述订餐人姓名、厅房名称、用餐人数与时间。

（2）介绍菜点，当好参谋，做好记录，特别介绍特色菜和时令菜点。

（3）接听订餐电话时，态度和蔼，语言清晰准确，最后重复确认。

（4）订餐人在菜单上签字确认后，转交主管。提前安排好座位，等候客人到来。

（四）服务员餐中服务

（1）迎接客人，主动问好，微笑相迎，做好引导。

（2）礼貌询问，按服务程序安排入座。客满时，请客人在门口稍候，安排好休息座位，告知客人大致等候时间。

（3）准备免费食物，及时上水斟茶，递送餐巾，服务温暖周到。

（4）按顺序上菜，无先到后上、后到先上的现象发生。一般在20分钟内将菜上齐，如遇加工时间长的菜肴，提前通知客人大致等候时间。上菜遵守操作程序，使用干净的托盘，掌握上菜的节奏与时间。使用托盘走菜时，姿态要轻稳，无碰撞、打翻、溢出现象发生。菜品上桌摆放整齐，规范报出菜品的名称。铁板类食品上桌，示意客人用餐巾遮挡。菜肴饮料上齐后，告知客人，祝客人用餐愉快。

（5）餐间服务，热情周到。在客人用餐时，做好巡查工作，照顾好每一位用餐客人，确保餐饮服务质量，尤其要注意客人的安全。上菜、撤盘遵守操作程序。根据客人进餐需要，撤换骨盘，整理台面。上菜撤盘准确及时，待客服务周详细致。

（6）客人用餐结束，提醒有关人员结账，并协助迅速办理，将账单呈送至客人代表面前，账目清楚，核对准确，客人代表付款要当面点清。客人代表挂账时，签字手续要完善，并向其表示感谢。

（7）用餐完毕后客人起立，要主动拉椅，告别客人，礼貌送别。

（五）服务员餐后服务

（1）收拾餐具。客人用完餐离开后，立刻收拾餐桌，做到动作利索。

（2）餐厅整理。搞好卫生，关闭门窗等，切断电源。

（3）写好工作日志，学习服务技能，提升管理服务水平。

▶▶▶任务四　研学旅行基地的住宿服务

研学旅行基地的住宿服务就是借助基地的住宿设施和服务人员向学生提供住宿及相关服务，以满足学生在基地内的住宿、休息等多种需求。

一、住宿服务特点

（一）研学特色

研学旅行基地住宿服务与一般住宿服务设施的服务相比，更具有研学特色，即需要满足以集体旅行、集中食宿方式开展的研究性学习和旅行体验相结合的校外教育活动的各方面的要求。

（二）规模较大

研学旅行基地每次接待学生以年级为单位，一个年级学生人数常常在 1000 人以上。研学旅行基地应当具备即时大规模服务的能力，人力物力都需要能够满足要求。

（三）有淡旺季

与研学旅行基地餐饮服务一样，研学旅行基地的住宿也具有明显的淡旺季。研学旅行基地应该合理规划资源，应对变化。

（四）重视体验性

研学旅行基地住宿服务不同于学校住宿，其建筑与装修风格独具特色，有贴近大自然的露营地住宿形式，也有独具文化特色民俗的文化酒店，这些住宿服务都增强了基地研学旅行项目的体验性。

二、住宿服务类型

按照研学旅行基地住宿接待设施的服务标准及运作模式的不同，研学旅行基地住宿服务可以分为学生宿舍、星级饭店、经济型酒店和青少年露营地 4 种类型。

（一）学生宿舍

学生宿舍是较为传统的服务形式，男女生宿舍隔离分开，相对独立。

（二）星级饭店

星级饭店是参照星级饭店标准建造的。星级饭店档次较高，建筑与装修风格独特，服务标准化，环境舒适安全，但费用较高。

（三）经济型酒店

经济型酒店剥离了星级酒店的大量非研学旅行的核心功能，只为学生提供安全卫生的客房服务和餐饮服务，服务优质且房价适中，是目前最符合学生团队需求的服务形式。有些经济型酒店因具有浓郁的地方风土人情而极具研学特色，又因接待能力强大，是很多研学旅行基地的选择。

（四）青少年露营地

青少年露营地选址贴近大自然，可提供自由、随意、放松的研学、娱乐及休闲体验，深受青少年的喜爱。此种住宿方式的缺点是受季节和天气的影响较大。

研学旅行基地在选择住宿服务类型时应充分考虑每种类型的优缺点，根据研学需求及自身课程特色进行选择。

三、住宿服务内容

研学旅行基地住宿服务内容和一般住宿服务设施一致，包括前厅服务和客房服务。有所不同的是，研学旅行基地住宿服务中加入了研学教育服务，这是研学旅行基地住宿服务的特色。

（一）前厅服务

前厅服务主要为客房预订服务和接待服务，包括入住登记服务、问讯服务、前厅收银服务、前厅销售服务、礼宾服务、总机与商务中心服务等。

（二）客房服务

客房服务包括清洁卫生服务和对客服务。清洁卫生服务包括清洁整理客房、更换补充物品和检查保养设备等。

（三）研学服务

研学服务是与研学教育有关的服务，如安全教育服务、生活教育服务及住宿业职业体验项目等。

四、住宿服务要求

学生对住宿服务的要求相对比较高，研学旅行基地的住宿服务需要达到以下基本要求。

（一）整洁卫生

服务人员服装整洁，精神状态好。整理学生客房要做到客房内外设施清洁整齐，及时清理客房，清理要在学生不在房间时进行。

（二）安全可靠

服务人员在服务时，要尊重学生人身财产隐私，没有得到允许不得擅自进入房间，不随意接听房间电话，进入房间时不要东张西望。客房服务尽量不要干扰学生的生活。要保护学生的人身财产安全，不要让陌生人进入房间，避免人身意外伤害，及时做好财产防丢失、防盗窃的提醒和告知服务。注重保护居住环境无污染、无噪声，做好防火、防疫、防治安事故等安全预防工作。

（三）真诚亲切

服务人员要做到真诚热情、微笑服务、尊重人格和服务周到。为保持客房环境的安静轻松，服务人员在提供服务时，须做到"三轻"，即走路轻、说话轻、操作轻，同时要注意友善地提醒大声说笑的学生，引导学生自我克制，放轻脚步，小声说笑。

▶▶▶ 任务五　研学旅行基地的交通服务

研学旅行基地交通服务，就是在研学旅行中提供从一点到另一点的空间位移的各种交通服务。研学旅行基地交通服务是基地研学旅行活动顺利进行不可缺少的基础。良好的研学旅行基地交通服务可以保障研学旅行畅通无阻，在保证学生在充分体验美景异俗的同时，节省研学时间，提升研学质量。

研学旅行基地的交通服务分为外部交通服务和内部交通服务。外部交通服务指的是研学旅行基地派送车辆，接送学生在学校或承办单位和研学旅行基地之间往返的服务。这样的服务类似旅行社提供的接送站服务。

内部交通服务主要指的是为学生提供的基地内部空间移动的服务，包括道路、工具、站点、引导等方面的服务。本部分主要阐述研学旅行基地的内部交通服务。

一、交通服务形式

研学旅行基地的交通服务包括陆上交通服务、水上交通服务、空中交通服务和特种交通服务 4 种形式。

（一）陆上交通服务

研学旅行基地内的陆上交通服务主要由基地主干道交通服务和路侧游步道交通服务两部分组成。基地主干道用于景点间的学生运输和供应运输，基地路侧游步道是基地里各个景观的步行连接道路，对基地研学点起到烘托和陪衬作用。

（二）水上交通服务

水上交通服务常与活动项目相结合，带有浓厚的研学特色。学生离开固定狭小的课堂，乘上游轮、游船、游艇，穿梭在江河湖泊、水乡古镇之中，极具体验性。研学旅行基地提供水上交通服务务必注意水上交通安全管理与服务。

（三）空中交通服务

研学旅行基地内的空中交通服务的主要交通工具有牵引升空伞、自动升空伞、热气球等。研学旅行基地提供空中交通服务务必注意交通工具的安全使用方法和空中交通管理与服务。

（四）特种交通服务

特种交通服务是指带有研学、娱乐、体育、辅助幼病残学生和特种欣赏意义的研学旅行交通服务，其交通工具有索道、电梯、滑竿、缆车等。基地在设置这些交通工具时，应注意对基地环境和整体研学点的保护。

二、交通服务内容

基地交通服务的主要内容就是要确保基地进出车辆行驶规范、安全有序。其工作重点是基地内各路段、交通标志、运营车辆和运营人员是否符合要求，学生在道路上行走是否安全，学生是否进行文明研学旅行等。

（一）交通秩序管理与服务

基地内的所有车辆的停放和通行，必须遵守基地交通管理的规定。对于违反规定，强行通行的车辆，由基地交通管理部门责令其纠正，并给予罚款等处罚。必要时，基地应争取交通管理部门的支持，对特定车辆实行交通管制。在有大规模学生进入基地的时间和路段，要请求交通警察协助管理，有计划地分流，以免造成交通堵塞或引起交通事故。

（二）交通安全管理与服务

安全管理是基地交通服务管理重要的工作。基地应建立健全基地安全标识系统，制定严格的工作制度，对学生和工作人员进行交通安全宣传；同时，基地工作人员要注意危险地段、公共场所、交通要道的交通秩序，在研学旅行旺季要加强监管和疏导工作，以避免交通事故的发生。

三、交通服务要求

基地的交通设施是基地正常运行、学生实现空间位移的基本保障，也是研学旅行活动顺利完成的必要条件。因此，基地的交通服务必须符合以下要求。

（一）活动安全性

活动安全性是研学旅行交通服务的首要要求，包括线路中道路的安全性、交通工具的安全性及途经区域的安全性等。

（二）进出畅通性

进出畅通性是指基地同外面交通联系的通畅性和便利程度。基地可参照《研学旅行基（营）地设施与服务规范》（T/CATS 002—2019）规定研学旅行基地的交通要求，如应有县级以上的直达公路，站牌指示醒目，内部交通应安全通畅，交通工具设施完好、整洁，宜使用绿色清洁能源；也可参照《旅游景区质量等级的划分与评定》对旅游景区交通的可进入性要求。

（三）运行准时性

基地交通服务有严密的连贯性，任何一个环节的延误和滞留都会产生连锁反应，最终有可能产生一系列的经济责任，如房费、餐费和交通费等问题。交通服务的准时性是衡量研学旅行基地服务质量优劣的重要标志。

（四）规范协调性

基地的交通协管员或服务人员要具备必需的交通指挥知识技能和安全意识。基地停车场提供的停车管理服务，要规范基地内文明停车，维护、保管好研学旅行车辆。基地的管理人员要及时引导、指挥车辆出场，保持车道畅通，不发生堵塞现象。当基地发生交通事故时，基地应具备即时组织人员进行有效处理事故的能力。基地停车场需提供消防设施服务，大型停车场还可以提供汽车维修保养服务。

基地的客流量在时间上会有较大的变化。一般来说，进入和离开基地的客流量在每天的不同时段、周末和非周末以及研学旅行的淡旺季都各有特点。这就要求基地的管理者和服务人员要协调客流高峰带来的压力，为学生提供高效、优质、快捷的交通服务；同时，基地内部应注重研学点的空间分布，合理安排研学旅行节奏，丰富学生的研学旅行体验。

（五）方式多样性

研学旅行基地应该合理布局和优化组合研学旅行交通方式。研学旅行基地的管理者和服务人员应该熟知研学旅行交通服务的多样性，增强学生对研学旅行交通的选择性。

▶▶▶ 任务六　研学旅行基地的卫生服务

研学旅行基地卫生服务是指研学旅行基地为研学师生提供的人性化的、科学的医疗管理和服务。卫生服务不同于其他基地服务，不是独立存在的，也不像一般设施系统，不具有稳定性。研学旅行基地卫生服务范围包含了研学旅行基地内所有的人与物，涉及静态管理与动态管理。

一、卫生服务内容

研学旅行基地卫生服务系统由以下部分组成。

（一）住宿卫生服务

住宿卫生服务主要是对住宿设施的卫生服务。住宿设施的卫生维护包括客房清扫和公共区域等的卫生管理。供研学旅行师生使用的公共用品应严格做到一客一换一消毒，床上用品应做到一客一换，长住客一周至少更换一次，禁止重复使用一次性用品。此外，住宿设施在建造时就应考虑卫生服务要求，如必须设立一定数量的独立清洗消毒间等。

（二）食品卫生服务

研学旅行基地餐厅的新建、改建、扩建工程，必须严格按照国家《饮食建筑设计规范》（JGJ 64—89）进行选址和设计，通过公共卫生监督部门的预防性卫生审查。研学旅行基地内的餐饮店应设在地势高、干燥、通风、水源充足、交通方便的地点，远离垃圾场、养殖场、污水坑及其他危害食品卫生的地方。

（三）饮水卫生服务

研学旅行基地在开发建设时，要按照国家《生活饮用水卫生标准》（GB 5749—2006）的有关规定选择水源，构建自来水供水系统。水源选择要考虑历年的水质、水文、地质情况和取水点附近地区的卫生状况。研学旅行基地应设置水源卫生防护地带，以杜绝研学旅行师生进入防护圈。

（四）环境卫生服务

环境卫生服务包括生活垃圾处理、生活污水处理、粪便的排放处理等。研学旅行团队"吃""住""行""游""学""娱"都在研学旅行基地进行，生活排污不容忽视。研学旅行基地可以在开发初建时就修建大型垃圾处理场、污水排放站，这样在后期运营时就可事半功倍。

（五）能源卫生服务

研学旅行基地宜使用清洁的能源和原料，采用先进的工艺技术与设备，改善管理、综合利用，从源头削减能源污染，提高资源利用效率，减少或避免服务和产品使用过程中能源污染物的产生和排放，减轻或消除对研学旅行师生健康和环境的危害。

（六）疾病流行病学侦察和预防服务

基地应该做好自然疫源性疾病的流行病学调查，并在此基础上制定相应的防治对策，采取切实可行的预防措施，严防死守，切断一切传染病源。研学旅行基地应科学建立疫情隔离区，配备特殊医药卫生品，以应对紧急疫情状况。

（七）医疗和急救服务

研学旅行基地应根据其规模大小、研学旅行师生数量和交通情况，设置相应的医疗急救机构，并在适当的地方设置数量充足的标志和电话，便于研学旅行师生需要救助时使用，保障研学旅行师生的身体健康和生命安全。

二、卫生服务要求

（一）卫生环境要求

研学旅行基地应保证游览环境整洁，无污水污物，不乱建、乱堆、乱放，建筑物及各种设施设备无污垢、无异味，配备足够的卫生设施和环卫工作人员。

（二）垃圾处理要求

研学旅行基地应设置足够数量的垃圾桶（箱），且布放适宜、标志明显、造型美观，与环境相协调；垃圾箱应分类设置；垃圾清扫、清运及时，且做到遮盖或封闭清运；存放垃圾的设施设备和场地清洁，无异味，有防蚊、防蝇、防虫、防鼠等措施。

（三）公共厕所服务要求

研学旅行基地应参照《城镇环境卫生设施设置标准》（CJJ 27—2005），结合研学旅行基地实际需要，设置数量足够、布局合理、标志醒目规范、建筑造型与景观相协调的公厕。厕所内拥有足够的厕位，根据需要设立无障碍厕位、婴儿看护设施等；配备完好的水冲、盥洗、通风设备等，4A级以上研学旅行基地应使用免水冲生态厕所；配备专人服务，保证室内整洁、无异味，洁具洁净、无污垢、无堵塞，清洁工具摆放整齐、不外露；星级厕所的建设管理应符合《旅游厕所质量等级的划分与评定》（GB/T 18973—2016）的规定。

（四）医疗卫生服务要求

研学旅行基地应设立医务室，配备必备的医疗设施和医护人员，提供必要的医疗救护服务；例行消毒，按照《商业服务业经营场所传染性疾病预防措施》（GB 19085—2003）的相关规定预防传染性疾病的产生并控制其传播。研学旅行基地应具备适宜的医疗及救助资源，了解周边的医疗及救助资源状况，并与之建立必要的联动机制。若学生生病或受伤，研学旅行基地相关人员应及时将其送往专业医疗机构救治，妥善保管就诊医疗记录。研学旅行基地自身的医疗救护人员也应具备相应的救护能力。

（五）餐饮服务卫生要求

研学旅行基地的服务人员每年接受体检，上岗须持健康合格证；室内外客用餐桌、餐椅应完好无损、干净无污垢；餐具、饮具、台布、餐巾、面巾等每日清洗、消毒，符合《饭馆（餐厅）卫生标准》（GB 16153—1996）的相关规定，三证（卫生许可证、经营许可证、健康证）齐全；禁止使用不可降解的、对环境造成污染的一次性餐饮具；厨房灶台、加工案台、器皿应保持洁净、无油渍；排烟机通风口应无油垢；食品原材料的采购、运输、存储的容器包装、工具、设备必须安全、无害，保持清洁，防止食品污染；食（饮）品的加工制作应生熟分开，禁止使用过期变质原料进行食品加工。研学旅行基地对饮用水应执行《生活饮用水卫生标准》（GB 5749—2006）的相关规定。

（六）住宿服务卫生要求

星级饭店的设施和服务应符合《旅游饭店星级的划分与评定》（GB/T 14308—2010）的规定；研学旅行基地的所有住宿设施的新建、改建、扩建工程的选址、设计应符合国家有关的建设标准和要求，必须执行评价报告书制度，卫生评价报告书应在选址可行性评价前完成。研学旅行基地设计客房时，必须科学合理地考虑采光、取暖、通风、防噪、排污、紧急疏散等与人体健康和生命安全有关的卫生要求。

▶▶▶ 任务七　安全服务

一、安全服务特点

（一）系统性强

研学旅行安全服务是关联业态多、参与人数多、服务环节多、涉及安全内容多、安全风险点多、安全管控难度大的一项系统工程。安全服务单位涉及政府、学校、机构和研学目的地等多个部门，安全内容涉及交通安全、食品安全、住宿安全、身体安全、心理安全、财产安全、研学旅行基地安全、活动安全等多个方面的内容。

（二）服务对象差异大

研学旅行基地的主要服务对象为中小学生，各个学段的学生及其家长对安全的理解差异较大，对安全技能的掌握层次不一。对于研学旅行的从业者来说，安全防控的难度更大，安全服务的要求更细，安全管理的责任更重，研学安全的目标更高。

（三）难度大，要求高

研学旅行具有环境性、集体性、独立性、实践性、动态化等特点，从而形成安全防范难度大、不宜控制的特点。同时，安全性是伴随学生成长的永恒主题，学生是家庭和社会关注的焦点，对安全的要求更高。

二、安全服务策略

安全服务是学校、研学服务机构、研学旅行基地及其他服务部门共同协作的工作，研学旅行基地的安全服务策略主要包括以下 5 个方面。

（一）建立顺畅沟通渠道

研学旅行基地要建立畅通的研学沟通渠道，实现研学旅行基地与服务机构，服务机构与学校、家庭，学校、家庭与学生之间安全信息的全面沟通和精准传达。

（二）明确各方责任

根据具体的研学旅行的要求，学校与研学旅行基地，研学旅行基地与汽服公司、餐饮住宿服务企业，研学旅行基地与研学服务机构应签订专项安全责任书，明确各自的安全工作职责和安全工作要求。

（三）配备专业队伍

研学旅行基地应配备专业过硬的服务队伍，至少需配备研学旅行指导师、安全员等人员，有条件的还需配备从事青少年疾病防控工作的经验丰富的医师、青少年心理学辅导教师。带团经验丰富的导游、驾驶经验丰富的驾驶员、从事过酒店管理或餐饮服务的人员等可被聘为研学旅行基地专职或兼职人员。

（四）加强各类培训

研学旅行基地要对基地研学旅行的从业人员进行行前、行中、行后的相关安全法律法规、安全管理制度、安全操作流程、安全岗位职责等日常化系统性培训，并聘请有关专业人士，对从业人员进行不定期的安全培训。

（五）全程安全管理

建立全面、完善、系统的安全管理制度是研学旅行基地安全研学的基础保障。研学旅行基地可以开发安全课程，根据不同学段学生的特点，采用多种形式，以游戏渗透式、故事导入式、情景表述式、活动体验式、案例剖析式等多种方式开展安全教育。此外，参与研学旅行的各方应通力配合建立安全评价体系，在研学行前做好安全隐患排查，行中做好安全过程监控，行后要做好安全回顾总结。研学旅行基地对每次研学旅行存在的安全管理漏洞和不足，对可能诱发事故的安全风险点要及时地收集整理，制定切实有效的改进措施，以不断提高安全服务的质量。

▶▶▶ 任务八　信息服务

在研学旅行基地构建信息化管理平台，有助于满足研学旅行师生的多元需求，提高研学旅行基地服务水平和工作效率，进而提升研学旅行基地的管理水平和决策能力。

一、信息系统的基本组成

一般而言，研学旅行基地的信息服务至少包括电子门票系统、电子导游服务系统、多媒体信息终端系统、研学旅行电子商务网站、保安监控与调度指挥系统等组成部分。

（一）电子门票系统

相比人工检票，电子门票系统节省人力，还能实现对客流量等信息的收集与管理。

（二）电子导游服务系统

相比人工导游，电子导游服务系统更方便省力，还提供多国语言以供选择，能满足不同国家研学旅行师生的需求。

（三）多媒体信息终端系统

多媒体信息终端系统即常见的触摸屏查询系统。研学旅行师生只需要点击相应的选项，就可以方便快捷地获得所需信息。

（四）研学旅行电子商务网站

研学旅行电子商务网站能够实现研学旅行基地门票信息、餐饮、酒店、研学旅行线路等一条龙的查询和预订。

（五）保安监控与调度指挥系统

研学旅行基地通过保安监控和调度指挥系统，能迅速识别需要处置特殊情况的区域，便于及时解决突发问题。

二、信息服务的升级更新

上文所阐述的基地信息系统的基本组成，是一般旅游景区都具备的传统信息服务内容，尚不能满足现代信息大发展环境下研学旅行基地运营的需求。目前，许多示范研学旅行基地已经开发配备了更多现代信息服务系统，主要包括信息化服务网站、公众服务平台和智慧基地服务平台等。

（一）研学信息化服务网站

研学信息化服务网站主要有研学信息资讯类网站、研学服务类网站和动态开放的网站 3 种类型。通过研学信息化服务网站，旅游目的地形象以多种表现形式、多样传递手段，在最短的时间内传递到全球范围的潜在消费者的面前；通过研学信息化服务网站，消费者可以实现研学旅行六要素的快速预订，获得一个便捷、安全的支付通道。

（二）信息化公众服务平台

国内研学行业的中小企业希望借助信息化尽快缩小与大企业的"数字鸿沟"，在减少决策失误、提高运营效率、降低经营成本、增加商机等方面的需求十分强烈。各级人民政府都非常重视企业信息化工作，提出了进一步加快建设国民经济和社会信息化、加速发展现代服务业的要求，并推出了搭建政府平台、扶持企业平台建设等措施。

（三）智慧基地服务平台

智慧基地服务平台是指通过智能网络，对研学旅行基地的地理事物、自然资源、研学旅行师生行为、基地工作人员行迹、基地基础设施和服务设施进行全面、透彻、及时的感知，对研学旅行师生、基地工作人员实现可视化管理，同研学旅行产业上下游企业形成战略联盟，实现基地环境、社会和经济的全面、协调和可持续发展的平台。在国家加快智慧研学旅行的政策引导下，越来越多的研学旅行基地开始触网，寻求新的发展路径，开辟网上预订及微信营销等渠道，并主动寻求与 OTA（在线研学旅行服务商）的开放合作。

项目三 研学旅行基地的评级标准

一、国家研学旅行基地建设标准和申报流程

2019 年 2 月 26 日，中国旅行社协会与高校毕业生就业协会联合发布《研学旅行基地（营地）设施与服务规范》（T/CAT S002—2019）、《研学旅行指导师（中小学）专业标准》（T/CATS 001—2019），自 2019 年 3 月 1 日起实施。这两个文件为研学旅行市场提供了行业标准，推动了"教育+旅游"产业的融合发展。

（一）研学旅行基地建设标准

2022 年 1 月 12 日，中国旅行社协会、高校毕业生就业协会、全国研学旅行基地认定委员会联合发布了《关于批准全国研学旅行基地（营地）的公告》（以下简称《公告》）。《公告》表示，按照《研学旅行基地（营地）设施与服务规范》及实施文件要求，经自愿申报，严格审查，全国研学旅行基地认定委员会研究决定，批准敕勒川草原文化旅游区、大同黄花研学基地、寿仙谷有机国药基地、中国长江三峡中医药文化研学旅行基地、银川鸣翠湖国家湿地公园、藏域星球天文体验馆等 6 家单位为全国研学旅行基地（营地），有效期 3 年。

《研学旅行基地（营地）设施与服务规范》可在中国旅行社协会官方网站"协会工作"的"标准工作"栏目中查看及下载。

（二）国家研学旅行基地的申报流程

景区/园区在符合《研学旅行基地（营地）设施与服务规范》设定的标准后，就可以申报"全国研学旅游示范基地"品牌，需要通过文化和旅游部资料审核、初选、专家审核认定程序。

（1）首先需要申报市级研学旅游示范基地。

（2）批下来一年后，可以继续申报省级研学旅游示范基地，需要满足省级研学旅游示范基地申报条件（主要有 6 条，包括运营良好、产品丰富、主题突出、服务规范、安全有序、政策优惠等）。

（3）各市教育及旅游主管部门组织开展对照申报基本条件，对符合条件的景区进行摸排和遴选。

（4）对于通过考核的景区由省旅游局、省教育厅颁发"省级研学旅游示范基地"。

（5）由省旅游局根据认定工作部署，对照申报条件，推荐内容丰富、特色鲜明、服务良好的参选单位。

（6）文化和旅游部进行资料审核、初选、专家审核认定程序，最后确立颁发"全国研学旅游示范基地"称号。

二、省级研学旅行基地的评级标准

根据国家出台的研学旅行基地的建设标准和评级要求，各省可以制定省级研学旅行基地的评级标准。2018 年 9 月，由河南省旅游局和安阳市人民政府共同主办的河南省研学旅行大会在安阳隆重开幕。会上，河南省旅游局公布了嵩山少林风景区、清明上河园、岳飞纪念馆、老子故里旅游区、焦裕禄纪念园等首批共 55 家河南省研学旅行示范基地，并举行授牌仪式。

河南历史文化灿烂，自然生态丰厚，交通条件便利，在发展研学旅行方面有着得天独厚的优势。河南旅游业界紧紧把握研学旅游发展机遇，结合强大的市场需求，培育出了一批具有示范意义的研学旅行基地，推出了众多内容丰富、特色鲜明的研学旅游产品。河南研学旅行接待人数逐年增长，已经进入蓬勃发展的阶段。此次公布的首批 55 家河南省研学旅行示范

基地，经过了自主申报、省辖市推荐、专家评审、实地检查、党组研究、名单公示等程序，参照的标准是《河南省研学旅游示范基地评分细则》。

三、市级研学旅行基地的评级标准

根据国家及省对研学旅行基地的建设要求和评级要求，各市主管部门制定了市级研学旅行基地的评级标准。为进一步促进研学旅行健康持续发展，规范研学旅行示范基地建设与管理，提高研学旅行服务质量，做好无锡市研学旅行示范基地评选工作，结合《研学旅行服务规范》，无锡市旅游局联合市教育局于2018年研究制定了《无锡市研学旅游示范基地评分细则（试行）》。

在总则中，该细则强调了研学旅行活动应遵行安全第一原则，强调研学旅行基地做好安全防控工作的重要性；明确了研学旅行活动宗旨是寓教于乐，着力培养学生和研学者的综合素质能力，并规定了研学旅行活动应扩大受教面，保证每个研学者享有均等的参与机会。

（1）在营运主体方面，着重强调了营运主体清晰，依法取得经营资格，此外在地域范围、场所面积、年接待量和诚信经营上都做了明确的规范。

（2）在主题特色方面，该细则突出强调课程设置要主题特色鲜明，设置健身、健手、健脑、健心类课程与开展研学宗旨相对应，这就要求开展研学旅行活动必须要有丰富的课程教案，且有明确的教学目标。

（3）在研学产品方面，该细则要求研学旅行基地充分利用资源开发丰富的研学产品，充分体现寓教于乐、游学并举，并积极承办各类活动，加强宣传推广，进一步提升知名度和影响力。

（4）在配套政策方面，该细则强调设施设备要齐全、安全性能要好，特别对师资力量和队伍做出明确要求，而且要求充分考虑特殊群体和特定人群，为其提供优惠政策。

（5）在基础设施方面，该细则着重强调了交通服务和旅游厕所建设，对便捷的交通和旅游厕所标准及第三厕所建设都做出明确的要求。

（6）在服务管理方面，该细则对接待、解说、医疗救助和投诉处理等影响服务质量的标准进行了细化，明确为特定人群提供个性化服务，突出安全管理制度的落实。

（7）依据评分细则进行细化，制定评分规则，总分值设为100分，强调参与研学旅行示范基地评选，每个部分得分率分别不低于70%，各部分得分合计应不低于75分，才符合研学旅行示范基地要求。

《无锡市研学旅游示范基地评分细则（试行）》可在无锡市滨湖区人民政府网站查阅下载。

项目四　案例分析：研学旅行基地

案例一　锡惠名胜研学旅行基地的运营

一、基地行前工作

（1）锡惠名胜研学旅行基地与×××学校（承办方）签订研学旅行合同。

（2）锡惠名胜研学旅行基地根据合同内容成立接待小组，落实实施方案、应急预案，检查基地内的安全隐患，做好各项接待准备。无锡市×××实验小学研学活动安排表、研学团队接待服务预定单、研学团队结算清单分别如表6-2～表6-4所示。

164

表 6-2 无锡市×××实验小学研学活动安排表

地点	时间	行程安排	行程内容	分段目标	责任人
无锡市×××实验小学	8:00	集合上车	无锡市×××实验小学门口统一集合；（带队教师带领列队集合上车，车前车侧贴编号、车前导游举引导标牌）		带队教师、导游
	8:30—9:00	大巴车上（30分钟）	介绍研学活动安排，明确研学目标及研学注意事项	安全教育、文化自信、国家认同	导游
			车游京杭大运河（介绍运河在古今政治、经济、文化中的作用）		
锡惠公园	9:15—11:00	研学参观（一）	1. 寄畅园 2. 竹炉山房 3. 天下第二泉 4. 映山湖 以上内容详见课件（略）	审美情趣、人文积淀、国家认同、乐学善学	研学旅行指导师、导游
九龙壁大草坪	11:15—12:00	午餐时间	自由用餐（自理）	健康生活	研学旅行指导师、带队教师
泥人博物馆	12:15—13:15	研学参观（二）	泥人博物馆参观	了解乡情、国际视野	特聘带队教师
研学教室	13:30—15:30	研学实践（120分钟）	1. 惠山泥人的创新设计（领取设计材料） 2. 设计制作邮票（领取设计材料） ① 以"邮票上的家乡"为主题设计邮票； ② 展示作品并阐述设计理念； ③ 将作品寄给家人或朋友。 设计制作课说明：详见课件（略）	勇于探究、审美情趣、乐学善学、勤于反思、劳动意识、问题解决、技术运用	研学旅行指导师、带队教师
	15:30—16:15	总结、返程	总结、表彰。结束后乘坐大巴车返回		导游、带队教师

表 6-3 研学团队接待服务预定单

接待日期		备注
接待人数	（450）人	学生（400）人，老师（20）人，工作人员（30）人
接待对象	小学生	
用餐方式及标准	30元/人	桌餐（45）桌，自助餐（　）人
住宿标准	0	双标（　）间，单间（　）间
预定单位		无锡市×××实验小学
联系人及联系方式		
预定日期		

表 6-4 研学团队结算清单

序号	项目	内容	价格（元）	数量	小计	备注
1	物料	前置课程	10	400		
2		研学手册	15	400		
3		活动材料	30	400		
4		横幅	200	1		

序号	项目	内容	价格（元）	数量	小计	备注	
5	餐饮	餐饮	0	0			
6	基地费用	门票	35	400			
7		场地费	2000	1			
8		全程讲解	5	400			
9	其他	其他	10	400			
10		合计					

二、基地运营中工作

（1）当天接待小组根据研学旅行指导师手册内容进行接待。

（2）提前落实大巴停车区域，引导车辆停至指定位置。

（3）引导并清点学生人数，进入景区进行当天的研学活动。

（4）在活动过程中，安排安全管理人员负责监督各处安全情况。一旦发生意外，要及时处理，将安全事故损失降到最低限度。研学学员名单确认表、研学活动中学生参与记录表、研学活动中学生情况记录表分别如表 6-5～表 6-7 所示。

表 6-5　研学学员名单确认表

××学校 2019 级 1 班

车辆信息	苏 BW××××	电话	139×××××××	车型	49 座				
班主任	138×××××××			研学旅行指导师		136×××××××			
导游	131×××××××			安全员		135×××××××			
序号	姓名	性别	抵达	返程	序号	姓名	性别	抵达	返程
1					26				
2					27				
3					28				
…					…				
25					50				

抵达时间：			离开时间：		
1 班学生数		班主任签字	1 班学生数		班主任签字
学生总数			学生总数		

表 6-6　研学活动中学生参与记录表

研学旅行指导师		班主任		
学生人数		班级数		
研学参观（一）	研学参观（二）	研学实践	备注	
1 班人数（　　）	1 班人数（　　）	1 班人数（　　）		
2 班人数（　　）	2 班人数（　　）	2 班人数（　　）		
3 班人数（　　）	3 班人数（　　）	3 班人数（　　）		
……	……	……		
10 班人数（　　）	10 班人数（　　）	10 班人数（　　）		

表6-7　研学活动中学生情况记录表

研学旅行指导师		班主任	
学生姓名		班级	

观察中心	研学课程中学生的学习方式： 自主学习、探究学习、合作学习			
观察记录	学生表现	评分		
		优秀	良好	一般
	1. 学习兴趣是否浓厚			
	2. 研学实践中的动手能力、团队协作能力			
	3. 能否积极参与研学活动			
	4. 对研学旅行指导师的态度			
	5. 能否在学习中自觉从研学旅行指导师推荐的资源（网络、资料）中自主选择、重组信息；能否"发现"规律，形成自己的简介并有效表达自己的观点			
	6. 积极思考，深入探寻，完成研学目标			
	7. 小组合作中，能否与同学有效合作，能否照顾其他同学的学习需求			
	8. 学习中能否对研学旅行指导师和同学提出的观点大胆质疑			
	9. 学习中能否应用已经掌握的知识和技能解决问题			
	10. 学习中，能否反思自己的学习行为，调整学习策略			
	11. 生活自理能力是否良好			
	12. 是否做到文明出游、安全出行			
备注说明				

三、基地行后工作

（1）接待小组根据研学旅行指导师手册要求收集研学评价表。

（2）接待小组展开统计和评估工作，找出存在的问题，并积极整改。

研学旅行指导师观察表、无锡市×××实验小学对锡惠名胜研学旅行基地一日研学课程评价表分别如表6-8和表6-9所示。

表6-8　研学旅行指导师观察表

研学旅行指导师		班主任	
学生代表		班级	

观察中心	研学课程中基地（营地）指导师的工作方式 学生学习的组织者、引导者、促进者、指导者			
观察记录	研学旅行指导师表现	评分		
		优	良	差
	1. 教学态度是否沉稳、亲和			
	2. 研学课程教学用语是否适合学生年龄段，浅显易懂			
	3. 对研学课程秩序的管理是否到位			
	4. 研学课程是否就学习目标与方法与学生讨论			
	5. 能否通过评价调动学生的积极性，有效调控学习氛围			
	6. 能否有效激发学生的学习兴趣			
	7. 对学生反应的注意			
	8. 对学生突如其来的问题及状况的处理			
	9. 能否通过恰当的评价引导对研学课程主题的深入思考			
	10. 能否听取学生意见，与学生平等交流			
	11. 是否完成研学目标			
备注说明				

表 6-9　无锡市×××实验小学对锡惠名胜研学旅行基地一日研学课程评价表

学校研学组长		老师代表	
学生代表		班级	

观察 记录	观察内容		评价效果			
			优秀	良好	一般	差
	研学课程	内容丰富				
		目标明确				
		科学性				
	研学旅行指导师	表达能力				
		引导能力				
		完成研学目标				
	研学基地	基地环境及设施				
		实验用具				
	酒店和餐厅	周边环境				
		安全设施				
		用餐卫生				
	全程用车	车况及安全				
		司机服务				
	保险	研学旅行保险				
备注 说明						

✍ 案例分析

　　根据中国旅行社协会等几个部门共同发布的《研学旅行基地（营地）设施与服务规范》的标准，研学旅行基地必须要秉持 4 个原则：教育性原则、实践性原则、安全性原则、公益性原则。在研学旅行课程实施过程中，研学旅行基地必须要策划、制定研学旅行课程的方案，也要配备和培养在研学旅行过程中指导中小学生开展各类研究学习和体验实践活动的专业人员，还要保证研学旅行的实施标准从策划到实施、到最后的评估归纳，都要符合研学旅行的程序和标准。本案例中，无锡锡惠名胜研学旅行基地就是完全按照研学旅行的各个阶段的程序和标准来实施的，并且也对研学旅行的各个对象提供了详细的确认单与评价表，还做出了相应的反思与总结，应该说这是一家合格的研学旅行基地，这样才能为师生们提供良好的环境和优质的服务，成为研学旅行的重要载体。

模块六　研学旅行基地的运营

案例二 古来石斛研学旅行基地运营方案

一、项目概况

古来石斛研学旅行基地位于江苏锡山农博园内，占地200亩，拥有专业化的农业研究资源，与江南大学等高校合作研究，拥有13项专业，因研发出长在古树上的新型高效栽培模式成为生物农业示范企业。古来公司经营的铁皮石斛是中国古代"九大仙草"之一，是中医药文化的代表，更是中国文化的载体，亦契合了弘扬中国传统文化的研学教育目的。古来石斛研学旅行基地通过自然认知、生态系统观摩、传统文化体验及动手实践操作等多种活动形式，有机融合基地科技资源和传统文化，为无锡及周边城市中小学生搭建了一个集生物知识教育、科学技术教育、传统文化教育、素质教育、社会综合实践为一体的特色课堂。

二、政策支持

《关于推进中小学生研学旅行的意见》（教基一〔2016〕8号），《中小学德育工作指南》（教基〔2017〕8号），《研学旅行基地（营地）设施与服务规范》，《研学旅行指导师（中小学）专业标准》。

三、古来石斛基地周边同行名录（见表6-10）

表6-10 古来石斛基地周边同行名录

序号	单位	研学社会实践教育主题
1	无锡帅元紫砂博物馆	非遗文化——紫砂
2	无锡博物院	研学社会实践教育基地
3	无锡拈花湾文化投资发展有限公司	拈花国风新少年研学营
4	无锡市太湖鼋头渚风景区管理处	太湖水质探究、动植物多样性探究
5	无锡市鹅湖玫瑰园艺文化有限公司	自然探索、户外拓展、野外生存、体育健身
6	无锡荡口古镇旅游发展有限公司	传统文化：怀芬书屋、国学、爱国、孝义文化
7	江苏华西集团有限公司	"社会主义新农村建设"社会实践教育
8	无锡市锡山区东港镇山联村民委员会	研学社会实践教育基地（营地）
9	无锡市学生综合社会实践活动基地	国防教育、劳动教育、自然教育、生命安全教育
10	无锡市玉祁酒业有限公司	传统酒文化，酒工艺的学习和体验
11	无锡东方文旅投资有限公司	田野课堂
12	无锡尚田生活文旅发展有限公司	农耕文化的教育、科普与体验
13	无锡中国民族工商业博物馆	传承工商基因，弘扬锡商精神

四、运营思路

（1）对目前现有的硬件基础进行改建，根据研学需求，科学规划区域，增设室内、室外教学场馆和餐厅。教学场馆的建设因地制宜，建设多功能讲解馆、生态体验馆、生态观察暖棚、科学种植棚等。餐厅简易但不简单，环境舒适卫生，功能到位，满足小型学生团队的用餐服务需求。

（2）打造体验中心业态场馆，建造特色商品展示区，集研学活动场所与产品宣传功能于一体。

（3）低成本整合产业链资源，采用OEM的模式开发相关产品，打造自有品牌。

（4）根据体验中心业态布局及不同年龄段青少年的特点，整合资源，开发相关体验课程、夏令营、冬令营等。

（5）将原有产品与研学课程相结合，打造匹配青少年兴趣的、符合课程需求的且独具特色的研学副产品，同时实现轻微盈利目标，打造品牌形象，拓展市场类型。

（6）线上线下联动，积极做好市场推广。

（7）根据试营业数据及客户表现，深度挖掘客户需求，做好项目课程及产品的迭代。

（8）通过试营业商业表现探索盈利模式。

五、对本项目的分析

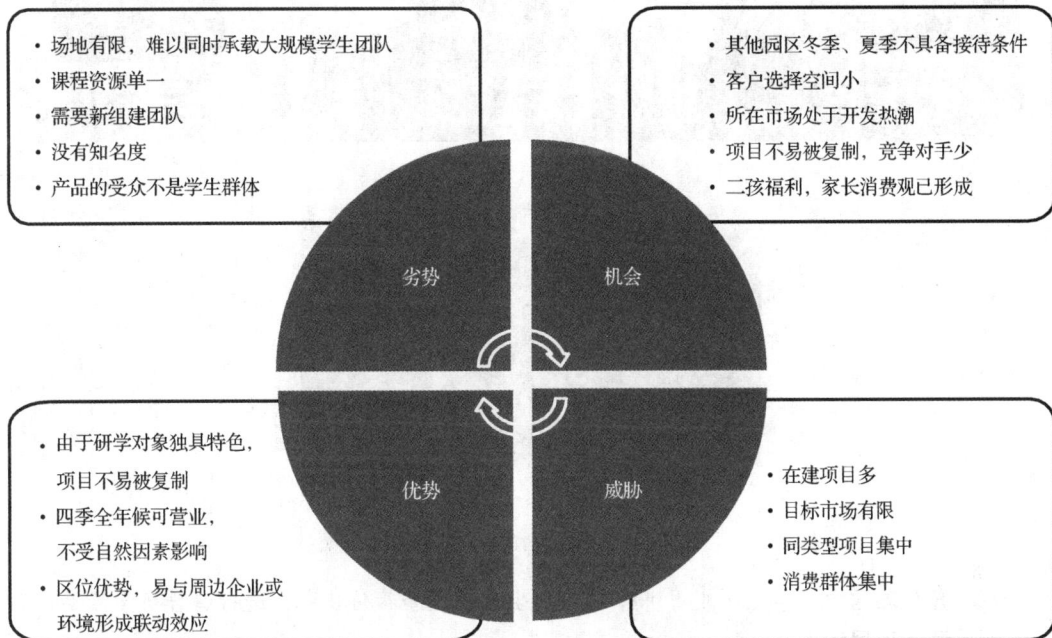

- 场地有限，难以同时承载大规模学生团队
- 课程资源单一
- 需要新组建团队
- 没有知名度
- 产品的受众不是学生群体

- 其他园区冬季、夏季不具备接待条件
- 客户选择空间小
- 所在市场处于开发热潮
- 项目不易被复制，竞争对手少
- 二孩福利，家长消费观已形成

劣势　机会

优势　威胁

- 由于研学对象独具特色，项目不易被复制
- 四季全年候可营业，不受自然因素影响
- 区位优势，易与周边企业或环境形成联动效应

- 在建项目多
- 目标市场有限
- 同类型项目集中
- 消费群体集中

六、典型场馆示例

多功能讲解馆

多功能讲解馆是集多媒体体验与研学旅行指导师讲解于一体的教学场所，增加了讲授知识的体验性和趣味性。

特色商品展示馆

特色商品展示馆包括铁皮石斛展示区、养生体验区，石斛酒展示区、酿造体验区，石斛花茶展示区，集展示与体验于一体，颇具研学特色。

（a）

（b）

（c）

养殖体验馆

在养殖体验馆中，学生可观摩并体验石斛生长环境和养殖技术，进行科普研学活动。

七、活动项目示例

"灌溉技术观摩体验"活动

"石斛盆栽"种植活动

八、研学活动行程安排示例

"古来石斛"科普实践教育行程安排示例

示例对象

小学四年级、五年级的40人团队

行程安排

9:00 到达农博园石斛养殖基地。

9:10—9:30 工作人员发放研学活动任务单，讲解注意事项。

9:30—10:00 由基地讲解员带队，进入多媒体体验馆，进行VR体验并了解石斛历史。

10:00—11:00 来到生态体验棚，运用"五感"亲密接触石斛，认识石斛的植物学特征，观察其生长阶段和生长环境。完成石斛画作，评选"最佳小画家"。

11:00—11:30 进入石斛展馆，以学习小组为单位，学习辨别铁皮石斛。

11:30—12:30 整队，集体营养午餐时间。

12:30—12:50 分组，以 8 人为单位，偕同家长进入石斛种植暖棚，基地工作人员讲授安全知识，发放材料。

12:50—14:30 亲子动手实践项目体验，以组为单位，按项目单程循环。"石斛盆栽"种植/石斛采摘/先进灌溉系统观摩/"铁皮石斛的制作"体验，完成作品"石斛盆栽"。

14:30—15:00 进入特色商品展示区，观察体验石斛产品的制作，学习养生知识，制作简单的带给爷爷奶奶的养生小卡片，挂在和父母亲手共同制作的石斛盆栽上。

15:00—15:10 完成活动任务单，评选"最佳研学小能手"。

15:10—15:20 布置课后小任务："献孝心，我将石斛盆栽带给爷爷奶奶，传授养生小知识"。

15:20—16:00 进入"有奖竞答"环节，检测研学活动效果，答对的小朋友获得小礼品作为学习小奖励。

16:00—16:20 自由活动时间。

16:20—16:30 整队、返程。

案例分析

此次活动能够让学生们了解铁皮石斛的作用、养殖技术和相关科学技术，能够让大家亲手实践种植，并且制作相关物品表达自己的爱心与孝心，是集科学普及、动手能力和传统孝文化为一体的活动。此次活动能够将科学普及和传统文化有效融合，是对学生从知识到实践能力、再到思想文化的普及与提高。

模块七
研学旅行的安全管理

学生安全是研学旅行的底线。我国各级各类与研学旅行相关的政府政策文件，均要求研学旅行要以预防为重、确保安全为基本前提，把安全第一作为基本原则，建立健全安全保障机制，明确安全保障责任，落实安全保障措施，确保学生安全。

在研学旅行项目的安全管理方面，政府监管部门、主办方、承办方、第三方和家长都各自负有不可推卸的责任，都应高度重视相关法律法规，加强对研学旅行的安全管理。

研学旅行的安全管理一是通过提前预防把研学旅行中的安全风险有效降低，二是在出现突发安全事故时能迅速反应、及时应对，把损失降到最低。研学旅行的安全管理落实到位，有利于研学旅行组织方做出正确的决策，有利于确保学生在研学旅行中的安全，也有利于提高社会和家长对研学旅行的认可度。

项目一　研学旅行安全风险分析与评估

▶▶▶任务一　研学旅行安全风险的成因及责任主体

一、研学旅行的安全风险成因

造成研学旅行中安全风险的原因来自多方面，既有学生、学校、研学接待方等项目参与各方的因素，也有安全制度缺乏、监管不力等体制机制的因素。

（一）学生自身的因素

学生的安全意识薄弱和规避风险能力差是导致研学旅行安全问题的重要因素。中小学生年龄偏小，社会生活经验尤其是校外活动经验普遍不足，缺乏安全防范意识和自我保护意识，对于大型的集体性出游活动常感到新鲜和兴奋，注意力过度集中在自己感兴趣的事物上，就容易忽略研学旅行中可能存在的安全问题，而一旦出现无法自己解决的新问题、新情况，一些学生往往慌张、恐惧、不知所措，不能及时采取措施消除安全风险，最终可能酿成安全事故。

（二）学校方面的因素

一些学校组织研学旅行的经验不足，研学旅行安全管理制度和安全管理预案不够完善，安全防范措施安排不到位或流于形式，没有深入系统地对师生进行安全教育，导致师生对研学旅行中出现的问题准备不足，对潜在风险认识不充分，容易导致研学旅行安全事故发生。如果学校在行前没有与研学旅行企业或者机构进行全面、多角度沟通，落实安全责任，那么一旦出现突发事件，各方就无法按照应急预案的要求积极、正确地采取措施，进而会导致安全事故进一步升级。

（三）研学接待方的因素

研学旅行机构和研学旅行基地（营地）作为研学旅行活动的组织者和接待方，是研学安全最基本的保障主体。如果研学旅行机构对研学安全问题认识不够，安全服务意识和安全教育意识不强，工作人员的安全培训不到位，安全应急能力欠缺等都会导致研学旅行出现安全问题。另外，研学旅行基地（营地）环境相对复杂，有些项目专业性比较强，工作人员和学生操作不规范、基础设施和专项设备未及时维护更新等都易导致安全问题。

（四）制度保障的因素

目前，研学旅行的相关安全管理制度并不完善，学校、研学机构和研学旅行基地（营地）各自的安全责任边界的划分还不够清晰。研学旅行具有集体性、实践性特征，学生参与数量多，校外环境不可控，涉及交通、食宿、卫生、旅行等诸多社会资源的聚集和整合，是一项十分专业的教育活动，但大多数学校并未设置专门的研学旅行指导教师的岗位，导致临时参与研学旅行的教师对研学旅行的安全保障只能依靠主观意识判断，再加上如果学校没有对研学旅行各环节的服务管理人员进行严格培训，那么即使是学校的教师全程带队，也难以保证安全事故不会发生。

（五）监督管理的因素

政府部门要加强对研学旅行行业的监督管理。研学旅行事关素质教育目标的实现，事关学生的身心健康发展，因此，有关政府部门必须对研学旅行各环节认真把关。应由教育主管部门会同旅游主管部门出台研学机构资质审查、产品质量、从业人员素质等方面的严格标准，如机构必须有合法资质、无恶性安全事故记录、有成熟的研学旅行产品开发团队等。把好机构质量关，才能从源头上控制风险，保证学生安全和行业健康发展。此外，教育部门应从以下方面履行好自身责任。第一，引导研学旅行活动规范化进行，从源头上避免行业乱象；第二，支持研学旅行但要严格管控，避免"只学不游""只游不学"的研学旅行形式化问题，切实保障研学旅行效果；第三，加强安全监督与管控，降低研学旅行风险，充分保障学生参与研学旅行的权益。

二、研学旅行安全监管的责任主体

中小学生研学旅行安全监管的责任主体主要有教育行政部门、学校、旅游行政部门、交通部门、公安、食品药品监管部门、保险监督管理部门等。

（一）教育行政部门

教育行政部门主要负责制定和颁布中小学生研学旅行安全政策，监督各地是否按照相关研学旅行安全规定要求开展工作。尤其是地方教育行政部门要负责督促学校落实安全责任，审核学校报送的研学旅行活动方案（含保单信息）和应急预案。

（二）学校

学校主要负责研学旅行的具体组织和实施，建立安全责任机制，制定研学旅行活动方案和应急预案，履行向主管部门汇报的义务，做好行前安全教育工作，为出行师生购买人身意外险，购买校方责任险。

（三）其他行政部门

旅游行政部门负责审核开展研学旅行的企业或机构的准入条件和服务标准。交通部门负责督促有关运输企业检查学生出行的车、船等交通工具是否符合标准，依法查处运送学生车辆的交通违法行为。公安、食品药品监管部门等在各自的职责范围内加强对研学旅行涉及的餐厅、酒店等公共经营场所的安全监督、食品质量监督。保险监督管理部门负责指导保险行业提供并优化校方责任险、旅行社责任险等相关产品。

》》》任务二　安全风险评估

安全风险评估是研学旅行安全风险管理的核心，是用定性或定量的方法，从安全风险发生后的危害程度、安全风险发生的概率和安全风险的可检测性 3 个因素入手对安全风险进行评价的过程。安全风险的评价一般要借助分析工具进行，且可运用的工具种类繁多。基于失败模式及效应分析（Failure Mode and Effect Analysis，FMEA）方法，以定性评价为前提对安全风险的每个因素按照 3、2、1 进行量化评价，综合每个安全风险的 3 个因素的得分之积，确定该风险的定量分析得分，如表 7-1 所示。

表 7-1　安全风险因素的定性描述及分值量化参考表

定性描述　　　　分值 安全风险 因素	3	2	1
安全风险发生后的危害程度	对学生安全影响严重：引起学生身体严重不适，需要长时间治疗，可能引起身体残疾甚至死亡；社会和家长对此非常关注，容易引发强烈不满	对学生安全影响中等：引起学生身体较为严重的不适，治疗时间较短，治愈后可完全恢复；社会和家长对此较为关注	对学生安全影响较低：引起学生身体不适，但是不需治疗可自行恢复；社会和家长对此关注度较低
安全风险发生的概率	经常发生：每 3 次研学旅行至少发生 1 次	偶尔发生：每 10 次研学旅行可能发生 1 次	很少发生：每 20 次研学旅行可能发生 1 次，甚至不发生
安全风险的可检测性	能被发现但是缺少有效的检测手段或控制措施，或可能不能被发现	需要通过一定的检测手段才能被发现	可直观地展现，极易被发现

以食品风险为例，从安全风险发生后的危害程度来看，如果食品质量不符合标准，可能会造成学生食物中毒、腹泻等情况，引起学生的严重不适，社会和家长对此非常关注，安全风险发生后的危害程度得分可定为 3 分。从安全风险发生的概率来看，根据以往的数据可以发现，每 10 次研学旅行可能发生 1 次食品安全事故，安全风险发生的概率得分可定为 2 分。从安全风险的可检测性来看，食品质量问题需要通过一定的检测手段才能被发现，安全风险的可检测性得分可定为 2 分。食品风险的最终得分为 $3 \times 2 \times 2 = 12$ 分。

安全风险的评估为安全风险的处理顺序提供了依据。研学旅行组织者可根据评估结果，结合评估专家意见和实际情况确定风险处理的优先顺序，以保证风险得到及时有效的处理。

项目二　研学旅行安全风险防范与管理措施

》》》任务一　研学旅行的安全风险防范

在安全工作领域，有个知名的"海恩法则"，它是由德国飞机涡轮机的发明者帕布斯·海

174

恩对多起航空事故深入分析研究后得出的。海恩认为，任何严重事故都是有征兆的，每次事故背后必然有 29 次轻微事故和 300 次左右的事故苗头，以及上千个事故隐患。海恩法则告诉我们，事故的发生看似偶然，其实是各种因素积累到一定程度的必然结果。任何重大事故都是有端倪可察的，其发生都经过了萌芽、发展到发生这样一个过程。如果每次事故的隐患或苗头都能受到重视，那么有的事故是可以避免的。海恩法则金字塔形示意图如图 7-1 所示。

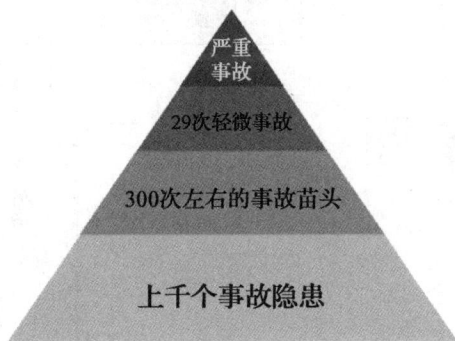

图 7-1　海恩法则金字塔形示意图

一、排查安全隐患

按照海恩法则分析，当一次重大事故发生后，我们在处理事故本身的同时，还要及时对同类问题的"事故征兆"和"事故苗头"进行排查处理，以防止类似问题的重复发生，及时消除再次发生重大事故的隐患，把问题解决在萌芽状态。具体来说，在安全工作中要做到以预防为主，必须坚持"六要六不要"。

（一）要充分准备，不要仓促上阵

充分准备就是不仅熟知工作内容，而且熟悉工作过程的每一细节，特别是对工作中可能发生的异常情况。

（二）要有应变措施，不要进退失据

应变措施就是针对事故苗头、事故征兆甚至安全事故可能发生所预定的对策与办法。

（三）要见微知著，不要掉以轻心

有些微小异常现象是事故苗头、事故征兆的反映，必须及时抓住它，正确加以判断和处理，千万不能视若无睹，留下隐患。

（四）要鉴以前车，不要孤行己见

要吸取别人、别单位安全问题上的经验教训，将其作为本人、本单位安全工作的借鉴。进行安全事故通报、安全整顿时，要把重点放在查找事故苗头、事故征兆及其原因上，并且提出切实可行的防范措施。

（五）要举一反三，不要故步自封

对于本人、本单位安全生产上的事例，不论是正面的还是反面的，只要具有典型性，就可以举一反三，进行深刻分析和生动教育，以求安全工作的提高和进步。绝不可以安于现状，不求上进。

（六）要吸取教训，不要一错再错

发生了安全事故，正确的态度和做法就是要汲取教训，以免重蹈覆辙。绝不能对存在的安全隐患听之任之，以免错上加错。

再好的计划，再完美的规章，在实际操作层面上，都无法取代人的责任心和自身素质，而在研学旅行活动中，安全隐患主要来自参与者和活动流程。安全隐患排查示意图如图 7-2 所示。

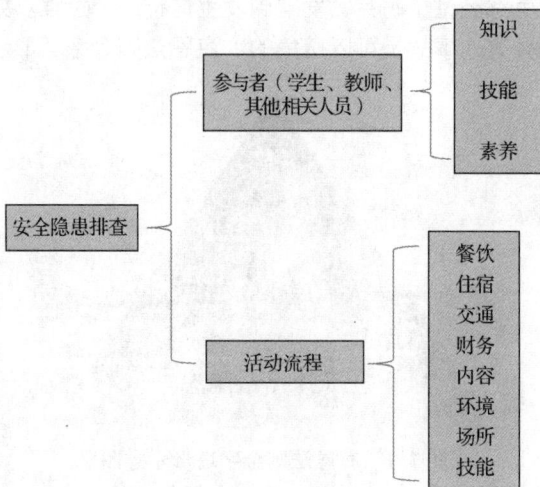

图 7-2　安全隐患排查示意图

二、规避安全风险

为规避研学旅行的安全风险，防止安全事故的发生，研学旅行项目的主办方、承办方、供应方和相关政府部门都要承担起各自的责任，并且要密切配合，共同守好安全关。

（一）主办方：把准定位，认真评估，加强教育

1. 对课程设计发挥主导作用。主办方应将中小学研学旅行定位在"研学为主，旅行为辅"的基本方向上，把教育放在首位，避免实践形式的表面化、趋利化。主办方不应在设计研学旅行课程时为了省事，就全盘以旅行社或研学机构提供的方案进行活动安排，而是要在设计研学旅行课程方案的过程中发挥主导作用，在坚持课程教育取向的同时，降低安全风险。

2. 对承办方、第三方的活动组织能力进行评估。主办方要根据资质、经验、人力、安全保障方案等方面的表现来选择承办方，对于承办方选定的食宿环境、交通方式、研学场所，主办方要尽可能提前进行现场考察，排查可能存在的安全隐患，提出整改要求，谨慎选择合作伙伴。

3. 对师生加强安全教育。除通过常规会议或课程对参与研学旅行的师生进行安全教育外，主办方可邀请旅行社或户外安全专家对师生进行安全教育和应急演练，提高师生的安全意识和应急能力。同时，在研学旅行过程中，教师在做好学生管理工作的同时，也要加强对承办方和服务方的监督和管理，督促他们切实履行服务职责。

（二）承办方：实地考察，细化落实，人员到位

1. 承办方要对研学旅行基地（营地）及项目涉及的食宿、交通等第三方的资质、安全条件进行考察，从源头上减少开展研学旅行的安全风险。如研学旅行路线可能涉及水、电等方面的危险，在设计行程时就要引起注意，应尽量合理安排路线调整或做好特殊应对预案。

2. 强化人员配备和人员素质。要按照相关规定配备足够的随行项目组长、安全员、研学旅行指导师、导游，加强对相关人员的培训，提升他们的安全管理能力。应提前划分好责任，充分考虑可能发生的各种情况，将每项工作责任落实到个人。

（三）供应方：周密计划，保障设施，排查隐患

1. 作为受承办方委托接待研学旅行团队的研学旅行基地（营地）等供应方，首要的工作就是制订完善的接待计划。与一般旅游团队接待计划不同的是，研学旅行团队的成员大多是未成年人，他们精力旺盛、活泼好动，加之外出旅行带给他们新奇感，会使管理的难度加大，所以各供应方应提前做好接待计划，落实好人员和安全管理职责。

2. 确保活动设施设备安全。对于车辆、餐饮原材料、住宿环境、景区设施等，相关供应方应提前进行检查，排除安全隐患。交通供应方还应向当地交通管理部门备案，并为学生及带队教师购买乘车保险；餐饮供应方应确保门店干净整洁、食物健康卫生；住宿供应方应检查房间内外设施和环境，确保师生的人身及财产安全；研学旅行基地（营地）等企业应对其重点区域，如水域等，安排专人管理，排除安全风险。

（四）政府相关部门：加强监管，严格审核，重在落实

对研学旅行安全风险的管理，各政府相关部门都必须负起应有的责任：教育行政部门负责督促学校落实安全责任，审核学校报送的研学旅行活动方案和应急预案；文旅部门负责审核开展研学旅行的企业或机构的准入条件和服务标准；交通部门负责督促有关运输企业检查学生出行的车、船等交通工具；公安、市场监管等部门加强对研学旅行涉及的餐厅、酒店等公共经营场所的安全监督。

三、落实安全保障措施

针对安全隐患，在构建安全机制的基础上，研学旅行的各参与方更需要加强安全教育，以落实有效的安全保障措施。根据研学旅行的常规流程，可将对应的安全保障措施列表，如表 7-2 所示。

表 7-2　研学旅行流程安全保障措施表

保障环节		安全措施
学生管理		1. 了解学生的个性喜好、成长环境、生活习惯、饮食禁忌、有无过敏史、身心健康状况等基本信息，建立一人一卡，一团一行一档。 2. 做好安全教育，要为师生购置足额保险。学生不得隐瞒重大疾病和病史（如心脏病、传染病史等）；少带贵重物品；确保就餐、上车安全有序，不私自解开安全带；切勿吃生食（生海鲜）、腐烂水果，不接受陌生人给予的食物，不光顾路边无牌照摊档；晚上按时就寝，待查房完毕后锁好房门，不让陌生人进入房间，不得擅自离开房间；不得私自离开队伍，时刻在带队教师的视野内，遇到任何突发事件第一时间找带队教师解决。 3. 为学生建立安全保障卡。卡面写有学生姓名（可隐藏一字）、带队教师联系电话、血型、过敏史等，学生随身佩戴。 4. 有条件的学生可佩戴电子手表、定位手机或手环等科技产品，和无条件的学生分组搭配，确保信息畅通
活动流程	餐饮	1. 资质审核备案。餐厅必须具备餐饮服务许可证和营业执照，近 5 年内无责任事故和不良诚信记录，其工作人员均有健康证。 2. 远程考察。要求餐厅提供指定位置照片，或通过视频观察环境。 3. 现场考察。到餐厅试吃餐品，考察餐厅卫生、就餐环境，体验服务。 4. 有大型团队接待经验，服务过品牌客户的餐厅优先
	住宿	1. 资质审核备案。住宿场所具备特种行业许可证和营业执照。 2. 远程考察。要求住宿场所提供指定位置照片，或通过视频观察环境。 3. 现场考察。考察消防设施、周边医院等，体验服务。 4. 入住新场所前开展安全教育，进行安全消防、应急疏散演练。 5. 选择户外露营时，帐篷区应建在高地以防止暴雨、洪水、泥石流等自然灾害造成损害，同时应采取驱蚊、驱虫等措施。 6. 安排夜间值班人员，确保营地学生安全

保障环节		安全措施
活动流程	交通	1. 资质审核备案。不得租用有手续不全、无资质、未参保等问题的车辆，必须签订《旅游团队汽车运输合同》；驾驶员应具有 10 年以上驾驶经验，5 年以内无责任安全事故和闯红灯、酒驾等不良记录，应具有应急救护的基本常识和基本技能。 2. 考察出行线路。尽量安排通行顺畅、安全的道路，要制定线路图，尤其注意道路维修、封路、路面崎岖不平等情况。 3. 每人一正座，时刻注意观察司机驾驶状态和路面情况，保证万无一失。 4. 涉及远途和境外研学旅行时，要选择安全性能高、成本低的高速列车、旅游专列或航空线路
	财物	保管好自己的财物。在公共场所不露出大额现金，不乱花钱，大额现金可交由带队教师代为保管
	内容	教学内容不涉及宗教和不健康内容，不超纲，应积极健康
	环境	1. 确保周边无大型公共活动，所在城市治安好。 2. 与当地可靠合作方合作，确保不受方言、风俗习惯等影响。 3. 研学所在地自然环境好，无雷电、大风等不良气候；无流沙、沼泽等危险地形；无有毒、有刺植物，易过敏植物等
	场所	周围交通方便，离医院近，适合开展大规模学生研学活动

《全国中小学生研学旅行状况调查报告》显示，有 15%的学校没有购买旅行责任险和意外险中的任何一种保险，保险意识极弱。购买保险是降低事故安全责任风险的有效措施，学校应确保人人都购买保险。研学旅行相关险种说明如表 7-3 所示。

表 7-3　研学旅行相关险种说明

序号	险种	内容及注意事项
1	研学旅行专属保险产品	该险种是保险公司针对研学旅行开发的专属保险（注意：投保人投保前需征得被保险人或被保险人监护人同意）。例如，某家保险企业的"研学旅行专属保险产品国内方案"包含意外伤害保障、疾病保障、医疗保障、个人责任保障、救援保障、专属保障等项目
2	校方责任险	该险种由学校作为投保人，因校方过失导致学生伤亡事故及财产损失的，由保险公司来赔偿。学生在校内活动或由学校统一组织安排的校外活动（包括体育课、实验课、课间操、课外活动、春游等）过程中，因学校非主观过失导致注册学生的人身伤害和财产损失，依法应由学校承担的直接经济赔偿责任，可由保险公司来承担
3	旅行社责任险	该险种的投保人是旅行社，属于强制性保险。该险种是承保旅行社在组织旅游活动过程中因疏忽、过失造成事故所应承担的法律赔偿责任的险种
4	独生子女意外险	该险种是为应对参与研学旅行的独生子女家庭面临的意外风险，而设计开展的独生子女家庭综合保障计划。该险种是在给付保险金模式上，融入医疗基金（失独关爱金）保险、长期护理保险和教育年金保险，多角度、多层面为独生子女家庭提供完善的保险服务
5	其他安全险	其他安全险主要指交通和门票中包含的意外险。以交通意外险为例，旅客在购买车票、船票时，实际上就已经投了该险，其保费按票价的 5%计算，每份保险的保险金额为 2 万元人民币，其中意外医疗事故金 1 万元，保险期限从检票进站或中途上车、上船开始，到游客检票出站或中途下车、下船为止
6	人身意外伤害保险	该险种是指在约定的保险期内，因发生意外事故而导致被保险人死亡或残疾，支出医疗费用或暂时丧失劳动能力，保险公司按照双方的约定，向被保险人或受益人支付一定量的保险金。保障项目包括死亡给付、残疾给付、医疗给付和停工给付等

除了安全制度的构建，安全措施的落实到位，我们也需要保持对研学旅行安全风险管理的时时反思，以不断改进我们的安全管理工作。反思是对研学旅行安全风险管理过程进行回顾、总结和分析的过程，对于促进研学旅行安全管理能力和水平的提升具有重要作用。研学旅行组织者在安全风险管理的各个阶段，要及时与相关部门、相关人员等就研学旅行的进程、信息及风险控制的效果等情况进行沟通交流，还要进一步巩固研学旅行安全风险管理回顾制度，审核管理的有效性，并对出现的新情况进行审核和控制，掌握处理风险的主动权，提高

安全风险管理的成效。

接下来，我们就具体出现的各类应急情况的处理进行详细介绍。

>>> 任务二　应急处理与安全机制

一、安全人员配备

少于 100 人的研学旅行团队通常由队伍内有应急救护资质的带队教师兼任安全员，超过 100 人的团队通常会专门配备一位安全员（优先选择特种兵和退役军人）。安全员只负责安全，不兼做其他工作，确保安全措施保障到位，安全隐患排查到位，活动中时刻让学生处于自己视野范围内，活动后安全将学生交接给指定人员。

50 人至 150 人的团队通常需专门配备 1 位医生或护士，少于 50 人的团队则由队内有应急救护资质的带队教师兼任救护人员。当进行危险系数较高的研学活动时应根据实际情况调整人员配备。

突发事件的处置
流程

二、突发事件处理流程

任何研学旅行活动都需要准备安全事故或突发事件的预案。一旦发生突发事件，应按相关流程处理。突发事件处理流程如图 7-3 所示。

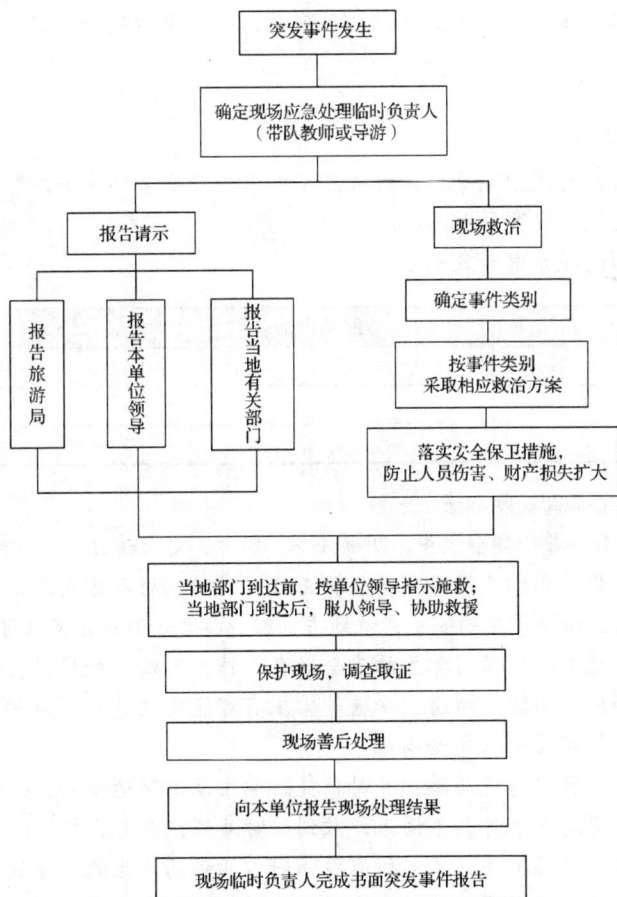

图 7-3　突发事件处理流程

179

三、常见安全事故处理与防范

具体内容可参考附录 A《研学旅行安全手册》。

四、安全事故应急预案的撰写

（一）应急预案的基本内容

应急预案应一般包括安全工作组织领导；带队人员安全工作职责及要求；各类安全（突发）事故应急处置办法；研学过程、研学线路存在的安全隐患及应对措施；车辆、驾驶员的有关信息及公安、交警部门审核的材料；研学旅行活动目的地天气与安全情况监测报告；等等。

（二）范例

＿＿＿＿＿学校"＿＿＿＿"主题研学活动安全工作预案

（线路：＿＿＿＿＿＿＿＿）

为加强本次活动的安全管理，增强教师、学生的安全意识，确保师生在活动中的安全和活动的顺利进行，特制定本预案。

一、指导思想和工作目标

指导思想：以《学校安全工作条例》为指导，认真落实各项安全措施，教育学生遵守各种安全法律法规，培养学生具备一定的自护能力，让活动既突出意义，又安全愉快。

工作目标：确保交通安全，确保研学活动安全，确保食宿安全，确保课程活动质量，展示学校的良好形象。

二、组织领导

（一）领导小组成员

为加强对学生活动的组织领导，学校成立了外出活动安全领导小组。

组长：校长（处理突发事件总指挥）

本线路相关教师的联系电话表如下。

教师姓名	联系电话	备注
		项目组长
		组员
		组员

（二）小组成员及带队教师职责

（1）在带队教师和领导小组会议中，明确任务、职责，要求精力充沛、自始至终参与活动。

（2）带队教师应提前向学生做好各种教育工作，同时做好各方面的组织工作。

（3）组织好学生，保证学生的安全，做到去、回、集合等时间清点（掌握）的人数一致。

（4）提高认识，随时随地做好学生的安全教育工作，不能放松警惕。到目的地要视察周边环境，如有施工场地、山坡、河道、水塘等学生有可能发生危险的地方，要分头站岗，并注意学生动态，不允许学生出入危险场地。

（5）要求学生走人行横道过马路，并时刻提醒学生注意交通安全，注意来往车辆，确保学生安全过马路。如遇突发事件，不慌张，做到及时处理，及时上报。

（6）要精心组织，严格把关。要对所有参加研学活动的学生的身体健康状况进行全面细致的了解，做到底数清、情况明。目前，身体状况不适宜参加研学活动的学生，不允许其参加本次研学活动。

（7）要全方位做好学生的安全教育工作。带队教师要在研学活动开始前对学生进行安全教育。坚持"安全第一，预防为主"的原则，使全体师生牢固树立"隐患险于事故，防范胜于救援，责任重于泰山"的安全意识，不断提高处置活动中安全事故的能力和水平。

（8）要注意活动前的安全。活动前，带队教师要对学生充分做好安全教育，并教会学生自我保护的方法，讲明活动中易出现的安全问题和要注意的事项，教育学生在研学活动中听从指挥，不违章操作。要随时清点学生人数，对随便离开的学生要及时查明原因。

（9）研学活动开始后，带队教师必须始终坚守活动现场，随时准备处理可能发生的运动伤害或其他安全问题，要密切注意学生的身体健康状况，以便及时处置突发事件。

（10）活动全程不得请假、不得中途私自离开学生，保证本次活动顺利进行。

（11）活动结束要及时总结，做好记录。

三、活动地点、活动时间、参加人数

活动地点：＿＿＿＿＿＿＿＿

活动时间：＿＿＿年＿＿＿月＿＿＿日—＿＿＿月＿＿＿日

参加人数：师生共＿＿＿＿＿人

四、工作安排及分工

（1）按市、区领导指示要求，学校组织学生集体外出活动前必须对行程路线、目的地安全情况进行踩点，并对踩点情况做出说明。

（2）学校组织召开工作协调会，参加人员为领导小组的全体成员、校医和全体教师。由带队领导通知与会人员，主要明确活动的具体事宜。

（3）对学生进行安全教育，重点讲清乘车安全、饮食安全，并结合踩点时提出的注意事项对学生进行教育。明确参加活动时所携带的物品。此项工作由线路负责人负责。

（4）联系车辆，由车长负责。

（5）组织参加活动的师生登车出发。由指导教师安排学生有序登车，确保学生的安全。

（6）活动中的安全管理及协调。活动中由带队领导全权管理和总体协调。

（7）住宿安全保证。由线路负责人安排宿舍值班教师，各值班教师和带队教师保障学生安全。

（8）研学活动安全保证。由带队领导负责安排研学活动中各项目的负责人员，各带队教师要保障学生研学活动中的安全。

五、紧急事件处理程序

（一）处理交通事故应急预案

（1）如遇交通事故，记住肇事车的车型、车牌、颜色，组织活动第一责任人拨打110报警电话，并及时向学校报告出事地点及详细情况，同时组织安全人员实施自救。

自救措施如下。

如有学生受伤，学校教师要尽快将其送往离出事点最近的医院进行救治。

随队安全员立刻将车上其他学生带离出事点，转移到安全地带。

在高速路上，无论是发生车祸还是车辆故障，随队安全员应马上把学生带离车辆，以免发生不测。

如遇车辆自燃、翻车、撞车等情况，随队安全员立刻组织学生有序、迅速撤离至安全地带；如撤离时车门无法打开，随队安全员应立刻设法砸破车窗以便学生逃生。

大中型校车必须配备手提灭火器和铁锤，且放置在车辆固定位置，随队安全员必须知道灭火器的使用方法及铁锤的位置。

（2）学校立即组织力量以最快的速度赶到事发现场。

（3）随行安全第一责任人指挥人员保护现场。

（4）随行安全第一责任人查明事故原因和损害情况，将书面材料上报领导。

（二）处理饮食卫生事件应急预案

（1）各组建立严格的信息报告制度，若发现类似食物中毒症状，随队安全员（×××）要立即上报安全第一责任人，并报告随队医生。

（2）出现食物中毒症状时，带队教师做应急处理，首先让医生诊断，确定是否送医院紧急治疗或临时治疗，如需送医院治疗，则由学校教师护送前往。

（3）立即组织其他班级的随队安全员对所有学生进行调查，以免造成多人中毒。

（4）组织人员查明中毒原因，并对每项食物留样检查。

（5）事发时及时向学校领导汇报详细情况，后将书面材料上报学校。

（三）处理人身意外伤害及疾病应急预案

（1）如遇绑架、抢劫事件，安全责任人首先要镇静，要机智应付，巧妙周旋，尽可能赢得时间，报告学校。学校有关领导要迅速查明情况，并根据需要拨打110报警。

（2）发生突发事件，随队安全员应始终站在学生身前，以避免学生受到任何人身攻击或其他伤害。

（3）如遇溺水事件，应立即组织水性好的教师进行现场营救，直至营救成功为止，营救后及时送医院治疗观察。营救的同时，第一时间上报学校，并根据现场水域情况拨打110报警。

（4）学生出现摔伤、扭伤、撞伤等，随队安全员应立即报告随行医生，由随行医生进行治疗。如伤情较重，应马上由安全员送医院治疗，并及时上报病由、病情。

（5）学生出现突发心脏病等危险旧病复发，随行医生做紧急处理，同时组织几名安全员随同医生护送学生前往就近医院抢救治疗。

（四）处理治安案件应急预案

（1）如遇危险人员对学生滋扰，现场教师必须挺身而出，保护学生不受伤害，并及时拨打110报警。

（2）如有学生受伤，带队教师要及时通知受伤学生家长。

（3）途中出现问题，由线路负责人迅速报告带队领导，由保卫处主任负责向上级领导报告事故情况。

（4）每辆车配有一名随队安全员，每名随队安全员须保障学生在整个活动中的安全。随队配备一名医务工作人员及药箱。

范例点评

该方案结构完整，安全工作组织领导、带队教师责任明确、分工合理，各类紧急事件处理程序科学，措施周到，尤其是考虑到多种情况的紧急处理方法，非常有针对性。在写作其他应急预案时，可参考此示例的体例，但应注意针对不同活动的各类安全事故预案的个性化描述。

项目三　研学旅行各方的安全责任

任务一　政策法规中的安全责任规定

一、《关于推进中小学生研学旅行的意见》中关于安全责任的要求

教育部等11部门印发的《关于推进中小学生研学旅行的意见》提出，"研学旅行要坚持

安全第一，建立安全保障机制，明确安全保障责任，落实安全保障措施，确保学生安全"，要做到"活动有方案，行前有备案，应急有预案"，具体要求如下。

（1）学校组织开展研学旅行可采取自行开展或委托开展的形式，提前拟订活动计划。

（2）学校要按管理权限报教育行政部门备案。

（3）学校要通过家长委员会、致家长的一封信或召开家长会等形式告知家长活动意义、时间安排、出行线路、费用收支、注意事项等信息。

（4）学校要加强学生和教师的研学旅行事前培训和事后考核。

（5）学校自行开展研学旅行，要根据需要配备一定比例的学校领导、教师和安全员，也可吸收少数家长作为志愿者，负责学生活动管理和安全保障。

（6）学校要与家长签订协议书，明确学校、家长、学生的责任和权利。

（7）学校委托开展研学旅行，要与有资质、信誉好的委托企业或机构签订协议书，明确委托企业或机构承担学生研学旅行安全责任。

二、其他相关文件中对安全责任的要求

政策法规文件中对研学旅行安全责任的要求对照表如表 7-4 所示。

表 7-4 政策法规文件中对研学旅行安全责任的要求对照表

解读项目	文件内容	文件来源
餐饮	1. 应以食品卫生安全为前提，选择餐饮服务提供方。 2. 应提前制定就餐座次表，组织学生有序进餐。 3. 应督促餐饮服务提供方按照有关规定，做好食品留样工作。 4. 应在学生用餐时做好巡查工作，确保餐饮服务质量	
住宿	1. 应以安全、卫生和舒适为基本要求，提前对住宿营地进行实地考察，主要要求如下：应便于集中管理；应方便承运汽车安全进出、停靠；应有健全的公共信息导向标识，并符合《标志用公共信息图形符号》（GB/T 10001）的要求；应有安全逃生通道。 2. 应提前将住宿营地相关信息告知学生和家长，以便做好相关准备工作。 3. 应详细告知学生入住注意事项，宣讲住宿安全知识，带领学生熟悉逃生通道。 4. 应在学生入住后及时进行首次查房，帮助学生熟悉房间设施，解决相关问题。 5. 宜安排男、女学生分区（片）住宿，女生片区管理员应为女性。 6. 应制定住宿安全管理制度，开展巡查、夜查工作	《研学旅行服务规范》
交通	1. 应按照以下要求选择交通方式：单次路程在 400 千米以上的，不宜选择汽车，应优先选择铁路、航空等交通方式；选择水运交通方式的，水运交通工具应符合《水路空运服务质量要求》（GB/T 16890—2008）的要求，不宜选择木船、划艇、快艇；选择汽车客运交通方式的，行驶道路不宜低于省级公路等级，驾驶人连续驾车不得超过 2 小时，停车休息时间不得少于 20 分钟。 2. 应提前告知学生及家长相关交通信息，以便其掌握乘坐交通工具的类型、时间、地点以及需准备的有关证件。 3. 宜提前与相应交通部门取得工作联系，组织绿色通道或开辟专门的候乘区域。 4. 应加强交通服务环节的安全防范，向学生宣讲交通安全知识和紧急疏散要求，组织学生安全有序乘坐交通工具。 5. 应在承运全程随机开展安全巡查工作，并在学生上、下交通工具时清点人数，防范出现滞留或走失。 6. 遭遇恶劣天气时，应认真研判安全风险，及时调整研学旅行行程和交通方式	《研学旅行服务规范》

续表

解读项目	文件内容	文件来源
学生（身心状况）	因下列两种情形之一造成的学生伤害事故，学校应当依法承担相应的责任：一是学生有特异体质或者特定疾病，不宜参加某种教育教学活动的；二是学校知道或者应当知道，但未予以必要的注意的	《学生伤害事故处理办法》
教学内容	国家实行教育与宗教相分离。任何组织和个人不得利用宗教进行妨碍国家教育制度的活动。各中小学要结合当地实际，把研学旅行纳入学校教育教学计划，与综合实践活动课程统筹考虑，促进研学旅行和学校课程有机融合，要精心设计研学旅行活动课程，做到立意高远、目的明确、活动生动、学习有效，避免"只旅不学"或"只学不旅"现象	《教育法》《关于推进中小学生研学旅行的意见》

▶▶▶ 任务二　研学旅行中常见风险与应对策略

在研学旅行项目的实施过程中，安全的重要性应始终排在首位。虽然总的来说，研学旅行实践中发生的安全事故只是少数，但随着我国中小学研学旅行课程的逐渐推广，研学旅行规模的不断扩大，潜在的安全风险势必加大。如果参与研学旅行的各方没有认真准备、做好安全教育和应急预案，那么在研学过程中，就会有出现安全交通事故、食宿安全事故、体验安全事故等安全事故的风险。一旦发生了安全事故，参与研学的各方应该承担怎样的责任？安全事故的责任怎样认定？以下就一些典型的安全责任的归属问题进行分析。

排除出行安全隐患

一、各方的安全预防责任

首先我们来明确主办方、承办方及第三方的安全责任与预防措施，具体如表 7-5 所示。

表 7-5　研学旅行各管理方的安全责任与预防措施对照表

主体	安全责任	预防措施
主办方	以学员的活动空间为准，设定责任与义务范围	重视安全教育宣传，签订书面协议并妥善保管；加强工作人员安保意识，完善安全保障责任制度。尤其做好踩点、安全学习、保险购买及与各方签订合同等工作
承办方	依法积极履行安全保障义务和及时救助义务，加强安全防范意识，将保证未成年人的安全放在工作第一位，以免造成不必要的人身、财产损害	选择具有合法资质、相应的服务和能力的合作伙伴，同时各方应签订合作协议，明确权利和义务
第三方	严格履行安全保障义务，做好安全提示和安全设施安置工作。发生意外事故时，研学旅行基地或景区作为研学活动辅助者，若未尽到安全保障义务，应当承担连带赔偿责任	完善安全检测机制，定期对研学旅行基地或景区的服务设施进行安全检验、评估，完善警示标志的设立，防止危害的发生

二、学生私自脱团受伤的责任

学生私自脱团受伤，学校是否应当承担责任？很多学校的研学旅行活动组织者认为自己已经将工作委托给了专业的旅行社，出现事故时自己就可以免责，对学生的看护、管理职责完全由旅行社承担。可是，学校即使委托了专业的旅行社，自己依然要履行对学生的安全保障义务。旅行社作为承办方，同样应当积极履行安全保障义务，提供旅游服务的配套管理和安全提示服务。

三、旅行社对学生受伤的责任

学生在研学旅行过程中受伤,旅行社是否应当承担相应的赔偿责任? 在针对未成年人的研学旅行活动中,旅行社应将保证未成年人的安全放在工作第一位。如果学生在研学旅行过程中受伤,旅行社应承担相应的赔偿责任。

研学旅行活动是在学校外开展的集体活动,客观来说,旅行社在管理能力和安全防范经验方面具有明显优势,对于路线、景区安排、食宿安全等更了解,因此,在研学旅行中的安全保障方面,旅行社的责任应该大于学校,而一旦出现问题,旅行社承担的责任也大于学校。

四、安全事故中保险公司的责任

研学旅行中的保险是不可或缺的。除了强制规定的旅行社责任险外,建议各方还要为学生购买意外伤害保险。若到境外研学旅行,各方还要考虑购买境外旅游救援保险、境外旅游意外医疗保险等。至于保险费,除了旅行社责任险由旅行社承担外,其他商业保险则并无强制性规定由谁来承担,建议各方根据实际情况协商处理。

在研学旅行活动中,因保险引发的争议不在少数,下面举几个例子予以说明。

例一:研学旅行中,学生突发疾病意外身亡,教育机构为其投保的是校方责任险,保险公司能否以"疾病不属于保险责任范围"而免除保险责任呢?

此处涉及的保险为校方责任险,保险合同中明确规定"因被保险人疏忽或过失发生下列情况导致学生人身伤亡,依法应由被保险人承担的经济赔偿责任,保险人按照本保险合同的约定负责赔偿"。

学生突发疾病意外身亡,符合保险合同约定的情形,因此保险公司应当承担保险责任,不能主张免除保险责任。

例二:基地、营地或景区购买公众责任险后,保险公司能否以"保险条款与保单内容相冲突"而主张未在免赔范围内而拒绝赔付呢?

保险条款系保险合同中的格式条款,鉴于其所特有的固定性、格式性与通用性,保险条款应当配合相应的投保险种才有法律效力。因此,若投保人与保险人签订的保险条款与保单内容相矛盾,则表明该格式条款不符合双方真实意思表示,因而不发生效力。

五、不可抗力安全事故的责任

不可抗力是指合同订立时不能预见、不能避免且不能克服的客观情况。

(一)不可抗力类型

不可抗力主要分为 3 类:自然灾害、政府行为、社会事件。其中,自然灾害指台风、地震、洪水、冰雹、泥石流、海啸等,政府行为指征收、征用等,社会事件指罢工、疫情等。

(二)不可抗力带来的法律后果

不可抗力带来的影响是不能小觑的,其后果往往是研学旅行行程的改变、取消、转团,或研学旅行服务合同的解除。

1. 不可抗力导致行程被取消,旅行社是否担责

旅行社和旅游者均可以解除合同。我国法律规定,因不可抗力不能履行民事义务的,双方均不承担民事责任,因此旅行社无责。

2. 发生不可抗力后的转团行为,旅行社是否构成违约

经双方协商一致的转团行为,旅行社不构成违约,但未经旅游者的同意擅自转团,属于

旅行社违约，旅行社应当承担违约责任。

3. 发生不可抗力时，已经产生或者额外产生的机票、酒店、餐饮等费用，应当由谁来承担

旅行社可以根据具体情况，与旅游者一起协商如何解决。如果经协商双方一致决定变更行程，那么因此而增加的费用由旅游者承担，减少的费用则需要退给旅游者。

（三）如何解决此类问题

1. 遵循"有约定依约定，无约定依法定"的原则

双方签署协议时，应当约定不可抗力条款。当出现不可抗力时，双方应当先行协商变更行程，不能达成一致时，旅行社可为旅游者转团或双方都可以无责解除协议，同时约定清楚，不管是变更行程、转团还是解除协议，增加的费用由旅游者承担，减少的费用由旅行社返退给旅游者。

2. 应当尽可能收集关于不可抗力的证据

不可抗力发生时，旅行社除了应积极处理、避免出现人身财产损失外，还应保留相关证据，如当地政府发布的不可抗力情形的通知等，并与旅游者及时就取消、解除、变更合同等达成共识，需签署书面补充协议，并就费用进行约定。

项目四　案例分析：安全事故及责任认定

研学旅行的安全风险多种多样，依据不同的标准可以有不同的分类。

根据研学旅行安全风险危害程度的不同，研学旅行安全风险可分为特别重大安全风险、重大安全风险、较大安全风险和一般安全风险4个等级；根据研学旅行安全风险性质的不同，研学旅行安全风险可分为自然灾害、事故灾害、公共卫生事件和社会安全事件；根据研学旅行安全风险属性的不同，研学旅行安全风险可分为自然风险和社会风险；根据研学旅行安全风险影响因素的不同，研学旅行安全风险可分为人员安全风险、交通安全风险、管理安全风险、环境安全风险。

中小学生特别是小学生，由于自我管理能力、认知能力与自我防护能力不强，所以，在出行过程中非常容易发生意外事故风险。同时，由于安全风险有主观原因，也有客观原因，事故隐患随时随地存在，研学旅行的各方从设计课程起，就必须考虑到各种安全风险、防范预案及处理方案。下面就根据安全风险的影响因素来看几个案例。

案例一　小学生在研学旅行景区内意外身亡

2018年11月8日，安徽省阜阳市某小学六年级的一名学生在参加学校组织的研学旅行时，在江苏省宿迁市某景区内被一个石制灯柱砸中，经医治无效身亡。当天，小奎（化名）和同学、老师一起前往江苏宿迁某景区。18时10分，韩先生接到电话得知小奎出意外了。韩先生在当地派出所查看了事发时的监控视频，孩子对石制灯具好奇，跑过去跳起来碰了一下，没想到石质灯具就倒了，当时周围没有教师和导游。

随队教师王老师表示，当天的活动由阜阳市某旅行社带队，随队共有10名教师和4名导游，学生180多名。事发时，教师和导游都在旁边的餐厅吃饭，当时都交代过学生不要离开餐厅。王老师称，吃饭时他突然听到"砰"的一声，跑出去看时，小奎已经被砸倒了。虽然老师第一时间拨打了报警电话和急救电话，但仍未能挽救小奎的生命。

案例分析

　　本案例中有组织本次出行的某小学、有负责研学线路安排的旅行社，还有研学旅行中的某景区。3个主体在本次事件中需承担不同的责任。

　　1. 某小学作为主办方应承担委托合法资质的旅行社及安全告知的义务

　　某小学是本次研学旅行活动的主办方，组织该校六年级180多名学生参加研学旅行活动，同时将具体的研学旅行活动委托给某旅行社。研学旅行活动中出现意外事件，作为主办方的学校要承担什么责任？

　　学校的责任在于两点。一是选择一家具有旅游经营资质和旅游经营经验的正规旅行社；二是对出行的学生进行必要的安全提示。

　　从案例中可知，学校选择了一家旅行社负责具体的研学旅行线路安排，同时还安排了必要的教师陪同。但是学校在出发前是否开展了必要的安全风险教育，是否向学生及家长尽到告知义务尚不清楚。

　　问题：学生就餐后私自离开餐厅，校方在安全教育方面是否存在疏忽？

　　若校方已经明确告知学生就餐后不得擅自离开餐厅，则校方没有责任。

　　问题：180多名学生集体活动，校方委派了10名教师跟团，人员配置是否合理？是否可以照顾到每名学生的安全？

　　目前教育主管部门没有就教师跟团人员安排做出规定，参考原国家旅游局发布的《研学旅行服务规范》，国内组织的研学旅行活动每20名学生配备1名教师，以及教育部2014年7月14日发布的《中小学学生赴境外研学旅行活动指南（试行）》第十七条中的规定："团组的带队教师与学生的比例一般不低于1：10。"本案属于国内组织的研学旅行活动，共有180多名学生参与，校方配备了10名教师，相当于每18名学生配备1名教师，且涉案学生为小学六年级学生，属于限制民事行为能力人，生活能够自理，具有一定的理解能力，校方配备的教师数量比较合理。

　　2. 旅行社作为承办方应合理安排研学旅行线路并尽到旅行社的安全保障和及时救助义务

　　本次研学旅行活动由旅行社负责安排线路，在安排线路的过程中必定会涉及景区就餐的内容。

　　问题：旅行社安排的导游是否有义务提醒学生就餐前后的注意事项呢？导游就餐时是否还应当注意学生的动向，是否应当及时发现学生就餐后离开餐厅的行为呢？

　　旅行社安排的导游有义务告知学生就餐的注意事项，既包括就餐前洗手如厕、排队取餐、就餐等注意事项，也包括就餐后餐盘退还、洗手如厕、休息等注意事项。针对本案例12岁左右的小学生，导游已提醒相关注意事项，旅行社已尽到告知义务。

　　3. 景区提供的游览参观项目应符合相关安全标准

　　学生在景区的餐厅就餐，就餐后在景区内被石质灯具砸中。景区应保证该石质灯具自身的牢固性、安全性符合相关规定。

　　问题：景区是否应在石质灯具以及其他区域放置显著的安全指示牌或者禁止触摸的指示牌？

　　景区内就不同的展品、不同的浏览区域应根据不同情况放置显著的安全指示牌或者禁止触摸的指示牌。景区内还应循环播放相关注意事项，有必要安排相关工作人员现场巡视。

案例二　研学旅行过程中39名学生食物中毒事件

　　根据某教育局的通报，某中学北京研学旅行团的39名学生在火车上出现集体食物中毒的情况，在中途被分别紧急送往河南郑州、湖北武汉、湖北恩施的医院就近治疗。发病学生疑似在食用旅行社提供的方便食品后出现不良症状。

案例分析

问题：在学生乘坐火车的过程中突发集体呕吐、恶心、腹泻等情况后，学校应采取哪些措施？为什么要这样做？

1. 随团教师通知列车上的值班人员，随之铁路部门采取应急预案，紧急安排救护车，在火车停靠后及时将学生送至医院。

2. 校方还应及时通知学生家属。学生随校方出行，如出现问题，校方应及时通知学生的法定监护人。

问题：研学旅行机构为学生提供方便食品应注意什么？

需要注意采购来源的合法性、食品自身的保质期等，还应结合季节、存储方式等选择适宜的方便食品。这些食品应既方便携带，又营养健康。

问题：铁路公司启动应急预案沿途将学生分别送至医院救助的行为是否妥当、有效？

妥当、有效。

案例三　交通安全事故

2016年10月13日，上海野生动物园附近发生了一起严重的交通事故，一辆大型重车追尾了一辆旅游大巴，旅游大巴侧翻又压到了一辆轿车，而这辆旅游大巴里坐着的是44名参加秋游的小学生。事发后，所有学生立即被送到附近的浦东医院急诊，其中17人轻伤、1名学生被诊断为右侧腹部挫裂伤。

事后，除积极为学生们进行救治以外，相关责任人被相继处理，学校也对孩子们进行了心理干预和情绪疏导。

案例分析

本案例中的安全风险属于最典型的交通安全风险。交通安全风险的产生原因既有客观外因，也有主观内因。首先，在学生外出活动时，学校必须要选择有相应资质的运输公司和有经验、技术好的驾驶员，载乘学生的交通工具也必须是性能良好、设施齐备、没有安全隐患的车辆；其次，相关工作人员要对交通线路提前了解，要多提醒司机路上行驶注意安全、不要求快，交通线路和交通工具的选择及司机的职业素养是影响研学旅行安全风险、中小学生生命健康的重要因素之一；最后，主办方、承办方和供应方，要三方共同规范操作，做好各种应急预案，严防事故的发生，并且将外出活动做好报备，不能擅自组织外出活动，必须遵循"安全第一"的原则，全程进行安全防控工作，确保活动的安全进行，一旦发生意外事故，必须按照事先准备的应急预案处理，并且积极面对，尽力将事故损失减到最小，保障学生的权益。

案例四　乘车安全防范措施

几年前，无锡某旅行社组织某学校的小学生出游，在前往景区途中，大部分学生没有系安全带，特别是最后一排，旅游大巴在途经一个坑洼地点时，发生较剧烈颠簸，后排一学生没有坐稳而俯面摔倒，导致一颗门牙断裂，鲜血直流。跟车的教师和导游随即与学校和公司联系，先把该学生送往就近医院治疗。事后，学生家长就牙齿已无法生长，只能装假牙，要求旅行社赔偿医疗费用及后继费用等总计 5 万元整。

案例分析

　　首先，随车导游（研学旅行中为研学旅行指导师）并没有完全做好安全防范的提醒，应该预估到可能发生的安全风险事件，只有加强提醒和防范工作，才能尽可能规避风险；其次，旅游大巴司机应该意识到载乘的是小学生，开车时要特别注意安全，熟悉线路，尽量避免事故发生；最后，校方或研学机构应该找有相应资质和经验的接待公司和车队，只有做好各项安全预案，建立完整的安全管理机制，才能最大限度避免学生安全事故的发生。

　　本案例中，旅行社免去当事导游的导服费，并发出警告批评，而旅行社与家长协商后，最终赔偿了 3.5 万元人民币。本案例属于人员安全风险、交通安全风险和管理安全风险综合的典型案例。

案例五　住宿安全隐患

　　几年前，无锡某旅行社组织某中学学生前往镇江二日游。当晚，130 多人入住了镇江两家招待所。安排好学生入住后，导游、司机和带队教师各自入住。22:00 左右，一个学生紧急报告带队教师，在同住一房间的同学洗漱时，固定在墙上的陶瓷洗漱盆竟然掉落，砸在了同学的脚上，导致脚部受伤严重。带队教师立即喊来了导游，和导游拨打了 120 急救电话，将此学生送往附近医院治疗。没过多久，又一学生报告带队教师，自己脸上不知道被什么虫子蜇了，又痒又肿，还伴着阵阵疼痛，带队教师又喊来另一位导游，一起将这位学生送往就近医院治疗。后经检查，前一位学生脚部轻微骨折，伴软组织挫伤；后一位学生被有毒虫子蜇伤，挤出毒素后，打消炎针。两人当晚在医院观察，等都恢复后随车返回无锡。

案例分析

　　此事故为明显的环境安全事故，主要有三方面责任。首先，出行执行者（旅行社或者相关机构）没有严格审核住宿环境是否存在安全隐患，对于学生出行线路、景区、研学旅行基地、住宿、用餐等，必须事先做好严格的安全隐患检查，对于不符合条件的地方，要么立即整改，要么立即调换，不能马虎，否则将产生接二连三的安全事故；其次，主办方必须审核承办方的资质，审核承办方安排的出行线路、研学旅行基地、住宿用餐是否有安全隐患，尽可能减少和避免事故的发生；最后，供应方（酒店或者餐厅、景区等）必须要有相关营业资质，要有安全防范机制，要经常检查各种设施设备、相关物品的安全隐患，不能只挣钱不检查，否则终会导致各种安全事故。

　　事后，两学生家长提出了赔偿要求，前一位学生家长要求赔偿医药费及其他损失共计人民币 1.5 万元，后一位学生家长要求赔偿 3000 元，后旅行社与校方经过积极协商后，旅行社赔偿前者医药费等其他费用总计 8000 元，赔偿后者 1000 元，后旅行社也对安排住宿的计调人员进行了相应的罚款和警告批评处理。

　　综上可以看出，研学旅行的安全管理是至关重要的，自研学旅行纳入中小学教育课程体系，安全管理就成了各级教育主管部门、中小学校、接待机构和家长们最首要的任务。为确保研学旅行的顺利进行和学生们的身心健康，上述各方必须秉持"安全第一"的原则，采取各种措施，紧密配合，完善安全管理制度、加强研学旅行风险教育、构建完整的安全应急预案机制，提升研学旅行从业人员的安全素养，完善研学旅行基地的安全措施，构筑一道道安全防线，这样才能最大限度为研学旅行做好安全保障。

　　研学旅行的安全风险各种各样，存在着很大的不确定性，因此，参与研学旅行的各方要严把安全关，提高所有人的安全意识，责任到人，在研学实践教育过程中做好监督管理工作，最大限度做好安全保障工作；万一发生意外，各方也应该及时采取安全应急措施，把学生的安全放在第一位，把损失减到最小，最大限度地保障学生的身心健康，切记"安全第一、预防为主"八字方针才是最重要的。研学活动安全工作应急预案可参考附录 B。

模块八
研学旅行的市场营销

项目一　研学旅行市场认知

▶▶▶ 任务一　研学旅行市场环境分析

　　研学旅行市场与旅游市场紧密相关，是旅游市场中的一个细分市场，同时也是旅游与教育结合的一种新兴市场形式，具有很强的政策性。研学旅行教育是素质教育的一个重要的载体和组成部分。21 世纪，随着我国教育事业的发展和社会对人才需求的改变，素质教育越来越受到重视，并带动了素质教育行业的发展。目前，我国的素质教育可大体分为艺术教育、体育教育、STEAM 教育、生活素质教育、游学研学教育 5 种类型。

一、研学旅行市场概况

　　中国旅游研究院发布的《中国研学旅行发展报告 2021》指出，我国研学旅行的发展正处于"从自发走向自觉，从小众走向大众"的阶段，整体来看可以将 2016 年视为一个分水岭。2016 年以前，行业发展更多是"自下而上"的散点式探索，从顶层设计出发的政策数量还比较有限，形式上以夏（冬）令营、海外游学、社会大课堂等为主要形态，是市场力量的自发尝试。2016 年，教育部、原国家旅游局等 11 部门印发了《关于推进中

> 研学旅行的市场有多大？

小学生研学旅行的意见》，将研学旅行纳入中小学教育教学计划。自此，"自上而下"的引导力量将研学旅行产业的发展带入了快车道，国家级政策密集出台，地方相关主管部门积极跟进，相关产业扶植政策、规范标准等文件陆续出台。
　　政策端的密集供给加速了需求的释放和供给的跟进。仅从狭义的市场定义来看，全国在校中小学生规模近 2 亿人，考虑到我国人均教育文化娱乐消费支出占全国居民人均消费支出的比例已接近 10%，研学旅行无疑是一个需求庞大的市场。
　　2021 年完成的全国第七次全国人口普查数据显示，我国零岁至 14 岁人口为 2.53 亿，占 17.95%，较 10 年前上升了 1.35 个百分点。业内指出，目前研学旅行的对象超过 80% 为 3 岁至 16 岁人群，不断增长的适龄青少年人口将为研学旅行带来巨大的市场需求。有报告显示，随着素质教育理念的深入和旅游产业跨界融合，研学旅行市场需求不断释放，中国研学旅行市场总体规模将超千亿元。

二、研学旅行机构现状

与巨大的市场潜力形成对比的是，我国目前研学旅行机构还是以小微企业为主。在收入来源方面，招募营员、提供课程设计方案和营地出租运营是研学旅行和营地教育机构的 3 个主要收入来源，从服务类型来看，占比最高的前三类是自然教育、户外运动、拓展体验。

当前研学旅行和营地教育机构的分布与市场当地的经济发展水平息息相关，66%的研学旅行和营地教育机构分布在经济发达、收入和消费水平高、人口稠密的一线和新一线城市。2019 年研学旅行市场上，研学旅行批发业务类产品占比 70%左右，其中研学旅行零售端产品占比 20%左右，海外研学项目占比 10%左右，2020 年研学旅行总体单价在 3420 元/次左右。

在政策的引导和需求的牵引下，行业供给侧也持续发力，机构名称包含研学或业务范围涵盖研学旅行业务的市场主体数量激增，国家级和省市级研学旅行基地、实践教育基地数量显著增长。2016 年，原国家旅游局公布首批"中国研学旅游目的地"和"全国研学旅游示范基地"。教育部官网数据显示，2019 年全国共有教育部批准的 581 家中小学生研学实践教育基地和 40 家中小学生研学实践教育营地。2020 年 8 月全国中小学生研学实践教育基地超 1600个，营地 177 个。《中国研学旅行发展白皮书 2019》的统计数据显示，2019 年参与研学旅行业务的企业有 7300 多家，《2021 中国研学旅行发展报告》显示我国研学企业到 2021 年达到了 31699 家。国内研学旅行出行人次与市场规模均出现快速增长，出行人次年复合增长率超过 34%，市场规模年复合增长率接近 60%，发展潜力与空间巨大。

三、研学旅行市场面临的问题

研学旅行市场在成长过程中也面临诸多问题：市场主体对研学旅行的定位认识不清、所能提供的产品质量不高、缺乏专业人才及完善的监督管理评价体系等。

目前，研学旅行市场中的产品大多为传统旅游产品添加教育元素而成，这种将研学旅行行程与校内课程进行表面结合的做法，并不能从本质上做到将"教育"与"旅游"进行真正的有机融合。还有不少旅游或研学机构把研学旅行等同于夏令营、冬令营、名校"打卡游"，研学线路中的课程细节缺乏细致安排。有些研学项目甚至照搬户外亲子节目的流程和内容，或者将成人旅游项目改头换面冠上"研学旅行"的名义直接推出，其中真正的研究式学习体验环节和内容很少，产品质量不高。

研学旅行市场潜力巨大，是毋庸置疑的"新兴市场"，但整体来看，研学旅行和营地教育行业仍处于发展初期，部分企业受品牌影响力较低、获客渠道不足等因素影响，整体营收规模处于较低水平。

四、研学旅行市场营销环境的特点

（一）客观性

市场营销环境不以营销者的意志为转移，相反在一定程度上制约着企业的营销行为，这就是市场营销环境的客观性。尤其是企业面临的宏观市场环境，如人口因素、政治法律因素和社会文化因素等在一定时空状态下都是确定的，企业不可能按照自身的要求和意愿去改变它们，只能主动去适应它们，并根据其变化及时调整市场营销策略。研学旅行是旅游和教育融合的产物，其市场营销环境根植于当前国家研学政策之下，国家的研学政策客观上影响着市场主体的营销行为。

（二）差异性

不同企业面临的市场环境存在着差异性，同一企业在不同的地区面临的市场环境也是有差异的，如我国的不同省、自治区、直辖市在地理环境、自然条件、民族文化、经济发展水平等方面就有较大差别，这导致宏观营销环境显示了巨大的差异性。而处于同一地区的两家企业，宏观营销环境虽然相似，但由于企业自身资源的差异，如人力、财力等方面的差异，则可能会导致微观营销环境的截然不同。研学旅行市场作为国内新兴的市场，与地域的资源禀赋和政府的推动有着极强的关联。各地在旅游资源、研学旅行项目开发程度、对研学旅行政策的解读、出台配套政策等方面的不同，决定了研学旅行市场营销环境的差异性。

（三）多变性

构成企业营销环境的因素是多方面的，而每一个因素都会受到诸多因素的影响，都会随着社会经济的发展而不断变化，这就是市场营销环境的多变性。研学旅行市场和其他市场一样，都会受到各种环境因素的影响，会随着各类环境的变化而变化。例如，我国旅游已经进入以互联网、大数据、人工智能等现代信息技术为依托的大旅游产业时代，可以通过教育、医疗、文化、体育等行业的融合发展，实现全域旅游发展，这就为研学旅行这种跨界新业态市场提供了广阔的发展空间。

（四）关联性

构成环境的各项因素之间并不是孤立无关的，而是相互影响、相互依赖的。任何一项影响市场营销环境的因素的变化都会带动其他因素发生相应变化，形成新的市场营销环境。例如，经济因素不能脱离政治因素而单独存在；同样，政治因素也要通过经济因素来体现；宏观政治或法律因素变化会引起经济环境的改变，进而引发供应商、营销中介、竞争对手及顾客的相应变化。

▶▶▶ 任务二　研学旅行行业产业链情况分析

研学旅行行业参与者众多，行业产业链大致分为学生和学生家长、学校和辅导机构、专业研学旅行机构、旅行社、旅游地产商（研学旅行基地）等部分。

一、学生和学生家长

目前，我国正处于第三次消费结构升级阶段，居民教育、旅游休闲、医疗保健等领域的消费支出增长迅速。以研学旅行为代表的体验式教育作为服务型消费模式的代表之一，正处于重要的发展机遇期。新一代的"80后""90后"家长更加注重互动教育方式，赞成国家推进素质教育，对新的教育产品的接受度也普遍较高。调查显示，约 3/4 的学生家长了解研学旅行，80%以上的家长表现出让孩子参加研学旅行的意愿。并且从消费价格来看，人均花费接受度在 3000～10000 元的占比高达 88%。新一代的父母教育观念的革新和消费能力的提升，为研学旅行市场带来强劲的发展动力。

二、学校与辅导机构

中商情报网数据显示，全国参加研学旅行项目的学生中，有 45%是通过学校参加的，约 27%是通过研学机构参加的，约 14%是通过研学中介参加的，仅有 10%的学生是通过旅行社参加的。由此可见，学校渠道市场份额占比最高，而其他渠道客户的来源也是学校的学生，所以，学校与各类辅导机构是研学旅行客源的第一大组织方。

三、专业研学旅行机构

专业研学旅行机构的优势在于研学旅行产品设计。这些机构擅于挖掘社会稀缺资源，通过与高校、博物馆、科技馆、文化展馆等机构合作，开发旅游线路，同时通过公益性活动、教师论坛活动等方式进行 B 端（企业端）客户的营销，获取以学校和企业为主的大客户，快速占领市场。企业同时也会通过与携程、作业网等网络平台合作，或者通过宣传活动获得 C 端（客户端）客户。其劣势在于对研学上游稀缺资源的把控能力较弱，容易成为价值传递的载体，而非收获者。

四、旅行社

旅行社的优势在于项目配套多和掌握的旅游稀缺资源更丰富，参与单一旅游项目的人数多，能够有效地降低平均成本。旅行社具有整合旅游稀缺资源的能力，能利用企业的顾客存量进行二次销售，快速地以低成本获得顾客稀缺资源，为旅游者提供团队游、自由行、酒店预订、签证服务、会员服务等一站式全方位的研学旅行服务。

五、旅游地产商（研学旅行基地）

旅游地产商的优势与旅行社类似，即拥有稀缺的上游营地资源，可大幅降低地产租赁成本，其劣势在于对教育行业的理解能力较弱，难以获取家长的信赖，需要投入大量的人力、物力、财力研发产品。旅游地产商切入研学旅行领域的主要模式为营地教育，既能充分发挥其优势，又能避免旅游稀缺资源的缺失。

六、产业链核心价值分析

从上述研学旅行产业链的参与者分析中可以看出，几乎研学旅行领域的各类参与者都在延伸游学、研学的业务。出现此现象的根本原因在于研学旅行产业链的价值核心在上游稀缺资源及下游渠道，因此拥有产业链价值的相关企业会借助自身优势，逐步蔓延进产业链中游的游学、研学业务中。长期来看，研学旅行机构只有依托具有一定壁垒性的核心渠道、稀缺资源，开发创新产品，深耕游学内容，才能获得市场议价力。在游学市场，能快速抓取并融合"2B（与企业之间）""2C（与客户之间）"各类渠道及稀缺资源并建立"排他性"壁垒的企业，有利于形成规模优势，再结合深度的教研内容、产品，将规模优势转化为品牌优势，进而塑造品牌护城河的企业将更具有优势。总的来说，具备优质内容、核心渠道、稀缺资源的企业才能提高研学价值链的议价力，进而在市场上立足。

▶▶▶ 任务三　研学旅行产品消费者购买行为分析

一、消费者认知与购买意愿

消费者的购买行为通常是基于消费者的认知和购买意愿产生的。消费者的认知是消费者行为与市场需求的起点。在消费者行为研究领域，认知是消费者搜寻和评价关于某些品牌和零售渠道的信息的过程，是对信息的处理加工，导致偏好并最终形成购买意向。消费者的认知侧重于对外界信息的感知和处理过程，也是影响消费决策的重要因素。消费者的购买意愿是消费者受外界条件的影响，对某种商品或品牌所持有的态度，消费者在对商品了解后产生的购买商品的可能性就是购买意愿。

虽然研学旅行产品的受众是参加研学旅行的中小学生，但由于中小学生均是未成年人，他们购买研学旅行产品的费用还是来自家长，家长在产品购买的过程中拥有决策权，所以从消费者行为分析的角度，我们需要把学生家长视作研学旅行产品的消费者。

二、消费者购买行为分析

对于学生家长来说，对于研学旅行产品的认知是指学生家长对于研学旅行的内涵、形式和意义等方面的认识与理解程度。在研学旅行消费市场中，消费者的消费意愿主要可分为两个维度：一是消费者首次消费与重复消费的可能性，二是消费者在参与研学旅行项目之后的宣传和推荐的意愿。

通常中小学校开展研学旅行活动均需要得到家长某种程度上的经费支持，家长即成为研学旅行产品的购买者。随着社会经济发展水平和国民综合素质的提升，新一代家长的教育观念在发生改变，家长对优质教育的需求增多，对学生研学旅行也有着积极的态度和需求。

从教育投资理论来看，家庭对子女的教育投入会产生心理、经济和社会方面的效用；从心理效用来看，家长认为学生参加研学旅行可以开阔眼界，提升实践能力、创新能力和沟通能力，促使孩子身心健康发展；在经济和社会效用方面，家庭通过对子女投资，帮助其形成知识和能力的增量，使其在劳动力市场获得更多就业机会，更易于适应社会环境变化并在技术变革中获取效益；在价格方面，价格能影响家长对研学景点安排、交通食宿条件及研学服务质量的看法；在企业信誉和品牌形象评价方面，家长会进行纵横向比较，对著名企业的品牌研学旅行项目给予更高的评价和更多的青睐。这些都是促使家长作为需求主体以购买者身份介入学生的研学旅行项目的原因。

⟫⟫⟫ 任务四　研学旅行市场定位

一、研学旅行市场定位的作用

对研学旅行企业进行准确的市场定位，主要有以下作用。

（一）有利于企业建立竞争优势

研学旅行企业要建立竞争优势，最大限度地让顾客满意，就必须事先明确企业在哪些方面与竞争对手不一样，在研学旅行产品消费者心中处于什么位置，即定好位。

（二）有利于企业营销组合的精确执行

解决好研学旅行企业市场定位问题，就能够帮助企业解决好营销组合问题，进而保证营销组合的精确执行。如果说确定目标市场是让营销人员知道为什么要制定相应的营销组合，那么，准确的定位战略则是告诉营销人员如何设计营销组合的内容。

（三）避免企业间的恶性竞争

研学旅行企业如果不能突出自身优势，让企业与竞争对手区别开来，在争夺同样的目标研学旅行者时，由于客源的有限性，必然会进一步加剧市场竞争，甚至会出现恶性竞争的局面。

二、研学旅行市场定位的方式

研学旅行市场定位的方式有很多种，研学旅行企业要针对不同的情况选择不同的定位方式。

（一）根据研学旅行产品定位

根据研学旅行产品特色或者特殊用途进行定位，这是最为常见的一种定位方式，即根据自己的研学旅行产品和课程的某种或某些优点，或者说是根据目标研学旅行产品消费者所看重的某种或某些关注点进行定位。

（二）根据"质量–价格"定位

"质量–价格"反映了研学旅行产品消费者对企业产品实际价值的认同程度，即对产品性价比的分析判断。这种定位方式通常包括两种情况：强调质量与价格相符或者质高价低。

（三）根据产品使用者进行定位

根据产品使用者进行定位是指研学旅行企业主要针对某些特定人物进行的促销活动，以期在这些研学旅行产品消费者心目中建立起企业产品"专属性"的特点，从而激发研学旅行产品消费者的购买欲望。

（四）借助竞争者进行定位

借助竞争者进行定位是指一个企业可通过将自己同市场声望较高的某一同行企业进行比较，借助其知名度来实现自己的形象定位。

（五）根据研学旅行市场状况来定位

根据研学旅行市场状况来定位有两种方式。一种是避强定位，这种定位方式要求研学旅行企业避开强有力的市场竞争者。其优点是，采取这种定位方式的企业能够较快地在市场上站稳脚跟，并可能在消费者心目中迅速地树立其自身的形象。这种定位方式的市场风险往往比较小，成功率比较高，因此通常为多数企业所采用。另一种是迎头定位，这种定位方式要求企业与目前市场上占据支配地位的企业采取对着干的定位方式。实施这种市场定位的企业必须对自身及竞争环境有所了解，并且在采取进取态势的同时不失稳健。

三、研学旅行市场定位的步骤

（一）识别可能的竞争优势

消费者一般会选择那些给他们带来最大价值的产品和服务。因此，赢得和保持消费者的关键在于，比竞争对手更清楚消费者的需要和购买过程，以及向他们提供更多的价值，即提供比竞争对手较低的价格，或者是在价格相同的情况下提供更多的价值。研学旅行企业可以把自己的市场定位为：向目标市场提供优越的价值，从而使研学旅行企业赢得竞争优势。这些价值可以来自研学课程的差异性，研学旅行企业可以使自己的课程区别于其他产品；服务的差异，除了靠实际产品区别外，研学旅行企业还可以使其与产品有关的服务不同于其他研学旅行企业，如专家在线答疑。因此，研学旅行企业可以通过树立形象，使自己不同于竞争对手，从而获得研学旅行产品消费者的青睐。

（二）选择合适的竞争优势

竞争优势主要是表明企业胜过竞争对手的能力，这种能力可以是现有的，也可以是潜在的。选择合适的竞争优势就是一个企业与竞争对手各方面实力相比较的过程。比较的指标是一个完整的体系，主要包括经营管理、技术开发、采购、生产、市场营销、财务和产品等7个方面的要素，其中研学旅行企业的竞争优势主要在研学课程开发、研学旅行产品设计、研学旅行产品定价和研学服务能力等方面。通过分析以上因素哪些是强项，哪些是弱项，并与竞争对手进行对比，研学旅行企业就可以发现自身潜在的竞争优势，并从中选择几个合适的竞争优势，据此制定其市场定位策略。

（三）显示独特的竞争优势和重新定位

这一步骤的主要任务是研学旅行企业要通过系列的宣传促销活动，将其独特的竞争优势准确地传播给目标消费者，并在其心目中留下深刻印象。首先，研学旅行企业应使目标消费者了解、知道、熟悉、认同、喜欢和偏爱本企业的市场定位，在其心目中建立与该定位相一致的形象。其次，研学旅行企业应通过各种努力强化目标消费者形象，保持对目标消费者的了解，稳定目标消费者的态度，加深和目标消费者的感情来巩固与市场定位相一致的形象。最后，研学旅行企业应注意目标消费者对其市场定位理解出现的偏差或由于研学旅行企业市场定位宣传上的失误而给目标消费者造成的模糊、混乱和误会，及时纠正与市场定位不一致的形象。

（四）传播和送达确定的市场定位

一旦确定好市场定位，研学旅行企业就必须采取切实步骤把理想的市场定位传达给目标消费者。研学旅行企业所有的市场营销组合必须支持这一市场定位。研学旅行企业进行市场定位，要求有具体的行动而不是空谈。研学旅行企业必须谨慎选择能使其与竞争对手相区别的途径。

有效的差异化应满足下列原则：

重要性——该差异能给目标消费者带来高价值；

专有性——竞争对手无法提供这一差异，或者研学旅行企业不能以一种更加与众不同的方法来提供该差异；

优越性——该差异优越于其他可使目标消费者获得同样利益的办法；

感知性——该差异实实在在，目标消费者分析可被研学旅行产品消费者感知；

不易模仿性——竞争对手不能够轻易地复制此差异；

可支付性——研学旅行产品消费者有能力支付这一差异；

可营利性——研学旅行企业能从此差异中获利。

项目二 研学旅行市场营销渠道认知

▶▶▶任务一 营销渠道的内涵

一、营销渠道的定义

市场营销学家菲利普·科特勒认为："营销渠道是指某种货物或劳务从生产者向消费者移动时，取得这种货物或劳务所有权或帮助转移其所有权的所有企业或个人。简而言之，营销渠道就是商品和服务从生产者向消费者转移过程的具体通道或路径。"

由上述定义可知，营销渠道就是产品从制造商手中传至消费者手中所经历的由经销商连接起来的通道，也就是使商品或劳务从生产者到消费者"一通到底"的完整通道。这一通道可直接可间接，可长可短，可宽可窄，视具体企业、具体商品而不同。也可以这样理解，营销渠道是连接企业与市场的桥梁，沟通产品与顾客的桥梁。没有这个桥梁，就没有销售。可以说，有效的营销渠道是产品有力的"双脚"，它能帮助产品"走到"消费者身边，并且这"双脚"对每个企业来讲，都举"足"轻重。

二、研学旅行市场营销渠道的含义

研学旅行市场营销渠道，又称研学旅行产品分销渠道，即研学旅行产品所有权从生产企业向消费者转移过程中经过的一切组织或个人所构成的通道，主要包括以下 3 层含义。

（1）研学旅行市场营销渠道是研学旅行产品所有权转移的通道。研学旅行产品在从生产者到消费者的流通过程中，至少要转移所有权一次，而在现代市场经济中往往要通过各种中介机构，出现产品所有权的多次转移。

（2）研学旅行市场营销渠道表明了研学旅行产品的流通过程。该过程的起点是研学旅行产品的生产者，终点是研学旅行产品的消费者，研学旅行产品中间商、学校、辅导机构构成了它的中间环节。

（3）渠道各成员之间相互联系、相互制约，在共同促进研学旅行产品及其所有权转移的过程中承担各自的营销职能。

▶▶▶ 任务二　研学旅行市场营销渠道的类型

在经营过程中，由于目标市场、研学旅行产品特点等不同，研学旅行企业必须采取相应的营销策略，使营销渠道表现出不同的状态或类型。

一、直接渠道和间接渠道

根据研学旅行企业是否通过中间商进行销售活动，研学旅行市场营销渠道可以分为直接渠道和间接渠道。

（一）直接渠道

直接渠道又称零级营销渠道，即研学旅行企业不经过任何一个中间商，直接将其研学旅行产品销售给终端消费者。

这种营销渠道适用于时效性较强、直接销售量较大的爆款研学旅行产品以及消费者购买力相对稳定的情况。

（二）间接渠道

间接渠道指研学旅行企业通过不少于一个的中介机构将研学旅行产品销售给消费者。由于增设了中间环节，营销活动的辐射范围更广；由于分工协作，营销活动深层次的内容也得以发掘，但同时研学旅行企业对销售活动的控制力相对减弱，信息反馈的及时性和准确性也有所下降。按中间环节的不同，间接营销渠道又可分为一级渠道、二级渠道、三级渠道等类型，其中，有两个或两个以上中介机构的营销渠道统称为多级营销渠道。

二、长渠道和短渠道

按研学旅行产品所有权在转移过程中所经环节的多少，研学旅行市场营销渠道可以分为长渠道和短渠道，所经环节越多，渠道越长，反之则越短。营销渠道短，研学旅行产品生产者对渠道的控制能力较强，研学旅行产品流通快，信息传递及时、清晰；营销渠道长，研学旅行产品生产者对渠道的控制能力较弱，信息传递慢，但营销活动的辐射空间更大。

三、宽渠道和窄渠道

按营销渠道中每一环节使用同类型中间商的数目的不同，研学旅行市场营销渠道可以分为宽渠道和窄渠道。某一环节使用同类型中间商的数目越多，渠道越宽，反之则越窄。这里所说的渠道的宽窄是一个相对的概念。

宽渠道适用于一般化、大众性的研学旅行产品，而窄渠道一般适用于销售专业性较强的、定制化的研学旅行产品。

四、单渠道和多渠道

按研学旅行企业所采用的渠道类型的多少，研学旅行市场营销渠道可以分为单渠道和多渠道。单渠道指研学旅行企业只通过一条营销渠道将产品送达目标市场，如只采用一条零级渠道（全部自己销售）或一条一级渠道（全部转给批发商）。多渠道则指研学旅行企业通过两条及两条以上的营销渠道将产品送达目标市场。

在营销上，每个行业会有最合适的渠道，每个产品都可能有最适合的渠道，研学旅行企业在营销前期最重要的工作就是找到最适合自己的营销渠道。

>>> 任务三　营销渠道的选择方式

研学旅行企业在选择营销渠道时，会受到多种因素的影响和制约，必须充分考虑这些影响因素。研学旅行企业选择营销渠道的方式主要有以下几种。

一、根据消费者收入和购买力选择营销渠道

市场的主要构成要素之一就是消费者的购买力。消费者的购买力水平越高，对商品的档次需求就越高，数量需求也就越大；消费者的购买力水平越低，对商品的档次和需求量也就越有限。并且，消费者的购买力水平，在很大程度上取决于消费者的收入。因此，我们可以这么认为：消费者收入水平的高低是企业识别消费群体、选择营销渠道的一项主要依据。企业首先需要考虑的就是对消费群体的定位，再根据消费群体的个人可支配收入，选择营销渠道。在不考虑地区竞争的情况下，地区的收入水平越高，则企业在该地区设立营销渠道的成功率就越高。对于研学旅行的营销渠道来说，也是如此。研学旅行企业需要根据目标消费群体的可支配收入及购买力来选择营销渠道。

二、根据目标消费者出现的位置选择营销渠道

想要使消费者在产生购买欲望时方便快捷地购买产品，研学旅行企业就必须认真研究消费群体的分布密度。通常情况下，研学旅行产品消费者产生批量购买行为的地点有学校、辅导机构等。

三、根据消费者购买心理选择营销渠道

消费者的生活环境、经济水平和消费观念不同，其购买兴趣、关注焦点和购物期望等心理特征也不尽相同。消费者的购买行为由其消费心理产生并受其影响，因此，如果不考虑特定时间、地点的消费心理，甚至消费者所处的特定的阶段，盲目选择研学旅行产品的营销渠道，就不会产生理想的营销效果。

四、根据竞争需要选择营销渠道

企业在进行终端销售点的选择时，要从生存的角度来看待问题，要用发展的眼光来考虑问题。所以，研学旅行企业必须考虑自身的研学旅行产品的同行业竞争情况、竞争对手的数量、竞争对手的策略等因素。

五、根据销售方式选择营销渠道

销售方式主要指企业在进行产品销售时所采取的某种形式，包括店铺销售和无店铺销售两种情况。在现代社会多元化市场的趋势下，企业不但可以采取某一类型的销售方式，也可以将多种销售方式相结合，以更好地达到销售目的。如果目标消费者群体较为分散，企业自

身无法对市场进行精确管理，这时就需要对目标市场进行分解，并通过专业的销售机构进行分销管理和开拓。由此联合分销商出现了。联合分销商和营销渠道一样，有着不同的模式，其市场定位和影响力等条件各有千秋。那么，企业如何找到和自己配合默契，同时还能贯彻自身产品策略的联合分销商呢？企业需要与联合分销商建立长期的合作关系，要将联合分销商当作战略合作伙伴，并将其纳入自己的渠道销售同盟，要使其承担一定的渠道分工，长期作为企业销售渠道结构的重要组成部分。这种长期的分销渠道结构，不但能够影响销售成本和产品流通，还能够影响企业在消费者心中的形象。

研学旅行市场的销售方式比较多元化，除了可以通过联合分销商进行外，还可以由研学旅行企业自己直接销售，当然要根据不同层次或地区的研学旅行消费者来定。总之，研学旅行企业在选择营销渠道时要先考虑好选择什么样的销售方式。如果缺乏好的营销渠道，无论多么质优价廉的产品，都很难获得理想的利润回报，甚至无法打通市场。

除了选择以上方式，研学旅行企业也要根据目标市场的特征、竞争情况、企业经济实力、产品特征、市场环境、市场需求等特点，经过综合分析之后选择最适宜面向消费者的研学旅行营销渠道。

项目三　研学旅行市场渠道营销策略

▶▶▶ 任务一　OTA 渠道营销策略

OTA 一般指在线旅游代理商（Online Travel Agency），是旅游电子商务行业的专业术语，可定义为"旅游消费者通过网络向旅游服务提供商预订旅游产品或服务，并通过网上支付或者线下付费，即各旅游主体可以通过网络进行产品营销或产品销售"。

在日本，90%以上的学生每年都会参加研学旅行（日本称为修学旅游）；日本的旅行社、教育机构和 OTA 的研学旅行产品销量相差无几。目前，从国内来看，虽然 OTA 在研学旅行产品销售方面遇到了阻碍，但是，各大 OTA 依靠平台优势已经纷纷涉足该领域。OTA 的代表——携程，早在 2018 年就对外正式发布了旗下游学业务——国内首个一站式游学、夏令营预订平台"携程全球游学平台"，并根据"游""学"比例、安全性、产品口碑等家长关注的核心要素，发布了行业内首个游学选品标准、"金银牌"产品体系、游学六重旅游保障。上千条新标准游学、夏令营线路也开发上线，全国消费者可通过手机端、网站，100 多个城市的上千家携程旅游门店，进行预订。携程想通过新标准、新产品、服务保障三大创新，引领游学市场向优质化、专业化发展。虽然"游学"与"研学"还是有所区别的，但是随着时代的发展，这些频繁试错并持续进行调整优化的 OTA 最终会在研学旅行领域开辟一方天地。因此，OTA 渠道营销不容忽视，因为流量是他们最大的优势，从市场渗透角度也要先行布局。

OTA 渠道目前主要有携程、去哪儿、美团、同程、飞猪、安可达、缤客、亿客行、途牛、马蜂窝、驴妈妈、京东等。直营渠道主要有微信商城、自建官网、App 等。总结来看，OTA 渠道营销策略主要有以下几种。

一、内容：内容为王

（1）换位思考，从顾客的需要出发，多用顾客搜索的热词，联系研学旅行产品相关的热点词，提高被搜索的概率。

（2）顾客在 OTA 上写的评论是最好的宣传，也是展示内容的延伸和补充。研究它们，为我所用。

二、价格：保持一致

（1）坚持价格一致性，防止价格倒挂。显然，如果其他直销渠道的价格比 OTA 高，顾客肯定会流失到 OTA 购买，并对 OTA 有忠诚度，如此企业将损失差价和佣金。

（2）提供给 OTA 的促销价，在其他直销渠道也要提供。一碗水端平，公平竞争，让顾客自己选择在 OTA 上预订还是在自建官网上直订。

三、客源：分析特点

OTA 上的客源在不同研学旅行产品类型、不同年龄段的消费群体、不同的研学地点、时间长短和其他消费等方面，都有着不同的特点。研学旅行企业可以通过分析 OTA 客源的喜好、消费习惯等，采取不同的营销策略。

四、图片：突出特色

一张好图片胜过千言万语。研学旅行企业在选择图片时要注意以下问题。
（1）高像素、高清晰度，突出研学旅行产品的特色。
（2）要用最新的照片，不是几年前的，更不是效果图。
（3）适当精选一些往期其他研学旅行项目线路的照片，增加信任感。

五、网评：互动管理

要利用网评互动做好客户关系管理。
（1）及时回复顾客在 OTA 上的点评，最好在 48 小时内回复。
（2）及时感谢他们的赞许，对他们的投诉积极采取措施补救，做好客户关系修复工作。
（3）回复和处理方式要个性化、人性化，不要程序化、刻板机械。
（4）要想办法把写点评的顾客，尤其是写好评的顾客转化为直订客。

六、渠道：多方合作

不要把所有鸡蛋装在一个篮子里。
（1）尽量多与 OTA 渠道合作。不要因某些 OTA 产量不高而不与其合作，积少成多。
（2）只与一两家 OTA 合作，容易丧失竞争力。
（3）合作的 OTA 越多，企业在互联网的曝光率就越高，广告牌的作用就越大。

OTA 渠道的作用是广告牌、引流、补充客源等。研学旅行的市场营销不能过分依赖 OTA，因为要确保定价权和库存分配权不被其控制，应该让 OTA 渠道带来更多额外的客源，而不是把直销渠道的客源抢过去，然后用佣金买回来。研学旅行企业要研究 OTA 客源的特点，制定相应的流程和绩效考核标准，努力把 OTA 客源转化为直客，努力提高顾客对直销渠道的忠诚度，而不是对 OTA 的忠诚度。

▶▶▶ 任务二　新媒体渠道营销策略

一、图文推广策略

在信息爆炸的时代，海量内容争抢用户，导致用户的时间越来越碎片

新媒体营销的渠道
有哪些？

化，企业获取用户关注也变得不容易。所以，完成图文推送并不意味着结束，企业还要积极运用营销策略进行推广，从而获取流量、沉淀用户，最终达到推广的目的。

（一）推广关键词策划

自媒体时代，用户阅读习惯和信息获取渠道都发生了巨大改变。通常来说，用户可以被动接收平台推荐的信息，如接收微信公众号推送文章；也可以主动搜索，如在百度、微信等平台搜索所需要的信息。这里的关键词是指在图文推广中能够满足目标用户搜索需求的词。当用户搜索时输入的词与关键词足够相关时，就会"触发"关键词，之后图文内容就会展现在用户面前。

例如，某微信公众号的图文内容选择"研学旅行"作为关键词，当用户在微信里搜索"研学""研学旅行"时，搜索结果列表里就会展示该图文内容。因此，策划关键词，一方面便于平台算法识别，并根据关键词推荐给相关用户，增加图文曝光率；另一方面便于用户在搜索引擎中快速查找，便于吸引精准用户。策划关键词可分为关键词罗列、关键词选择及关键词布局三大步骤。

（1）关键词罗列是指把与图文内容相关的、能想到的关键词都罗列出来。

（2）关键词选择是指在选择关键词时可多参考近期热点事件。

（3）关键词布局是指将关键词合理布局在图文内容之中，特别是布局在标题和开头中。

（二）用户评论运营

互动是图文内容的延伸。优质的图文内容不仅能吸引用户阅读，还会制造参与感，吸引用户评论。很多自媒体账号非常看重用户评论，将用户评论看作图文推广的一个重要组成部分。良好的用户评论运营可以有效提升用户活跃度，获知用户的真实感受，与用户建立"情感桥梁"，增强用户黏性，为之后的推广转化做好用户沉淀。

新榜数据显示，新榜排行榜上排名前 500 的微信公众号的评论有 47%发生在推文后 1 小时内，而评论超过半数会在 10 分钟内被回复。大部分自媒体账号在图文推送后通常会回复用户评论，有的账号会由专人负责回复评论。如果单篇图文留言不多，基本做到一一回复；如果留言过多，会精选一部分有观点、有故事、具有可看性的留言进行及时回复。

（三）运营数据分析

在图文推广中，数据分析可以帮助运营者了解用户的真实需求，并不断优化图文内容。

1. 数据分析的思路

不同自媒体平台的关注点不同。根据不同的推广目的，解说图文数据需要挖掘与分析不同的数据指标。

2. 数据分析的内容

一方面是图文分析，即对自媒体内容平台的发布情况进行数据统计，包括阅读量、转发量、推荐量、点赞量等。通过分析单篇图文和全部图文的数据详情，运营者得出用户的真实阅读需求，可以有针对性地对标题、内容、推广等方面进行优化。

另一方面是用户分析，即对用户增长数据和用户属性进行分析，了解账号粉丝增长趋势与原因，熟悉用户偏好与行为，帮助运营者更好地定位目标人群。用户增长数据分析指标包括新增关注人数、取消关注人数、净增人数、累计关注人数等。用户属性数据分析指标包括性别、语言、城市分布、机型分布等。

3. 数据分析的工具

数据分析的工具主要有自媒体数据分析工具、第三方数据分析工具（新榜数据、西瓜数据、清博大数据等）、行业数据分析工具（百度指数、新浪微指数、微信指数、头条指数、搜狗指数等）。

二、短视频运营推广策略

短视频在经过策划、拍摄、制作后，正式进入运营推广环节。一个短视频或短视频账号要想长期受关注，只有内容是远远不够的，配合有效的运营推广才可以打造"爆款"。短视频运营推广的核心任务主要有 3 个，即平台推广、用户运营和数据运营。

短视频的推广很重要，需要选择合适的推广平台，不断进行推广，才能达到良好的宣传效果。短视频推广平台有很多，为了能让更多的用户看到短视频，可以在多个平台注册账号，然后在一个平台上发布短视频之后，同步推广到其他平台。下面介绍几种短视频推广方式。

（一）贴吧推广

贴吧是为拥有相同兴趣爱好的人打造的一个在线交流平台，是让对同一个话题感兴趣的人们聚集在一起，方便地展开交流和互相帮助的地方。短视频发布到相关产品或服务的贴吧中，可以获得很多用户的关注。其具体推广方式可以是通过直接分享或者复制链接把短视频发布到相关主题的贴吧中。

（二）论坛推广

论坛也是基于兴趣爱好搭建的平台，只是受到流量的影响。不是所有的论坛都值得去推广，企业要选择在行业内有影响力的论坛，再通过直接分享或复制链接的方式发布短视频。

（三）社群推广

微信、QQ 是社群的典型代表。微信升级之后，短视频在微信群、朋友圈和公众号的推广更加便利，也很容易收到互动信息。相对于微信群和朋友圈，微信公众号的推广更具传播性，受到的关注更多，能被反复推广。

（四）媒体推广

媒体报道、官网推荐、名人的微博推广等都属于媒体推广，但不是所有短视频都能借力，只有少数短视频能有效发挥作用。

三、网络广告投放策略

（一）垂直投放

很多广告主在投放过程中，认为只有投放到头部的门户网站才会有大曝光、大流量，这种看法是片面的。在用户和市场垂直化的环境下，所选择的平台、广告位、形式、内容要进行相应的垂直化，要与企业的产品特性、受众群体特性和网站的用户属性相匹配，匹配度越高，投放策略越精准。

第一，要选择垂直的平台。搜狐、网易、新浪等头部门户的受众面很广，适合投放快消品类；但如果投放的是研学类广告，那么选择亲子类、教育类等行业垂直平台，就会有更好的效果。

第二，要选择垂直的广告位。首页的广告位不一定意味着转化效果好，虽然流量多，但也意味着流量不够精准。在更具备内容相关性的栏目、专题或内容页进行广告投放，往往有着更精准的曝光和转化。

第三，要选择垂直的广告形式和内容。不同的群体有着不同的需求刺激点、购买欲望和潜在渴望，要有针对性地策划广告内容，包括文案、图像和整体包装。选择合适的形式和内容进行沟通，才可能有效地传达。

（二）增强互动

葛斯·哈勃曾说过："强大的互动能力会大幅度改善消费者融入品牌、参与品牌的能力。"广告从来都不是写几句文案放到网站上，而是告诉用户"这个产品很好"就结束了，给用户一个互动体验的入口，让用户愿意主动参与各种趣味性的活动，如话题发言、趣味游戏、参与评测等，使用户从被动接收广告变为主动接收营销信息，从而提升点击率和转化率。研学旅行企业要在一些平台提高互动的频率，从而增强目标客户的参与感。

（三）个性分析

在广告投放前，基本的市场调查一定要做好，包括受众的年龄、性别、婚姻状况、地域、爱好、职业、收入等，要精确地剖析用户画像，了解他们的消费能力、生活方式、个性及偏好，这样才能制定精准的广告投放策略。

（四）引发共鸣

在互联网思维下，用户是极易被引导情绪的一个群体，这就要求在广告内容的制作上引起他们的共鸣，以细腻的文案和画面去触动用户心中不被轻易触碰的地方，让品牌（产品）信息停留在用户脑海中，特别是研学旅行企业的优势与特色。

（五）突出利益

调查数据显示，大多数网友最能接受的网络广告内容是能给他们带来好处的信息，如优惠券、免费领取等。在消费者逐渐对广告产生"视觉疲劳"的环境下，以利益驱动消费者主动接触广告，往往能满足消费者的诉求，引发消费者的关注。

任务三　中间商渠道营销策略

一、中间商的选择

中间商渠道是将研学旅行产品转移给最终消费者的实现途径。任何一个研学旅行企业在具有足够的生产能力时，都希望能尽量拓展营销渠道。然而，如何选择中间商，是拓展营销渠道前首先要考虑的问题。

由于中间商的类别不一，并且各中间商在目标市场、经营规模、营销实力、偿付能力、信誉程度及合作意愿等方面不尽相同，因此，研学旅行企业在选择中间商时，必须首先对中间商的情况进行详细的调查与分析，做到"心中有数"，待时机成熟时，再向中间商明确表明合作意愿。研学旅行企业对中间商的选择应从以下几个方面进行。

（一）地理位置

对中间商的选择首先应看其所处的地理位置。即使不同中间商在同一区域，客源市场也会因不同城市的富裕程度、研学旅行思维习惯、开放程度等因素的差异而大相径庭。中间商的选择应在主要客源所在地进行。

（二）合作意愿

同中间商之间的合作关系应是一种互利互惠的关系，所以，研学旅行企业在选择中间商时，所选取的对象必须具备合作的诚意，特别是为多家同类研学旅行供应者代理零售业务的中间商更应如此。否则，其能否积极推销产品便会成为问题。

（三）组团能力

受规模、人手、宣传经费、经验、关系等因素的影响，不同的中间商在组团能力方面可能有天壤之别。所以，研学旅行企业在选择中间商时一定要对对方的组团能力进行调查了解和比较。

（四）信誉和偿付能力

中间商应当有良好的信誉和较强的偿付能力。中间商讲究信誉是研学旅行企业利益不受侵害的保证，而中间商的偿付能力则是双方合作的经济保障。有关中间商信誉和偿付能力方面的情况，一般可从有关的银行机构通过特别的调查了解。

（五）中间商的数量

选择的中间商过多会造成销售费用的浪费，同时，交易次数增加会导致产品成本增加，中间商也会因"粥少僧多"而影响推销的积极性；中间商过少有可能会形成垄断性销售。从规模上来说，中间商规模大、组团能力强，易形成垄断性销售，往往会使企业受制于中间商；中间商规模过小、实力单薄，不利于产品推销。因此研学旅行企业应该合理考虑中间商的数量和规模。

总之，选择中间商是拓展营销渠道工作中的一个重要课题。它不仅需要战略眼光，而且需要务实精神。只有做到知彼知己，才有可能找到合乎理想的中间商，建立起高效的销售渠道。

二、中间商渠道的营销策略

研学旅行需要各方共同努力，未来研学旅行的需求将越来越大。随着市场规模的扩大，研学旅行企业和旅行社、培训机构、拓展公司、研学旅行基地等相关企业跨界合作将成为研学旅行发展的新趋势。在运作模式上，研学旅行企业可以整合各界资源，与本地的其他企业进行合作，其他企业可以为研学旅行活动的宣传提供场所，吸引本地企业的客户参加，在提高本地企业知名度的同时，维护自身客户的利益，从而实现共赢。此外，研学旅行企业还可以和全国各地的研学旅游项目合作，进行强强联合、优势互补，整合不同的资源，开发不同类型的研学旅行产品，以满足不同顾客的需求，形成品牌效应，发挥品牌优势。大致可以从以下几个方面实施。

（1）市场调研：了解合作对象的规模、生源情况、招生能力、需求痛点等，互相了解清楚，再做匹配，这是工作开展的前提。

（2）获取联系方式：线上搜索、研学社群、朋友推荐、线下拜访等。

（3）合作形式：联合招生、流量互换、学员互推等。

（4）合作洽谈：见面洽谈前要准备相关资料和预想的合作形式；确定合作形式后，进行合作分工、资源调配。

（5）关系维护：要想保证流量源源不断地输入，必要的维护是一定要有的；朋友圈互动、电话关系维护等简单的维护沟通可以增强彼此的关联度。

▶▶▶ 任务四　主办方渠道营销策略

研学旅行主要面向的大客户是 B 端学校。研学旅行纳入中小学课程体系后，家长和学生接受度提升，但受制于学校资源的稀缺性，B 端市场天花板较低。目前，学校在统一组织研学旅行过程中遇到的最大问题就是安全问题。因此，学校在选择研学旅行企业和第三方机构时既要考察其资质，又要协商好，签好协议，严格约定服务内容，要求研学旅行企业不能随意更改行程，同时，希望第三方机构的专业性能够让行程更加安全与便捷。针对主办方渠道，研学旅行企业大致可以采取以下几种营销策略。

一、树立专业管理形象

研学旅行企业要对外树立专业管理形象。研学旅行中一旦出现安全问题，将会造成不可估量的损失。研学旅行企业对内要修好安全管理的内功，对外要通过各个展示窗口向主办方展示专业管理的形象。首先，研学旅行企业在企业内部思想上要强化安全问题的重要性，行动上要建设横向关联、纵向衔接的研学旅行安全应急预案和健全的应急队伍，提高反应速度，增强处理能力。安全应急预案的设计应当自下而上开展，要从研学旅行活动的终端层面开始梳理、排查安全问题，归集整理安全应急、处理和善后方案等。

二、三方合作推广模式

研学旅行企业可采用"基地—机构—学校"三方合作的模式进行市场推广。基地、机构、学校三方合作开展研学旅行活动，能够突破研学旅行活动中的一些瓶颈。研学旅行基地要充分考虑基地是否具有旅行价值和科研价值，是否有自己的特色。

很多社会机构在开展综合实践活动方面有丰富的经验，远远走在了学校的前面。学校和社会机构联合开展研学旅行活动，把一些研究性学习之外的事委托社会机构处理，可以腾出手来专心搞研究，是一个省时、省力的好方法。

研学旅行企业要积极推进学校和研学旅行基地、社会机构进行三方合作，签订协议，明确各方的责、权、利。一般来说，研学旅行基地负责提供研学旅行场地，在学校的指导下准备一些具有科学研究价值或学习价值，同时又具有地方特色的活动项目，以及师生在当地开展活动时的后勤服务；学校教师可以带领学生到本地的研学旅行基地进行综合实践活动，也可在社会机构或外地学校的牵头下到外地研学旅行基地开展研学旅行活动，或者接待外地师生前来本地的研学旅行基地开展研学旅行活动，自己扮演中介或志愿者的角色；社会机构充当研学旅行基地和学校的联络员，还可以负责经费的收缴管理、旅行活动的组织、课题的申报等工作。

三、服务定制化提升质量

研学旅行企业要从为主办方提供定制化的研学旅行产品角度打造市场口碑。市场上的研学旅行产品良莠不齐，有的甚至打着"研学旅行"的幌子，进行单纯的景点堆砌，最终使研学旅行变成观光游。在谈及研学旅行活动时，学校和家长最关注的内容是研学旅行的安全性、活动组织者的专业性及研学旅行产品的教育性问题。定制化研学旅行产品比一般研学旅行产品更着重考虑教育目标、学生年龄层次差别、需求差别等因素，更能保证研学旅行产品的质量，同时还可以结合不同学校的文化特色定制研学旅行产品。

四、依托互动平台协助主办方

研学旅行企业可依托网络媒介建立校园互动交流平台，方便主办方组织研学旅行工作。研学旅行企业依托网络媒介建立校园互动交流平台，一方面可以协助主办方对研学旅行产品进行前期的宣传和推广，另一方面还可以让学生、家长更深入地了解研学旅行产品，同时学生们还能利用校园互动交流平台分享其在研学旅行时的感受，达到交流、反馈的目的。

项目四 案例分析：基地市场营销

案例一 上海东方绿舟

【校外教育的理念】

东方绿舟按照"寓道德建设于活动之中，融教育理念在实践之间"的教育理念和"建成绿色环保的实践基地、自我教育的示范基地、道德教育的研究基地"的建设目标，凸显校外教育功能与品牌，经过 10 多年的运行，逐步形成了"自主、合作、体验、互动、实践、创新"的校外教育模式，开创了校外教育的新天地。

一分钟了解东方绿舟

【组织形式】

东方绿舟开展的各类校外教育活动，逐步形成了政府委托、学校自主、社会参与等组织形式。政府委托的组织形式主要分 3 个方面：一是由市教委统一指定全市高中、中专职校一年级学生到东方绿舟完成 5 天 4 夜的国防教育；二是教育主管部门每年委托东方绿舟组织青少年大型活动，有全国学生军事训练营、大学生军事技能专项展示、上海模型节、跑进最美校园、全国消防夏令营等；三是东方绿舟作为首批市级学生社会实践基地，结合国防教育、科普教育等为青少年设置长期志愿服务岗位。

【课程设计】

东方绿舟营地紧紧围绕校外教育中心职能，形成了"国防教育、公共安全、国际修学、拓展培训、环保科普"五大教育品牌，不断丰富教育资源和课程体系，共开设 160 余项实践活动，近几年接待参加素质教育的学生约 11 万人，其中每名学生平均在营地的时间为 4.7 天；加强国际青少年活动中心建设，推进海内外文化交流，承办第十八届世界中学生足球锦标赛、上海国际友好城市青少年夏令营、国际青少年音乐夏令营等活动；围绕培养青少年社会责任感和民族认同感，开展东方雏鹰夏令营、红十字青少年夏令营、上海市学生"龙文化"全能赛等主题活动；连续十多届成功举办 18 岁成人仪式，多次承办了全国学生军事训练营、上海市中学生"走近边防线"国防教育等大型主题活动；与上海中学、复旦附中等知名学校先后开展了"48 小时生存训练""国威军威我继承"等特色校本实践课程，持续深化校外教育内涵。

【辐射范围】

每年的 100 多万人次的校外教育学生中，常规国防教育覆盖了上海市全部高中、中专职校一年级学生，小学生春秋游活动主要来自上海本地及周边。承办 2015 年、2016 年两届全国学生军事训练营，有来自全国的大学生、高中生集合在东方绿舟开展军训营。另外，东北师大附中、北京人大附小、扬州树人学校等学校每年进东方绿舟开展国防教育。每年大约有 20 个国际性的团队在东方绿舟开展活动。东方绿舟通过国际青少年的系列交流活动，将中国文化与历史渗透其中，让世界各地的青少年朋友在此认识中国、了解上海。

案例分析

东方绿舟的成功，首先得益于政府及教育部门起到的非常大的推动和主导作用。《上海市校外教育工作三年行动计划》明确指出校外教育重点实施的项目，如加强对上海校外教育网、上海学生活动网、心域网（上海中小学德育网）等网络资源的建设力度，作为推进中小学生研学的重要进程；开辟网上资讯、答疑服务平台，充分发挥导师团、德育讲师团、专家学者、社区教师等校外工作者的作用，建立科学家、院士与学生对话的平台。所以，教育主管部门的支持与推进工作，是研学旅行等素质教育的最有力的推手。

东方绿舟得到了政府和教育部门的积极推动和政策的扶持，下设教务科研部、国防教育教学部、公共安全教学部、拓展教育教学部 4 个教学主体部门，公司有员工 350 余人，负责研学旅行教学辅助、后勤保障、安全防护等各方面的工作。东方绿舟正是因为有这样优秀的师资队伍，才可以更好地贯彻文件的实施，接待覆盖上海市中小学及高校学生以及全国其他省市的学生群体。由此，东方绿舟成功地发展为青少年校外活动营地，与学校建立了长期合作的紧密联系，将研学旅行作为学生的一项必修课目，纳入学分管理。

除此之外，东方绿舟也与一些有经营资质且口碑良好的旅行社、研学公司等中介机构进行合作，寻求多方位的发展。

课程设计也是其核心，东方绿舟建立了"国防教育、公共安全、国际修学、拓展培训、环保科普"五大教育品牌，丰富了校外的课程资源类型，促进社会实践活动向长期、固定、经常化发展，进一步有效推进课程改革。

案例二　家庭营销案例：长治市新华书店打造具有当地特色的研学夏令营

2018 年暑假，山西新华书店集团长治有限公司以新华研学中心、长治市非遗中心文创研发（研学）基地为平台，策划举办了一系列研学夏令营活动，主要包括"多彩文化研学行"夏令营活动、"深度体验研学行"夏令营活动等。

据了解，"多彩文化研学行"夏令营活动内容包括"长治古城公益研学""博物馆综合实践研学课堂""探究晋东南之奇妙博物馆""国保大课堂""多彩长治非物质文化遗产精品研学""致敬八一红色文化公益研学"等活动。"深度体验研学行"夏令营活动包括"孤山修福第研学夏令营"和"山西武乡小八路夏令营"。"长治古城公益研学"和"博物馆综合实践研学课堂"受到众多学生及家长的关注。其中，"长治古城公益研学"以了解家乡为契机，组织"六府塔—沈王府—上党门—莲花池—英雄台—城隍庙"研学路线，充分展示长治历史。"探究晋东南之奇妙博物馆"以长治博物馆和晋城博物馆为活动营地，通过新华研学中心组织的综合实践研学活动和邀请专家老师进行历史文物解读，让学生和家长了解课本之外的历史故事。

此次研学夏令营参与成员招募和报名方式主要有线上和线下两种渠道：线上渠道包括微信公众平台、社交平台、微信群等；线下渠道包括海报宣传、电话预约报名和连锁门店现场报名等。王建国说："公益研学夏令营活动不收取任何费用，前期准备和物料购买等的费用都由书店承担，其目的是想通过实际行动做一些对小读者有意义的研学教育，使其了解研学的意义和作用。"

案例分析

在互联网时代，网络信息传播速度快、新媒体资源丰富，研学旅行企业在做营销时要充分采用传统媒体为辅的营销方式进行快速精准营销；充分利用微博、微信公众号、抖音等自媒体进行宣传与推广，扩大宣传范围；利用多种营销方式与渠道，提升品牌产品的曝光率，提高影响力，让更多的家长了解研学旅行；定期举办主题类活动，以文化自信和中国传统文化的传承作为推广的亮点，课程的模式也可以增添趣味性，从而调动学生的积极性和参与性；设置情景剧，以沉浸式的体验作为教学的一种新模式，使学生从游戏中获取知识。线上线下都需要和家长建立起互动，研学评价表最后要交给家长，让家长了解研学旅行的目标和意义。

案例三　学校营销案例：××实验小学"一粒米的旅行"研学课程

俗话说："民以食为天。"农业是人类赖以生存的基础。从远古时期开始，农业就具有鲜明的可操作性和实用性，拥有广泛的教育功能。把课堂搬进田园，让学生体验农耕的辛苦，了解农作物的生长过程，树立节约粮食的意识是农耕研学的重要意义所在。从麦子的生长习性到麦子的成熟，以及麦子在我们生活中的重要位置，让学生从麦子到粮食有一个系统的认识，从而增长知识并养成节约粮食的良好习惯。

《悯农》诗的作者李绅

课程流程及时间安排如表 8-1 所示。

表 8-1　"一粒米的旅行"研学课程流程及时间安排

	07:30—09:00	××实验小学集合，乘坐大巴车前往研学基地
课程安排	09:00—09:30	参观稻米博物馆
	09:30—10:30	一舟影院观看《一粒米的旅行》
	10:40—11:20	小小面点师（参与实践包子的制作）
	11:30—12:30	午间加油站（享用午餐）
	12:30—13:00	酒坊参观学习
	13:00—14:00	百米长卷绘画
	14:00—15:30	田间种植/木工制作
	15:30—17:00	整理行装，乘坐大巴车返回无锡，结束愉快的研学之旅

案例分析

第一，同学校的校长和相关负责教师进行沟通交流，了解校方的需求。校方的需求是，在研学旅行的几大主要课程类别中，农耕文化研学是其中的重要部分，是希望让学生从校外教育实践活动中收获知识和技能，从而提高劳动素养，促进他们形成良好的劳动习惯和积极的劳动态度，培养他们勤奋学习、自觉劳动、勇于创新的精神，引导他们树立正确的劳动观，增加他们对劳动人民的感情，报效国家，奉献社会。

第二，可以做以农耕为主题的公益课程，让公益课程走进校园，调动学生们的求知欲和好奇心。

在课程设计方面，一定要有创新并要考虑安全问题，将活动方案和安全预案交予校方，并且成立研学活动安全小组。

和教育媒体联手合作，通过新闻报道、公众号推送等进行推广，让××实验小学的此次活动成为校外教育活动的经典示范，加快推动教育改革的步伐。联合多个青少年教育平台发起征集大赛或创意绘画大赛，激发学生的创造力，引导他们热爱大自然，引发学生的关注和讨论，为后续活动预热。

与校方建立长期校外教育的合作。研学旅行作为夏令营、冬令营的形式，持续地让学生参与自然教育、科学探索、红色教育、国防教育等校外活动，告诉学生："世界不仅在我们的书本上，更在我们的眼睛里，在我们的双脚下，在万物生长的大自然里。"

附录 A
研学旅行安全手册

研学旅行本着"安全、旅行、研究、学习"的宗旨，为参加研学旅行的学生提供高质量的接待服务。为确保研学旅行的安全顺利，研学旅行项目运行各方应全力以赴，从细节入手，做好各项安全预案。

一、临行前注意事项

（1）按照学校指令统一地点和统一时间准时出发，任何人不能影响整体行动；

（2）在往返校车上任何人不得打闹或将头以及身体其他部分伸出窗外，如有急事，必须先向负责教师请示；

（3）任何时候不得离开团体单独行动；

（4）在活动行程中树立安全意识，尤其在沙滩等危险地带更要注意安全；

（5）不得购买和食用街头小贩的小食品；

（6）严禁在活动地点打闹；

（7）注意个人的财物安全，保管好个人财物；

（8）如损坏公用物品须照价赔偿。

二、活动过程安全细节

（一）校内活动

（1）室内活动：保证秩序，如遇紧急情况，研学旅行指导师应及时与带队教师联系妥善处理。

（2）室外活动：保证安全，严禁学生打闹、攀爬高处及建筑物，如遇紧急情况，研学旅行指导师及时与带队教师联系妥善处理。

（3）其他：研学旅行指导师与带队教师随时沟通，掌握学生各方面情况。

（二）市内各地活动

（1）时间空间转换，每次转换时研学旅行指导师均需要清点人数，保证所有人到齐后方可进行下一步活动。如遇走失，在保证活动顺利进行的同时，研学旅行指导师向活动中心和学校通报，并同研学所在地的宣传广播部门联系进行寻找，并留下带队教师原地等待。

（2）研学地点内参观时严格按照队列行进，严禁打闹、攀爬高处及建筑物。

（三）用餐

（1）研学旅行指导师提前半个小时与就餐地联系，告知到达就餐地时间及就餐人数，保证用餐过程顺畅。

（2）监督就餐地的卫生，确定用餐菜肴，保证饮食安全。

（四）交通

（1）所有用于接待师生的车辆均应是大型旅游公司正规营运的车辆。

（2）车辆在使用前必须进行检查，保证车辆完好无损。

（3）车辆司机均是专职司机，驾龄在 10 年以上，驾驶记录良好。

三、突发事件应急预案

研学旅行指导师在第一次与学生交流时，要择机提醒学生如遇突发事件，不要慌张、保持冷静，等候工作人员的帮助。

（一）火灾事故

（1）学生驻地或活动地点发生火灾时，现场研学旅行指导师、带队教师、安全员等人员应负责迅速组织疏散学生。工作人员尽量用手势指挥学生俯身快步通过安全出口疏散。

（2）根据火势，立即报警。拨打消防中心火警电话（119），报告内容为："××地方发生火灾，请迅速前来扑救，地址：××××"。待对方放下电话后再挂机。同时迅速报告活动中心及研学旅行管理安全领导小组，组织有关人员携带消防器具赶赴现场进行扑救。但是注意，要严禁组织师生进行救火。

（3）指挥人员要迅速组织人员逃生，原则是"先救人，后救物"。

（4）派出人员到主要路口等待引导消防车辆。消防车到来之后，要配合消防专业人员扑救或做好辅助工作。无关人员要远离火灾地的道路，以便于消防车辆驶入。

（5）注意事项。

① 发生火灾事故时，首要的要求是保护师生的人身安全，扑救要在确保人员不受伤害的前提下进行。

② 火灾第一发现人应查明原因，如是电源引起，应立即切断电源。

③ 火灾发生后应掌握的原则是边救火，边报警。

④ 火灾发生后禁止组织师生参与灭火。

（二）学生走失

（1）研学旅行指导师、带队教师、活动中心要保证联络畅通，随时应对突发情况。

（2）发现学生走失后，领队、研学旅行指导师等工作人员全力迅速寻找，留一名研学旅行指导师带领其他学生根据实际情况，选择上车或原地等待，或进行其他行程。

（3）寻求景点或基地工作人员的帮助。

（4）查清走失原因，预防再次发生。

（三）师生物品丢失

（1）在车上、住房、餐厅丢失物品，立即联系相关人员帮忙寻找，如若寻找未果，告知研学旅行地点备案，一经找到，马上归还。

（2）如若在研学旅行地点和外出时物品丢失，马上联系其管理人员和保安，帮助一起寻找。

（3）查清丢失原因，提醒师生小心保管，预防此类状况再次发生。

（四）交通事故

（1）现场工作人员应及时拨打 122 事故报警电话，由交警勘查现场、处理事故。

（2）研学旅行指导师首先确定师生是否安全，如有伤亡及时保护现场、抢救伤员，上报活动中心，详细说明事故发生的时间、地点、车辆损失情况和人员伤亡情况。

（3）研学旅行指导师依次报告学校、活动中心，车辆管理部门应紧急增派别的车辆接营员参加后续主题活动。

（4）根据车况，研学旅行指导师可与司机协商是否可以先行送师生进行后续活动，以减少等待的时间。

（5）研学旅行组织方应急法务应及时赶到现场，负责现场处理、证据收集、事后谈判协商处理后续事宜，尽一切努力保障师生合法权益。

（五）外来侵害导致的恶性伤亡事故

（1）加强安全工作，阻止外来不明人员进入活动场所。

（2）发生爆炸等恶性事故应及时报警，现场工作人员应尽快疏散营员，对伤员进行救治。

（3）发生绑架等突发事件，研学旅行指导师应联系活动中心及时报警，并配合公安部门提供相关破案线索。

（4）发生打架斗殴致人伤残等突发事件，应立即报警，及时送伤者就医，保护现场，调查原因。

（5）当活动期间，发生师生伤亡的恶性事故时，现场工作人员应立即保护现场，并报告活动负责人。

（6）对受伤师生，应紧急联系队医进行现场急救，无法或无能力救治，或者无法判断伤亡情况的，应及时向相关部门（公安部门、医疗救治中心等）报警。

（7）法务中心要对恶性伤害事故的原因进行及时调查，实事求是地配合公安部门提供相应证据证件，根据调查结果以及相关法律法规条例进行事故处理。

（六）地震、洪灾、暴雨暴雪等自然灾害

（1）活动中心及时关注自然灾害及异常情况，随时保持联系和沟通。

（2）发生自然灾害，以生命安全第一的原则安排活动，必要时可以取消行程。

（3）对可预见性自然灾害，应在未发生灾害前，作出安全部署，对不可预见的自然灾害如地震、龙卷风等，应尽力采取保护和自救措施，事后应及时施救。

（4）发生自然灾害时，研学旅行指导师要时刻与师生在一起，全力保障师生人身安全，灾害过后，要第一时间查看师生是否到齐，是否有受伤师生，保持镇定，安抚师生情绪。

（七）雾霾天气

（1）如政府宣布中小学生停课，将不安排任何外出。

（2）无停课安排，本着尽量在学校就近的原则安排相关活动。

（3）活动内容的变更应提前与带队老师、家长协商。

（八）食物中毒

（1）活动前签订用餐合同，研学旅行活动期间，组织方要定期和不定期抽查餐厅卫生状况以保证食品安全卫生。

（2）发生师生集体腹泻或者食品中毒事件时，研学旅行指导师要第一时间通知活动中心拨打120电话，送至医院治疗。涉及人数超过十人的，要紧急联系车辆部门负责人安排专车将营员送往医院。队医负责人、活动组织方负责人要尽快赶到现场处理事故。

（3）通知餐厅做好所食用食物取样工作，以备卫生部门检查。如是食用食堂和餐厅以外的食物所致，也积极配合有关部门取样，活动组织方将派专人负责现场的协助工作。

（4）迅速排查食用致毒食物学生、教师名单，并检查他们的身体状况。

（5）活动组织方要指导带队教师、研学旅行指导师做好家长的工作。

（6）积极配合上级有关部门做好诊治、检查、事故处理等工作。

（7）按照协议，追究餐厅责任，维护师生合法权益，并将餐厅列入黑名单。

（九）过敏

（1）寻找过敏源，暂停活动。

（2）随团队医进行治疗，观察。如果是活动项目导致，休息半日可参加别的活动；如果是非活动项目所导致，需要随时观察情况。

（3）告知父母，让学生在今后的生活中远离过敏源。

（4）告知学校，对学生数据进行备案。

（十）传染性疾病暴发、流行

（1）研学旅行指导师与队医对于传染病，应当做到早发现、早报告、早隔离、早治疗，对传染病病人和疑似传染病病人采取就地隔离、就地观察、就地等待医疗部门治疗。

（2）发现传染病病人和疑似病例，活动中心应当介入，及时、妥善处理。对于疑似病例，要从严处理，防止造成疫情扩散。

（3）队医对师生应采取必要的保护措施，发放必要的防护用品，提醒师生勤洗手，房间勤通风。

（4）所有教室、人群聚集场所要增加通风的时间和强度，增加师生户外活动的时间，注意劳逸结合，注意个人卫生，增强抗病能力。

（5）各种集体性人员聚集活动推迟或取消，尽量减少不必要的集体活动。

（6）一旦发生疫情，严控外来人员进入。

（7）研学旅行基地活动场所要采取必要的消毒措施。

安全管理的基本原则：全力以赴，主动担当，安全第一，预防为主。

附录 B
规范文件参考

研学活动安全工作应急预案

预案1 _____学校_____年级研学活动食品安全应急预案

为确保外出研学期间师生的生命安全,维护正常的教学秩序,保障研学课程顺利开展,制定本预案,以便指导参加研学课程的教师做好学生食品安全事故的应急处理,积极预防和处理学生食物中毒事故,教育全体参加研学课程的学生了解和掌握事故发生后的处理程序和办法。

一、适用条件

在研学课程实施过程中一旦出现食物中毒事故,立即启动本预案,采取有效措施迅速控制事故,最大限度地减少损失,稳定家长情绪,维持正常研学课程学习秩序。

二、组织管理

一旦发生食物中毒事故,要在校方的统一指挥调度下,组织对安全事故的调查、应急处理和医疗救治工作,以及协调有关部门开展工作。要对事件进行资料归类、留档、评价,并总结经验和教训。

三、预防和控制

在参加研学课程的学生中开展预防食物中毒宣传教育,结合学校的实际情况,利用广播、电视、报刊、黑板报、网络、宣传画和食物标本等形式,宣传普及有关的卫生知识,提高广大师生员工的卫生安全意识,预防食物中毒发生。在旅途中,教育学生不喝生水,不吃生冷、变质食物,不在小摊上买零食,以防食物中毒。教育学生养成良好的用餐习惯,不挑食,少吃零食。

对研学活动的用餐地点,要求当地接待单位提前进行踩点,对餐饮单位和卫生情况进行严格检查。

在预定的研学活动地点,提前确定最近的当地医院地点、联系方式和前往路线,以备不时之需。

保证研学活动期间车辆随时待命,司机随叫随到。

四、预案启动的条件和程序

在研学活动过程中发现师生出现呕吐、腹痛、腹泻等食物中毒症状,危及师生生命安全时,须立即向当地卫生防疫部门报告,同时立即启动本应急预案。

五、发生食物中毒的应急处理

在研学活动过程中发现师生出现呕吐、腹痛、腹泻等食物中毒症状,须立即采取以下措施。

1. 通报

发生食物中毒事故,立即拨打120急救电话,通知就近医院做好抢救准备,同时报学校有关领导。

2. 紧急处理

事故发生后，迅速把重病号送往医院抢救。

急救车辆到达后，立即召集当地医院医生实施紧急救护的准备工作。

保护现场，组织事故调查，处理紧急任务。

报请校方应急小组启动应急预案，参与制定方案，指导、协调、督促有关部门开展工作。

3. 原因调查

保护现场，对可疑食物或有毒食物取样封存。

将留样的食物和现场取到的样品送防疫部门进行技术鉴定。

分析原因，根据现场调查和技术鉴定情况进行综合分析，确定事故原因，吸取教训。

4. 善后处理

事故发生后，要注意维护正常的研学秩序和工作秩序，做好食物中毒人员的思想工作，做好中毒学生家长的思想工作，防止出现不稳定局面。

如有新闻媒体要求采访，必须经过校方同意。未经同意，任何单位和个人不得接受采访，以避免报道失实。

要求造成食物中毒的餐饮单位立即停止经营活动，协助卫生机构救治病人，保留造成食物中毒或者可能导致食物中毒的食品及其原料、工具、设备，保护现场，配合卫生部门调查，如实提供材料和样品。

对造成食物中毒事故的餐饮单位和个人，立即上报卫生行政部门，由卫生行政部门按照《食品安全法》的有关规定，予以行政处罚。对造成严重食物中毒事故构成犯罪的或者有投毒等犯罪嫌疑的，移送司法机关处理。

预案 2 _____学校_____年级研学活动交通事故应急预案

为强化本次活动的安全管理，增强指导教师、学生的安全意识，有效应对各种突发情况，确保研学活动的顺利进行，特制定本应急预案。

一、时间安排
_____（出发、返回时间）

二、活动地点
_____

三、参加人数
师生共____人

四、应急小组及职责分工
组长：处理突发事件总指挥

本线路相关教师的联系电话如下表所示。

教师姓名	联系电话	备注

五、突发事件处理原则
（1）保持镇静、沉着应对。

（2）学生优先。

（3）就地抢救。

（4）报警、求援。

（5）维持秩序、迅速疏散。

六、发生意外事件的应对措施

（一）领导小组工作

（1）维持现场秩序，指挥学生撤至安全地带。

（2）保护好事发现场，协助公安做好现场勘察工作。

（3）负责家长、公安、医疗、保险等各方接洽，妥善处理善后事宜。

（4）写出书面报告，总结经验教训。

（二）随队指导教师工作

（1）组织学生迅速撤至安全地带。

（2）维持现场秩序，稳定学生的情绪。

（3）组织、护送受伤学生到医院检查、诊治。

（4）保护好事发现场，协助公安机关做好调查取证工作。

（三）报警及信息联络

（1）指导教师负责拨打 122、120、999，立即报警。

（2）指导教师及时通知受伤学生的家长。

（3）线路负责人迅速报告带队校领导，由带队校领导负责向上级领导报告事故情况。

（四）如何应对交通事故

1. 车辆故障处理

（1）活动前要求承办方检查车况，车况不良必须更换，否则不得发车。

（2）车辆在中途出现故障，带队教师及时把故障情况通知带队校领导和承办方。故障影响行驶或影响安全时，一定要做出停驶的决定，向承办方提出紧急调车改乘的要求。

（3）乘车时，指导教师维持好学生秩序，严禁学生下车随意走动，尤其应防止交通事故发生。

（4）途中遇车辆失火时，应立即要求司机停车开门，同时指挥学生不要惊慌，有序下车：如火势较小，前部学生从前门下车，后部学生从后部应急门下车；如火势较大，可视情况破窗逃生。下车后，及时将学生疏散到安全地带，带队教师负责清点人数，指导教师负责及时向带队校领导报告情况。如有学生受伤，应立即组织救治。

2. 交通事故的处理

（1）如有重伤情况，指导教师应立即拨打 122、120、999，并通知随行医生立即组织抢救。

（2）线路负责人迅速报告带队校领导，调动应急车辆赶往事发现场。

（3）保护好现场，线路负责人指挥师生撤离至安全地点。

（4）线路负责人负责向上级领导报告事故情况。

（5）线路负责人和指导教师应及时做好学生的情绪稳定工作，询问、检查学生受伤情况。指导教师及时通知受伤学生的家长，组织护送受伤学生到医院检查、诊治。

（6）立即成立事故处理小组，分别负责家长、公安、医疗、保险等各方的接洽工作，妥善处理善后事宜。写出书面报告，总结经验教训。

3. 应急调查与救治

（1）突发事件发生后，学校应急处理领导小组及有关部门负责组织对突发事件进行调查处理，对危害程度做出评估。

（2）突发事件发生后，在进行事件调查和现场处理的同时，学校应当立即将突发事件所致的受伤人员送往就近医院，若无法判断，应及时报警求救求援。

（3）突发事件发生后，应急处理领导小组应立即组织人员保护现场，采取疏散、隔离等措施，加强学生管理，并做好学生的思想工作，确保学生心态和情绪稳定。

（4）突发事件发生后，应急处理领导小组根据需要，可以采取中止活动、疏散等措施，并及时向上级部门汇报事件情况及采取的应急措施。

（5）突发事件发生后，根据事件性质，应急处理领导小组应及时与涉及事件的学生家长、教师家属联系，在适当条件下告知其事件原因、处理结果，或者联系家长进行救治。

4. 出现恶劣天气调整活动安排

（1）活动前要了解天气情况，根据天气情况让学生做好相应准备。

（2）发车时，如遇天气变化，要果断采取措施，做出延时或变更外出时间的安排，做好学生教育引导工作。

5. 其他突发事件

总指挥组织领导小组成员现场处理。

年　　月　　日

预案 3　＿＿＿主题研学活动住宿安全应急预案

为确保我校师生研学活动期间的人身安全，预防研学旅行可能发生的住宿安全事故，确保在第一时间内做好抢救和消除隐患工作，特制定本预案，以便及时、正确、高效地处置可能发生的住宿安全事故，把住宿安全事故造成的损害降到最低程度。

一、指导思想

学校组织研学活动要从事关广大学生身体健康和切身利益、事关社会民心稳定、事关经济和社会各项事业发展的高度，及时、正确、高效地处置研学期间可能发生的住宿安全事故，把住宿安全事故造成的损害降到最低限度，保障外出师生的身体健康，保障社会稳定。

二、工作目标

校方指导参加研学活动的教师做好出现住宿安全事故的应急处理，监督承办单位采取有效措施和建立机制，积极预防研学期间住宿安全事故的发生，教育全体参加研学活动的学生了解和掌握在外住宿发生事故时的处理程序和办法，依据本规定采取有效措施，避免事故进一步恶化，最大限度地减少损失，保持正常的教育教学秩序。

承办单位依据本预案建立严格的安全工作负责制度并严格执行，保证将住宿安全事故发生的可能性降到最低。

三、适用条件

在研学活动过程中一旦出现住宿安全事故，立即启动本预案，采取有效措施迅速控制情况，最大限度地减少损失，稳定家长情绪，保持正常的研学活动学习秩序。

四、组织管理

一旦发生住宿安全事故，校方根据事件的性质及严重程度，决定启动应急处理预案和成立应急处理小组。应急处理小组负责领导、指挥研学活动中住宿安全事故的应急处理工作。

应急处理小组组长：＿＿＿＿＿＿（处理突发事件总指挥）

本线路相关教师的联系电话如下表所示。

教师姓名	联系电话	备注

应急处理小组的主要职责是负责拟定研学活动中交通、食品、住宿、运动损伤、意外伤害等安全事故的应急预案；组织制定相关工作方案；组建监测、预警系统；指导研学活动的交通、食品、住宿的安全保障及医疗救治和安全监督队伍建设；监督、检查安全事故应急处

理预案各项工作的落实；事故发生后，负责研学安全控制和医疗救援等应急处理工作的统一指挥调度，组织对安全事故的调查、应急处理和医疗救治工作，以及协调有关部门开展工作；对事故进行资料归类、留档、评价，并总结经验和教训。

承办单位在安全工作领导小组的领导下开展工作。

五、对住宿的相关规定

（1）凡研学活动期间需在外住宿的团队，由承办单位负责预订房间。

（2）房间标准：承办单位预定的酒店须是文化和旅游部的定点酒店，准三星级以上标准，双人间，24 小时提供热水，酒店服务设施完备。

（3）承办单位须在团队入住 3 日前与酒店负责人联系并签订协议，介绍本团情况，并逐一落实各项要求及房间数量、类型（标准间、工作人员用房间）。

（4）承办单位须确认学生用房的房型、数量、方向及位置（分布的楼层及是否靠近电梯）。

（5）承办单位后勤工作人员用房须与学生用房在同一楼层，并尽可能靠近通道。

（6）承办单位须要求酒店在学生抵达前 1 小时完成对房间的清洁卫生工作，同时检查房间内设施是否能正常使用；提前得到所有房间号码，根据组织者提供的分房名单进行分房；学生抵达后 20 分钟内，为所有学生办理入住手续，并领取房间钥匙，保证学生能快速进入房间休息。

（7）承办单位人员负责在学生入住后 1 小时内将入住资料汇总登记，报送校方指导教师并存档。

六、安全知识教育和预习演练

（1）学生入住前，带队教师向学生发放酒店平面图，并明确告知学生酒店的紧急逃生出口及相关自救知识。

（2）在可能的条件下，入住前组织学生进行地震应急疏散演练和消防应急疏散演练，增强师生的安全意识，提高师生的紧急疏散能力，严防拥挤踩踏等事故的发生。

（3）学生入住前，带队教师要抽查住宿酒店房间的门窗、床铺、电器及电路是否符合安全要求。

（4）晚上坚持查房，重点防范火灾、失盗等隐患。

七、住宿安全事故处理方案

1. 报告

一旦出现住宿安全事故，承办单位现场人员或教师在第一时间向学校安全工作应急处理小组正、副组长或组员报告情况，学校安全工作应急处理小组的成员在第一时间内向组长报告情况，组长根据情况决定向上级及有关部门报告。情况非常特殊时可越级上报。

2. 建立事故处理组

每次研学活动入住前，须明确住宿负责人，并建立现场事故处理组。处理组人员由带队校领导、线路负责人、指导教师和承办单位服务人员共同组成。

3. 工作分工

发生住宿安全事故后，现场事故处理组应迅速处理现场情况。根据现场情况决定以下事宜：①向学校报告情况；②向医院求救，做好抢救准备；③安抚学生，维持正常研学秩序。

学校建立研学活动留校安全工作处理组，收到发生住宿事故的报告后，须迅速了解情况、做好接应工作。具体准备工作包括：①迅速查清发生事故的学生人数、具体姓名、家庭地址、家长姓名；②迅速通知安全工作机动应急组及其他有关人员集中待命；③根据现场事故处理组的要求，迅速落实医院、车辆及有关人员。

学校应组建研学活动安全工作机动应急组。一旦研学活动过程中发生住宿事故，该组成员应迅速到校集中待命，做好随时接应的准备。

4. 通信要求

研学活动期间，所有安全应急处理小组成员及承办单位相关人员必须保持通信畅通，手机应 24 小时开机。

八、其他

（1）参加研学活动的所有教师和承办单位现场工作人员均有权、有义务立即报告住宿安全事故的发生情况。

（2）对因承办单位未能尽责而发生的安全事故，校方将视情节严重程度给予相应的经济处罚乃至追究法律责任。

（3）本次研学活动入住酒店附近的医院、派出所信息如下表所示。

名称		地址	联系电话
研学地点	医院		
入住酒店	派出所		

年　　月　　日

预案 4　突发人身意外伤害事故应急预案

为确保师生在研学活动期间的人身安全，预防在研学活动期间可能发生的突发人身意外伤害事故，确保在第一时间做好抢救工作和消除隐患，特制定本预案，以便及时、正确、高效地处置可能突发的人身意外伤害事故，把突发人身意外伤害事故造成的损害降到最低程度。

一、工作目标

指导参加研学活动的教师做好突发人身意外伤害事故的应急处理，建立有效措施和机制，积极预防和处理研学活动期间的人身意外伤害事故，教育全体参加研学活动的学生了解和掌握突发人身意外伤害事故时的处理程序和办法，采取有效的措施，避免事故的进一步恶化，最大限度地减少损失，保持正常的教育教学秩序。承办单位依据本预案建立安全工作负责制度并严格执行，保证将突发人身意外伤害事故发生的可能性降到最低。

二、适用条件

在研学课程实施过程中一旦突发人身意外伤害事故，立即启动本预案，采取有效的措施迅速控制情况，最大限度地减少损失，稳定家长情绪，保持正常的研学课程学习秩序。

三、组织管理

一旦突发人身意外伤害事故，承办单位需在校方领导人员的统一指挥调度下做好安全事故的调查、应急处理和医疗救治工作，协调有关部门开展工作并对事件进行资料归类、留档、评价，并总结经验和教训。

四、突发人身意外伤害事故的处理原则

一旦发生事故，须在第一时间向相关部门报告，对人身意外伤害者实施最快的救治措施，请医疗、消防、公安等部门帮助，抢救生命。

五、处理程序

人身意外伤害事故突然发生后，全体学校教师和所有研学带队教师应坚守岗位，各司其职，随时听从现场负责人调遣。现场的每一位研学带队教师应遵守"伤员优先，及时抢救，责任明确，组织到位"的原则，事故现场的负责人或组织必须立即组织教师，做好抢救和安抚工作。

事故现场的负责人或组织者必须立即组织教师和所有服务人员开展抢救工作，同时应根据事故的性质采取医务人员就地抢救或拨打 120 送医院救治的措施。

组织疏散。当事故突然发生后，每位教师特别是研学带队教师应迅速帮助学生撤离危险区域。

清点人数。撤离到安全区域后，研学带队教师应立即清点学生人数。

迅速向校方报告。报告事故发生的地点、时间、伤亡人数、伤害程度及目前所在位置、

安全程度等。

尽快与公安、消防、医院等机构取得联系，落实救护和处理工作。

指定专人负责保护现场，为处理事故提供证据。

做好师生的思想工作，消除因事故导致的不安定因素，尽快恢复研学的教学秩序，不要引发其他不应有的事端。

要特别注意做好受伤学生及受惊吓学生的心理咨询和心理调节工作，逐步消除他们的恐惧心理和其他不良心理反应。

六、服务人员职责

（1）活动期间指导教师和研学带队教师不得离开学生，要随时掌握本组学生的情况，遇到意外伤害事故时及时做好本组学生的疏散和控制工作。

（2）活动负责人要及时做好整个活动的调度和控制工作，维持好现场秩序。指导教师和研学带队教师不得擅自脱离岗位，发生事故时各就各位。

（3）迅速组织学生撤离现场，转移到安全地带。

（4）撤离现场后，指导教师要配合研学带队教师迅速组织好学生，整理好队伍，清点人数，不允许学生擅自离开队伍，对没有到场的学生做好登记，并及时上报现场负责领导。

预案5　突发自然灾害应急预案

为确保师生在研学活动期间的人身安全，预防在研学活动期间可能突发的自然灾害，确保在第一时间做好抢救工作和消除隐患，特制定本预案，以便及时、正确、高效地处置可能突发的自然灾害，把突发自然灾害造成的损失降到最低程度。

一、工作目标

校方指导参加研学活动的教师做好突发自然灾害的应急处理，教育全体参加研学活动的学生了解和掌握自然灾害发生后的处理程序和办法，采取有效措施，最大限度地减少损失。

二、适用条件

在研学活动中一旦突发自然灾害，立即启动本预案，采取有效措施迅速控制情况，最大限度地减少损失，稳定学生情绪。

三、组织管理

一旦突发自然灾害，在校方领导人员的统一调度下，全体学校指导教师及研学带队教师立即开展研学安全控制和医疗救援等应急处理工作，对事件进行资料归类、留档、评价，并总结经验和教训。

四、工作原则

（1）以人为本，减少危害，采取一切措施保障师生生命安全。

（2）最大限度地减少自然灾害造成的人员伤亡和财产损失。

五、安全知识教育和预习演练

（1）在住宿酒店进行安全演练，培养学生防范自然灾害的意识。

（2）晚上校方指导教师和研学带队教师要共同值班、查房，重点防范学生自主外出等隐患。

六、自然灾害应急处理方案

（1）研学活动开始前，校方需任命自然灾害安全负责人。

（2）发生自然灾害后，研学带队教师根据现场情况决定以下事宜：①向学校报告情况；②向医院求救，使其做好抢救准备；③安抚学生；④迅速落实医院、车辆及有关人员。

（3）通信要求：研学活动期间，所有学校领导、参与活动的教师及研学带队教师必须保持通信畅通，手机应24小时开机。

七、其他

参加研学活动的所有指导教师和研学带队教师均有权、有义务立即报告自然灾害的发生情况。